Découvrez l'histoire par les archives de presse

RETRONEWS

Le site de presse de la BnF

www.retronews.fr

DIRECTEUR : PAUL COTTIN.

REVUE

RÉTROSPECTIVE

RECUEIL DE PIÈCES INTÉRESSANTES

ET DE CITATIONS CURIEUSES

Premier semestre (juillet-décembre 1884)

PARIS

LIBRAIRIE LEPIN, 12, GALERIE D'ORLÉANS

—

1885

REVUE RÉTROSPECTIVE

INDEX

REVUE RÉTROSPECTIVE

UNE RELATION INÉDITE

DE LA REDDITION DE LA BASTILLE

Détails exacts et véritables sur la reddition de la Bastille, écrits par un bas-officier d'invalides, nommé de Guiot de Fléville [1].

Le 12 juillet 1789, la révolution a commencé. Sur les sept heures du soir, les bourgeois commencèrent à prendre les armes en s'assemblant dans différentes places.

Le 13, M. le marquis de Launay, Gouverneur de la Bastille, fit prendre les armes à la compagnie des bas-officiers [2] qui était détachée [3], et les fit entrer dans l'intérieur, avec trente-deux hommes des Suisses du régiment de Salis-Samade, qui étaient à la Bastille depuis quelques jours. Sur les deux heures du matin, il fit fermer les portes du quartier où ladite compagnie laissa tous ses effets.

La compagnie resta dans l'intérieur, et l'on mit dans le bas de la Bastille des factionnaires dans

---

1. Publiés ici pour la première fois d'après le manuscrit original donné par M. le président Pontois à la Bibliothèque de l'Arsenal.

2. Sous-officiers invalides faisant le service de soldats.

3. Plusieurs compagnies étaient ainsi détachées pour le service intérieur de Paris; il y en avait une autre dans le voisinage, à l'Arsenal.

tous les endroits où M. le Gouverneur crut être nécessaire. Douze hommes furent commandés pour monter sur les tours, afin d'observer ce qui se passait au dehors.

La compagnie passa cette journée fort tranquille, à l'exception de plusieurs bandes de brigands qui en passant leur tenaient de mauvais propos.

Entre onze heures et minuit, on tira sept coups de fusils à balles sur les factionnaires qui étaient sur les tours, ce qui causa une petite alarme. M. de Launay, entendant crier *aux armes!* monta sur les tours, accompagné de plusieurs bas-officiers pour voir ce que ce pouvait être ; les factionnaires lui rendirent compte de ce qui venait de se passer. Il resta environ une demi-heure ; n'entendant plus rien, il descendit avec les hommes qui étaient montés avec lui.

Le 14, entre neuf et dix heures du matin, trois particuliers vinrent à la grille et dirent au nommé Bernard, bas-officier qui était sans armes, qu'ils voulaient parler à M. le marquis de Launay et à l'État-Major. Ledit bas-officier les conduisit au petit pont-levis de l'Avancée [1], et fit dire au Gouverneur et à l'État-Major que trois particuliers, se disant députés de la ville, accompagnés d'une multitude de peuple, demandaient à leur parler.

M. de Launay et le Major se présentèrent à

1. L'Avancée était un corps de garde avancé donnant accès du côté de la rue Saint-Antoine. Derrière ce corps de garde se trouvait une cour au bout de laquelle il fallait passer un petit pont-levis pour arriver dans la cour du gouvernement.

l'Avancée, et firent baisser le petit pont. Mais, voyant cette populace, il dit à ces trois Messieurs qu'ils ne pouvaient entrer qu'eux trois, et qu'il allait faire sortir six bas-officiers pour ôtages, qui resteraient avec la populace jusqu'au moment que les trois députés sortiraient de la Bastille. Ces trois députés étant entrés jusque dans le Gouvernement [1] avec le Gouverneur, ils y restèrent une bonne demi-heure, et on ignore ce qu'ils ont dit.

Ces députés étaient encore dans le Gouvernement lorsque M. de Rosières, avocat, entra, étant aussi escorté ou suivi d'une foule de peuple qui resta aussi dans la cour du passage [2] vis-à-vis le pont de l'Avancée. Et aussitôt que les trois premiers furent sortis, M. de Rosières parla à M. de Launay en ces termes : « Je viens, Monsieur, de la part de la Nation, pour vous représenter que les canons qu'ils voyent braqués sur les tours de la Bastille leur causent beaucoup d'inquiétudes et répandent l'alarme dans tout le peuple. Ils vous supplient de les faire descendre. J'espère que vous voudrez bien acquiescer à la demande de la Nation. »

Sur quoi le Gouverneur lui répondit « que cela n'était pas en son pouvoir, que de tous temps ces pièces avaient été sur les tours, et qu'il ne pouvait acquiescer à sa demande qu'en vertu d'un ordre du Roi ; qu'il avait été instruit du trouble que cela

1. L'hôtel du Gouverneur.

2. Nous venons de parler de cette cour ; elle était étroite et formait le coude en se brisant à angle droit.

causait dans la Nation, et, n'étant pas possible de les ôter de dessus leurs affûts, il les avait fait reculer et ôter de leurs embrasures. »

M. de Rosières demanda au gouverneur la permission d'entrer dans la cour de l'intérieur et de monter sur les tours pour voir par lui-même, afin qu'il puisse rendre un compte juste au peuple de sa division et à la Ville [1], ce qui lui fut accordé sur-le-champ.

Étant descendu avec M. de Launay qui l'avait accompagné, il dit à haute voix dans la cour, en présence de l'État-Major et de la compagnie des bas-officiers, qu'il était très content, et allait de suite en rendre compte, qu'il était très persuadé qu'on ne se refuserait pas de donner une garde bourgeoise pour garder, avec la compagnie, la Bastille. Et il entra dans le Gouvernement avec M. de Launay.

Le peuple qui était dehors commençait à s'impatienter de voir qu'il ne sortait pas, criait à haute voix : « *Que l'on nous rende notre député!* » par plusieurs reprises.

A ces cris, M. de Rosières mit la tête à la fenêtre qui donne sur le pont, et leur dit : « Mes enfants, un peu de patience! je suis à vous dans le moment » ce qui calma les esprits.

Un instant après, il sortit en disant au gouverneur que l'intention du peuple n'était pas d'attaquer la Bastille.

1. Au peuple de son quartier, de sa division électorale et aux magistrats du Corps de ville.

Mais une petite demi-heure après, c'est-à-dire entre midi et une heure, quelle fut la surprise du Gouverneur et de son État-Major de voir arriver le peuple en foule, tous armés de fusils, sabres, épées, haches, piques et hallebardes, en criant : « Nous voulons la Bastille ! Nous voulons la Bastille ! A bas la troupe ! A bas la troupe ! » en parlant aux bas-officiers qu'ils voyaient sur les tours.

A quoi les bas-officiers ne leur répondaient qu'en leur faisant des représentations honnêtes « *qu'ils les priaient de se retirer* », en leur faisant connaître les dangers qu'ils couraient.

Malgré toutes ces observations, ce peuple fut obstiné ; deux d'entre eux montèrent sur le petit mur qui est à côté du corps de garde de l'Avancée et passèrent sur le toit dudit corps de garde, et ensuite sur le petit pont-levis. Un de ces deux, nommé Tournay, ci-devant soldat au régiment *Dauphin*, éprouvant de la peine à casser les chaînes à coups de hache, et ne pouvant y réussir, étant à califourchon sur une des branches du pont, il se laissa glisser le long de la chaîne qui pendait dans l'intérieur de la cour de l'Avancée, où étant parvenu, il entra dans le corps de garde, croyant y trouver les clefs, mais elles étaient dans l'intérieur du château. Il fit sauter les serrures et les verroux, et baissa les deux ponts de l'Avancée, ce qui obligea la troupe de leur dire fermement de se retirer, sans quoi on serait obligé de faire feu sur eux.

Mais ce peuple, content d'avoir réussi dans la première entreprise, et croyant avoir la même réussite à la seconde, entra en foule en courant au pont, et firent une décharge sur les bas-officiers qui étaient sur les tours.

Cette attaque obligea la troupe à faire feu sur eux pour les empêcher d'abattre le second pont, comme ils avaient fait du premier. La décharge de mousqueterie qui fut faite par les bas-officiers sur cette populace leur fit prendre la fuite, et ils se retirèrent en désordre, une grande partie sous la voûte de la porte de bois, dans la cour de l'*Orme*[1] et sous la voûte de la grille où ils ont fait un feu continuel sur la troupe, n'osant plus s'approcher pour attaquer le second pont.

Entre trois et quatre heures après midi, on entendit battre la caisse ; cela venait par le côté de l'Arsenal, avec des cris et des exclamations terribles. De suite on aperçut un drapeau escorté par une troupe de peuple innombrable, tous armés. Ce drapeau resta dans la Cour de l'*Orme* avec une partie du peuple. L'autre partie entra dans la cour nommée la Cour du *Passage*, et voulut venir jusque dans la Cour de l'*Avancée*[2] qui est entre les deux ponts, en criant de ne pas faire feu, que c'était un drapeau et des députés de la ville qui voulaient parler au Gouverneur, et qu'il descende.

Le Gouverneur et les bas-officiers qui étaient sur

1. On nommait ainsi la porte qui ouvrait du côté de l'Arsenal.

2. Nous avons expliqué ce qu'était l'*Avancée*. Le second pont-levis dont il est question ici était celui de la forteresse même placé à la gauche de la *Cour du Gouvernement*. Voir notre plan.

les tours leur criaient qu'ils fissent avancer leur drapeau et les députés, mais que le peuple reste dans la Cour du *Passage*. Au même instant, un bas-officier, nommé Guiot de Fléville, pour leur prouver que leur intention n'était pas de faire feu sur eux, retourna son fusil le canon en bas et la crosse haute, en criant à ses camarades d'en faire autant, ce qui fut exécuté. Et ils se mirent à crier d'une voix unanime : « Ne craignez rien ! Nous ne ferons pas feu. Restez là où vous êtes et faites avancer votre drapeau et vos Députés. Le gouverneur descend pour parler, on va baisser le petit pont de l'extérieur pour qu'on puisse entrer, et nous sortirons six bas-officiers pour otages et sûreté pour vos Députés. »

A force de prières et de supplications de la part des bas-officiers, le peuple resta dans ladite Cour, et les députés entrèrent par la porte de bois jusque dans la Cour *extérieure* ou du *Passage*, d'où ils ont pu voir tous les bas-officiers qui étaient sur les tours, la crosse du fusil haute, qui leur faisaient les mêmes répétitions.

Les Députés, avec leur drapeau, restèrent dans ladite cour environ dix minutes sans vouloir avancer pour parler au Gouverneur, malgré toutes protestations et promesses des bas-officiers qui étaient sur les tours, qui leur criaient à haute voix d'avancer pour s'expliquer, qu'ils ne risquaient rien, que la Compagnie répondait d'eux sur sa tête.

Mais quel fut l'étonnement du Gouverneur, quand il vit que MM. les Députés, bien loin d'accepter les propositions, se retirèrent dans la Cour de l'*Orme* [1], où ils restèrent l'espace d'un quart d'heure, soit à se consulter, soit à écouter les cris de la Compagnie qui leur criait de ne pas s'en aller, de venir s'expliquer avec le Gouverneur.

Ces prétendus Députés ne restèrent avec leur drapeau que l'espace d'un quart d'heure, comme on l'a déjà dit. En s'en allant, ils n'emmenèrent avec eux que très peu de monde pour escorte. Un très grand nombre resta qui remplissait les trois cours, et à l'instant s'avancèrent en foule pour attaquer le second pont dans l'intention de l'abattre comme ils avaient fait du premier. La troupe leur cria du haut des tours de ne pas avancer plus loin, qu'ils s'exposaient à se faire périr, que s'ils s'obstinaient davantage, on allait faire feu. Cette populace était sourde et ne voulait rien entendre, s'avançait toujours. Voyant cette obstination, les voyant en devoir de forcer le second pont, le Gouverneur ordonna de faire feu, ce qui fut exécuté. A l'instant, ces gens se dispersèrent et plusieurs restèrent sur la place.

Après cette attaque, M. le Gouverneur dit à la Compagnie : « Nous devons croire, Messieurs, que ces Députés et ce drapeau ne sont pas envoyés de la ville. C'est un drapeau que ce peuple a pris dans quelque endroit, et ils se servent du nom de la ville

---

1. La cour de l'Orme servait à passer de l'enceinte de l'Arsenal dans cette cour extérieure qui menait de la rue Saint-Antoine à la Bastille.

Elle était ainsi appelée parce qu'un grand orme ombrageait l'un de ses coins.

pour nous séduire. S'ils étaient vraiment Députés,
ils n'auraient pas hésité d'entrer pour me faire .

. . . .[1]

sur les promesses que vous leur avez faites. Ce
sont des gens qui cherchent à nous surprendre et à
nous piller. »

Les assiégeants se retirent pour la seconde fois
dans les endroits où ils s'étaient retirés après la
première décharge et continuèrent à faire feu sur
la troupe qu'ils voyaient sur les tours, et se mirent
en devoir d'enfoncer les portes du quartier à coups
de hache. Ne pouvant réussir dans leur entreprise,
vu le feu que les bas-officiers faisaient sur eux, ils
abandonnèrent lesdites portes et furent casser et
briser celles de derrière ; ils pillèrent et ravagèrent
tout le quartier.

A quatre heures et demie, ils amenèrent trois
voitures de paille qui servirent à mettre le feu au
corps de garde de l'*Avancée*, au Gouvernement et
aux cuisines du gouverneur. C'est dans ce moment
que l'on a mis le feu à une petite pièce de canon
chargée à mitraille qui était braquée sur le pont de
l'*Avancée*, nommée la *petite Suédoise*, qui est le
seul coup de canon que la Bastille ait tiré pendant
tout le combat qui a duré cinq heures, les assiégés
ne s'étant toujours défendus qu'avec leurs fusils.

Quelle était donc leur intention en mettant le
feu dans ces trois endroits ? Ils ne prévoyaient donc
pas que cela leur était plus préjudiciable qu'avantageux, attendu que s'il y avait eu assez de troupes,

1. Ligne coupée au bas de la page du manuscrit.

des munitions et des vivres pour soutenir le siège, les assiégés auraient été obligés d'abattre eux-mêmes, à coups de canon, le Gouvernement, leur quartier, les portes et voûtes du côté de la porte de bois qui communique à l'Arsenal, la voûte du côté de la grille et bien d'autres maisons des environs, qui sont très préjudiciables dans un siège en servant de retraite aux ennemis. En un mot, ce feu ne pouvait porter aucun préjudice à la Bastille ; au contraire, il formait un rempart qui rendait le second pont inaccessible et imprenable.

Mon raisonnement est donc bien juste puisqu'ils ont été obligés de placer dans la cour de l'*Orme* deux pièces de quatre et une de seize, plus, à la porte de communication pour aller à l'Arsenal sur le derrière, trois pièces de quatre. Tout cela était très insuffisant pour faire rendre la Bastille, si la troupe qui y était eût été commandée pour se défendre, et qu'ils eussent eu des munitions et des vivres, et si les canons avaient été montés sur des affûts mouvants au lieu de l'être, comme ils l'étaient, sur les crapauds ou affûts de marine, ce qui les rendait hors d'état de pouvoir les mouvoir à volonté.

La troupe qui était pour la défense de la Bastille n'était qu'en très petit nombre. En voici le détail : 82 bas-officiers, 32 Suisses ; en totalité : 114 hommes, qui, depuis quarante-huit heures, étaient sans vivres et ne combattaient qu'avec regret.

Il est certain qu'une troupe qui reste quarante-huit heures sans vivres, et qui est forcée de se battre contre la Nation, ne travaille pas avec le même zèle et le même courage que quand elle se bat contre l'ennemi de la Couronne et de la Nation.

Je ne dois pas oublier dans mon récit de citer les nommés Ferrand et Bécard, bas-officiers qui ont empêché le plus grand des malheurs. Sur les cinq heures du soir, M. de Launay voyant qu'il ne pouvait soutenir le siége faute de vivres, résolut de mettre le feu à la Sainte-Barbe [1] et à la tour de la Liberté où il y avait 250 barriques de poudre de 120 livres chacune, ce qui aurait immanquablement fait sauter le faubourg Saint-Antoine et la paroisse de Saint-Paul (en un mot une grande partie de la ville), si ces deux bas-officiers ne l'eussent empêché d'exécuter son dessein en le forçant de mettre bas la mèche et de se retirer.

M. le Gouverneur, n'ayant pu réussir dans son projet, demanda aux officiers et bas-officiers quel parti il y avait à prendre, disant qu'il vaudrait autant se faire sauter que de s'exposer, en rendant le fort, à être égorgé par la populace, à la fureur de laquelle on ne pouvait échapper. Il était d'avis qu'on remontât sur les tours continuer de se battre, et si, toutefois, on n'était pas forcé de se rendre, il ne voyait d'autre moyen que de mettre le feu à la Sainte-Barbe et à la tour de la Liberté.

Sur quoi la troupe lui répondit qu'il n'était pas possible de se battre plus longtemps, les pièces de dessus les tours n'étant pas maniables et n'ayant point de boulets de calibre ; eux-mêmes étant sur le

1. C'est-à-dire au magasin à poudre.

VUE DE LA BASTILLE

d'après un plan de la fin du XVIIIᵉ siècle

LÉGENDE

1. La tour du Coin. (C'est la plus rapprochée de la porte Saint-Antoine.)

2. La tour de la Chapelle.

3. La tour du Trésor.

4. La tour de la Comté.

5. La tour du Puits.

6. La tour de la Liberté.

7. La tour de la Bertaudière.

8. La tour de la Basinière.

9. La cour du Puits. (Elle n'avait que vingt-cinq pieds de long sur cinquante de large. Son nom lui venait d'un grand puits qui fournissait l'eau des cuisines.)

10. La grande cour.

11. Bastion donnant sur le faubourg Saint-Antoine; il était transformé en jardin.

12. Pont levis du château. En face dans la cour, est l'hôtel du gouverneur.

13 Pont levis de l'Avancée, permettant de passer de la cour du gouvernement dans la cour du Passage.

La Bastille avait cinq étages; on donnait le nom de *calotte* au dernier parce qu'il était voûté. Au pied de l'édifice se trouvaient les cachots. Tout autour régnait un fossé large de 120 pieds, protégé du côté de la ville par un revêtement haut de soixante pieds.

Porte St Antoine
LA BASTILLE

point de manquer de balles et de vivres. On préférait être livré à la fureur du peuple et perdre la
vie plutôt que de faire périr une grande partie des
citoyens de la ville. On disait qu'il était plus à propos de faire monter le tambour sur les tours pour
appeler [1], et arborer le drapeau blanc en demandant de capituler.

M. le Gouverneur répondit qu'il n'avait pas de
drapeau, qu'il allait donner un mouchoir blanc ;
que des bas-officiers montassent sur les tours avec
le tambour et fassent appeler.

Les nommés Rouffe et Roulard y montèrent avec
le tambour où ils arborèrent le drapeau et firent
trois fois le tour en appelant, ce qui dura une demi-
heure. Cependant le peuple faisait un feu continuel
sans faire attention ni au drapeau ni au rappel.

Un quart d'heure après que les bas-officiers et le
tambour furent descendus, le peuple, voyant que
l'on ne faisait plus feu d'aucune part dans la Bastille, s'avança, en faisant toujours des décharges,
jusqu'au pont de l'intérieur du château en criant :
« Abaissez le pont ! Abaissez le pont ! »

M. Louis Delisse [2], officier du régiment de Salis,
toujours resté dans la cour de l'intérieur avec ses
trente-deux hommes, leur dit à travers d'un trou prati-
qué dans le pont-levis qu'on voulait bien se rendre
et poser les armes si toutefois ils promettaient de
ne pas maltraiter ni massacrer la garnison. Le
peuple répondit qu'il fallait que tous soient égorgés.

1. Battre un appel.
2. D'autres relations disent *Deflue*, qui est le vrai nom.

Cet officier écrivit sur le champ une capitulation où il y avait que s'ils ne voulaient pas acquiescer à la demande qu'il leur faisait, qu'il y avait tant de poudre dans l'intérieur, que l'on saurait s'en servir plutôt que de s'exposer à être égorgés par la populace.

Après qu'ils ont eu pris et lu cette capitulation, ils se mirent à crier : « Abaissez votre pont, il ne vous arrivera rien ! »

C'est sur cette promesse que M. le Gouverneur donna les clefs au nommé Gaillard, caporal, et à Perrot, bas-officier, qui ouvrirent la porte et baissèrent le pont.

Il est certain que si la garnison avait su le malheur qui allait leur arriver, ils ne se seraient pas rendus, n'auraient ouvert et baissé le pont qu'après qu'on leur aurait apporté l'acceptation de ladite capitulation par écrit bien en règle et signé de la Ville, avec des ôtages pour sûreté.

Le pont ne fut pas plus tôt abaissé que cette populace effrénée entra en foule dans la cour du château et tomba sur les bas-officiers qui avaient appuyé leurs armes le long du mur à droite en entrant et qui étaient rangés en haie devant. On leur lança des coups de baïonnettes, sabres, épées et bâtons. En un mot, ils se servirent contre eux de toutes les armes dont ils étaient munis, et ces braves militaires se voyaient mutilés sans pouvoir se défendre. Ce peuple a agi avec la plus grande cruauté qu'il fût possible de faire, envers le Gouverneur, l'État-major, officiers et bas officiers Ils avaient téllement la frénésie dans le cœur contre cette garnison, qu'ils ont pensé que les trente-deux hommes des Suisses, qui étaient vêtus d'un sarreau de toile, et rangés sur la gauche vis-à-vis des bas-officiers, étaient des prisonniers que l'on avait faits. Ils ne les ont reconnus qu'après avoir assouvi leur colère sur ces anciens militaires, ce qui a mis les Suisses à l'abri du carnage. Il est bon d'observer que ces trente-deux Suisses n'ont pas monté sur les tours, qu'ils sont restés, sous les ordres de leurs officiers, dans la cour du château où étaient les trois petites pièces de canon, où ils faisaient un feu continuel tant par les créneaux que par des trous qu'ils avaient pratiqués dans le pont-levis où ils avaient placé une *amusette* du comte de Saxe [1], portant une livre et demie de balles, ce qui a fait périr beaucoup de monde.

Enfin, pour prouver combien les têtes étaient échauffées, c'est qu'en entrant dans la cour de la forteresse, une partie se sont jetés sur les bas-officiers, comme on vient de le dire ; d'autres ont couru dans le corps de logis du fond de la cour où logeaient le lieutenant de Roi et l'Aide-major, où ils ont tout pillé et cassé les vitres qui donnent sur ladite cour. Une partie de ceux qui étaient dans la cour leur tiraient des coups de fusils croyant que c'étaient des troupes de la garnison qui étaient dans ces chambres. Il n'est pas étonnant s'ils ont eu du monde tué après la reddition de la Bastille, puisqu'ils se tuaient les uns les autres. Ceux qui ont

1. Sorte de fauconneau.

eu le bonheur d'échapper à cette frénésie populaire
furent emmenés, chaque officier, bas-officier ou
Suisse tenu par le collet par deux hommes qui ne
cessaient de les maltraiter le long de la route. Ils
furent conduits à différents endroits de la ville.
C'était comme un pillage ; chacun voulait en em-
mener, ils se les disputaient les uns aux autres par
l'avidité qu'ils avaient de les mener au peuple et
de les livrer pour le plaisir de les voir pendre.

Dix-huit furent conduits à l'Hôtel-de-Ville. Dans
la route, ils ont éprouvé encore de nouveaux sup-
plices, tant de la part de ceux qui les conduisaient
que de la populace ; ils entendaient crier de toutes
parts : « Il faut les pendre ! Il faut les rompre ! Il
faut les brûler ! » Et, le plus souvent, les coups
suivaient les cris.

Il est aisé de prouver que le plus grand nombre
de ces militaires avaient le corps meurtri et aussi
noir que leurs chapeaux quand ils sont arrivés à
l'Hôtel-de-Ville. Il est impossible d'exprimer les
tourments que ces hommes ont soufferts, et, ce qui
mit le comble à leurs peines, en arrivant sur la
place de Grève, ils aperçurent deux de leurs camarades qui étaient pendus, ce qui leur fut plus sensible que la mort qu'ils attendaient avec impatience
pour être délivrés des mains de leurs tyrans.

Ils arrivèrent enfin à la Maison de ville, exténués
et prêts à tomber des coups qu'ils venaient de recevoir et des blessures qu'ils avaient reçues à la
Bastille. Ils furent présentés à un officier de ville
qui était descendu jusqu'à la dernière marche. Ces

malheureux étaient entourés du peuple qui criait de toutes parts : « Il faut les pendre ! »

Cet officier leur dit : « Vous avez fait feu sur votre patrie, vous méritez d'être pendus et vous le serez sur-le-champ ! »

A l'instant le peuple s'écria : « Livrez-nous les que nous les pendions ! »

Ledit officier municipal allait acquiescer à leur demande s'il ne se fût présenté plusieurs gardes françaises qui dirent à haute voix : « Ce sont de braves gens, ils n'ont pas mérité d'être pendus, nous demandons leur grâce. »

L'officier de ville dit au peuple que l'on ne pouvait pas se refuser à la demande des gardes françaises, qu'il fallait accorder la grâce, et à l'instant il dit à haute et intelligible voix : « Grâce pour les prisonniers ! »

De suite le peuple le seconda en criant d'une voix unanime : « Grâce pour les prisonniers ! »

On les fit monter à l'Hôtel-de-Ville, on leur offrit des rafraîchissements, mais la scène tragique qu'ils venaient d'essuyer les avait mis hors d'état de pouvoir ni boire ni manger. Des lits leur auraient été plus nécessaires que des rafraîchissements.

Ces malheureux se reposèrent environ une demi-heure, se regardant sans avoir la force de se parler, étant exténués. Les gardes françaises connaissant les dangers où ils allaient être exposés en s'en allant seuls, leur proposèrent de les conduire dans un lieu où ils seraient en sûreté, ce qu'ils acceptèrent. Ils partirent tout de suite. Les gardes françaises les menèrent à leur quartier de la Nouvelle-France ; on leur donna à souper et des lits où ils couchèrent ; et le lendemain ils partirent de grand matin et se rendirent à l'hôtel. Il y a eu des bas-officiers qui ont resté des trois et quatre jours en prison, qui avaient été menés dans des districts 1.

Tout le public connaît la mort tragique qu'on a fait essuyer à MM. le Gouverneur, le Major, un Aide-major, un lieutenant et à deux bas-officiers.

Il est aisé de voir par ce travail que la Bastille n'a pas été prise d'assaut, comme le dit le public. Que l'on demande à cet homme qui ose mal à propos s'en glorifier, que l'on vante partout comme un phénix, dans quel endroit il a fait brèche et par où il est entré ? Pourra-t-il disconvenir qu'il est entré avec le peuple quand la garnison a baissé le pont ? Si on le mettait à preuve, il serait fort embarrassé, attendu qu'il lui serait impossible de prouver ce que dit le public. Qui peut le croire ? Des personnes qui n'ont jamais été à aucune bataille, et encore moins dans des sièges, ni escalades.

Le premier militaire qui est entré avec M. Hullin dans la Bastille, quand on a baissé le pont, se nomme Élie, officier au régiment de la Reine (infanterie.)

Il est impossible d'empêcher le public de parler. Il est sûr qu'on attribue bien des choses, qui ne sont pas, à cette compagnie de bas-officiers. Si le plus

---

1. C'est-à-dire : d'autres bas-officiers ne suivirent pas les gardes françaises, ils furent menés dans les prisons des districts, où ils restèrent trois et quatre jours.

grand nombre des personnes qui en parlent connaissaient toutes les circonstances, ils conviendraient eux-mêmes que les bas-officiers sont plus à plaindre qu'à blâmer.

Quelle a été la récompense de ce malheureux Bécard, un des deux bas-officiers qui ont empêché le gouverneur de mettre le feu à la Sainte-Barbe et à la tour de la Liberté ? Bécard avait sauvé la vie à deux ou trois cent mille âmes quand le peuple est entré dans la Bastille.

Il a reçu plusieurs coups de baïonnettes, a eu un poignet coupé d'un coup de sabre, et ensuite on l'a pendu à la Grève [1].

Sa femme et ses enfants n'ont-ils pas droit de se récriminer contre une action aussi injuste qui les prive d'un père honnête qui les faisait subsister et qui n'a pas mérité de mourir d'une mort aussi ignominieuse ?

Non contents d'avoir abîmé ces anciens militaires quand ils se sont rendus, de leur avoir fait souffrir

---

[1]. Les veuves des vainqueurs de la Bastille ont fait, en faveur de la veuve de cet infortuné, une action d'autant plus méritoire qu'elles sont toutes de la dernière pauvreté. Nous avions à partager entr'elles une somme de 4,200 l. qui nous avait été envoyée de Saint-Domingue. Cela ne regardait que les veuves des assiégeans; mais celles-ci, par respect pour la vertu malheureuse, ont voulu avoir pour sœur et co-partageante la veuve de l'assiégé. (Extrait du discours prononcé à l'Assemblée nationale le 6 février 1790, à la séance du soir).

L'académicien Dusaulx, l'auteur du discours cité plus haut, fut l'un des commissaires du comité de la Bastille; il évalue les pertes des assiégés à 83 tués et 88 blessés, dont 15 moururent des suites de leurs blessures.

tous les tourments imaginables, ont leur a pillé tous leurs butins [1] et autres effets dans les chambres de leur quartier. Que pouvait-on leur faire de plus ?

1. Butin se dit, dans l'armée, de l'ensemble des objets possédés par chaque soldat.

NOMS DES PRISONNIERS DE LA BASTILLE

DÉLIVRÉS LE 14 JUILLET

d'après le Registre d'écrou de la Bastille, publié en 1880, par Alfred Bégis. (Typ. Chamerot.)

Jean Bechade la Barte, employé ;
Bernard Laroche, âgé de 18 ans, employé ;
Jean la Corrège, employé ;
Jean-Antoine Pujade, négociant.
Tous quatre enfermés au mois de janvier 1787 et accusés d'avoir fabriqué de fausses lettres de change.

Le comte de Solages enfermé en 1782, à Vincennes, sur la demande de son père, pour cause de dissipation et de mauvaise conduite, et transféré à la Bastille le 28 février 1784.

Tavernier, accusé de complot contre la vie du Roi. Il était en état de délire : il fut placé à Charenton quelques jours après sa sortie de la Bastille.

Le comte de Whyte de Malleville. En état de délire depuis plusieurs années : il fut aussi placé à Charenton après sa sortie de la Bastille.

SPÉCIMEN DES LETTRES D'ÉCROU
ET D'ÉLARGISSEMENT

adressées par le roi au gouverneur de la Bastille
(d'après les originaux conservés à la bibliothèque Mazarine.)

Monsr d'Abbadie, envoyant en mon chateau de la Bastille. le s^r de Larnage, major du rég^t d'inf^te de Rohan Rochefort, je vous fais cette lettre pour vous dire que mon intention est que vous ayez à l'y recevoir et retenir en toute seüreté, jusques à nouvel ordre de moy. Et la présente n'estant pour autre fin, je prie Dieu qu'il vous ait, Mons. d'Abbadie, en sa s^te garde. Écrit à Versailles, le 4 février 1759.

LOUIS.

Mons. d'Abadie, ayant bien voulu accorder la liberté au s^r de Larnage, major du régiment Rohan-Rochefort détenu par mes ordres, en mon château de la Bastille, je vous fais cette lettre pour vous dire que mon intention est qu'aussitôt qu'elle vous aura été remise vous aiez à faire mettre ledit s^r de Larnage en pleine et entière liberté. Et la présente n'estant pour autre fin, je prie Dieu qu'il vous ait, Mons. d'Abadie, en sa s^te garde. Écrit à Versailles le 26 aoust 1759.

LOUIS.

DOCUMENTS INÉDITS

SUR LES FÊTES NATIONALES [1]

*Copie de la lettre de la Société populaire de Tours
au citoyen représentant du peuple David :*

(7 frimaire l'an II de la République une et indivisible).

FRÈRE ET AMI,

Les républicains n'aiment pas à louer, mais
comment les amis de la liberté, des vertus, du
génie, n'auraient-ils pas distingué David parmi les
républicains, même comme parmi les artistes? Ton
pinceau brûlant et correct avoit montré aux yeux
et aux cœurs des Français et l'âme romaine de
Brutus et le bouillant courage des Horaces, avant
que nous fussions dignes des Romains que nous
avons surpassés.

Le siècle de la Liberté vient de naître et la Raison
qui nous prépara ce bonheur en reçoit de nouvelles
forces. Ce n'est plus en secret, ce n'est plus au
milieu d'un peuple hébété ni entre des augures qui
contiennent leur fou rire que la philosophie ose
penser. La Raison est aujourd'hui la divinité de nos
temps. C'est aux arts, au génie, aux vertus que la
gloire est consacrée.

La commune de Tours, jalouse de célébrer avec
pompe la fête de la Raison, voudrait donner à cette
solennité l'éclat que les arts savent répandre.

1. D'après les originaux de l'ancienne collection de Victor
Luzarche.

Le citoyen Rougeot, artiste recommandable par son goût et qui est plus cher encore par son cœur, se rend en hâte à Paris pour procurer à cette commune quelques morceaux propres à embellir la fête et le temple de la Raison.

Le buste de Descartes, celui de Marat et plusieurs autres, un Apollon, une Vénus, un Hercule dans les proportions, quelques tableaux ou gravures, peut-être même des costumes simples et pittoresques, des ornemens, enfin tout ce qui peut éclairer la Raison par l'impression des sens entre nécessairement dans le dessein de cette grande fête.

Nous réclamons, frère et ami, du républicain, du représentant, de l'artiste David, les bons offices, les conseils, les secours qui pourront être utiles à la mission du citoyen Rougeot.

Salut et fraternité,

Signé : L. TEXIER OLIVIER,

Pour les archives :

VEAU, BAIGNOUX, CHALMET,
Commissaires pour la fête.

Projet du citoyen Saint-Romain
adressé à la commune de Tours.

Une scène religieuse et militaire a été exécutée au temple Roc (église Saint-Roch de Paris) par les artistes de la capitale. En voicy le détail :

Un emplacement propre à contenir à l'aise deux cent personnes était élevé au milieu du temple.

Cent artistes costumés moitié en sans-culottes,

moitié en défenseurs de la patrie, armés de piques et sabres formoint un cortège, et entouroint une citoyenne montée sur un char et représentant la liberté, tenant d'une main une pique surmontée d'un bonnet rouge, de l'autre un faisceau au milieu duquel était une inscription, portant ces mots : *le peuple français reconoit l'être suprême et l'immortalité de l'âme.* La cérémonie commençait par un chœur majestueux à l'être suprême. Trois artistes dont deux défenseurs de la patrie et un sans-culotte, chantaient l'air : *Veillons au salut de l'empire.* En suite la *Marseillaise* à grand orchestre de Gossec au complet : *Amour sacré de la patrie,* tout le monde se découvre et se prosterne. Et après les mots : *Vient ton triomphe et notre gloire,* un grand silence est observé, la Générale bat pendant deux minutes. Elle cesse. Le canon d'allarmes se fait entendre. La générale recommence. Les autorités constituées rassemblées auprès de la liberté, les sans-culottes, les défenseurs de la patrie, tout se mêle ; et par un mouvement spontané, s'écrie : *Aux armes, citoyens.* Les artistes croisent le fer, et après un court discours prononcé par l'un d'entre eux, jure, au bruit d'une musique guerrière, de terrasser les tyrans, d'adorer l'être suprême et de vivre et de mourir libre. Le citoyen Saint-Romain, directeur du spectacle, se propose de faire exécuter cette scène, et à cet effet a fait venir de la capitale les morceaux exécutés au temple Roc.

Il prendra cinquante figurants à qui il fera répéter les différents morceaux, et qui le seconderont dans son travail, les artistes du théâtre s'y prêteront de tout leur pouvoir, et il assure que tout sera exécuté avec tout l'ordre et la pompe dont la cérémonie est susceptible. Il ne négligera rien pour ajouter à la fête tout ce qui lui paroitra propre à la rendre majestueuse, il communiquera tout ce qu'il aura entrepris, de concert avec ses camarades pour l'embellissement de la cérémonie. Il laisse aux citoyens chargés des détails de la fête le soin d'y ajouter, et il se conformera à tout ce qu'ils auront décidés pour la splendeur de cette auguste cérémonie.

Si les citoyens chargés de l'exécution de la fête trouvent les détails y dessus mentionnés convenables, le citoyen Saint-Romain commencera ses répétitions dans les jours suivants; et aux dernières qui se feront, invite d'avance les citoyens chargés de la fête de se transporter au théâtre ou se feront les dittes répétitions, pour voir l'exécution; et par leurs conseils ajouter au zèle des artistes qui ne négligeront rien pour rendre la cérémonie auguste et majestueux.

Quelque soit la décision des citoyens à qui je présente des observations que le cœur et l'amour de ma patrie seuls m'ont dicté, j'assure d'avance les citoyens à qui je soumets mes projets qu'ils me trouveront toujours prêt et zélé à tout faire pour contribuer à faire aimer la République, et à mériter l'estime des sans-culottes, et bons républiquains de la commune de Tours.

Saint-Romain.
Directeur des spectacles.

Esquisse d'un projet d'autel à l'Éternel ou à la Nature

1º Il sera élevé en face du milieu du pont [1] et au dessus de la redoute qui est en avant de l'arbre de la liberté.

2º Le premier plan de cet autel, au rez de chaussé sera un quarré d'environ 60 pied dont les quatre angles seront en pans coupés, formant chacun un quarré de 12 pieds sur 9 pieds de hauteur compris leurs balustrade ou appuis, en verdure.

3º On parviendera au niveau des plates formes de ces quarré, par les quatre faces principal en montant 9 marches imitant le gazon qui rempliront toute l'espace qu'il y aura de l'un des dits quarré à l'autre.

4º A la hauteur de ses 9 marches sera un plein pied de 9 à 10 pieds de largeur qui fera tout le pourtour, en conservant la même forme du plan du rez-de-chaussée duquel on communiquera au quatre quarré susdit.

5º L'un de ses quatre quarré, sera destiné à des meres indigeantes alaitant leurs propres enfant, et sur tout à celle qui seront les plus feconde.

6º Le second sera occuppé par des vieillards cultivateurs, valides, que tous citoyens doivent cherirent et respecter comme devant à la sueur de leurs front silloner tous les dons que la nature nous fait moyennant leurs soins, et leurs travaux journaliers.

1. Le grand pont sur la Loire.

7º Dans le troisième seront les cultivateurs in-
firme, et usé par le travail, par mis eux seront des
deffenseurs de la Patrie, blessés et privés de quel
qu'uns de leurs membres, les uns et les autres ayant
remplis leurs tâche. La patrie doit être reconnois-
sante en vers eux, et tous les citoyens doivent
s'empresser, à l'envie des uns et des autres de leur
offrirent tout ce qui peut contribuer à leur soulagement, et à leurs besoins.

8º Le quatrième et dernier contiendera des jeunes
gens en uniforme et en armes de l'âge de 10 à
15 ans trop jeune encor pour suporter les fatigues
militaires, mais qui s'exerce au maniment des armes
pour deffendre leurs patrie si tôt que leurs forces
et leurs ages leurs permettronts.

9º Sur le plein pied dont on a ci-devant parlé
seront placé par groupe les differents artiste avec
un étandart sur le quel sera les attribus de leur
art, ils renderont au mage à la nature des heureuse
dispositions, dont elle les a doué pour acquerir des
talents utils.

10º De ce plein pied on montera a un second par
quatre escaliers composé de neuf marche. Cette
seconde terrasse sera octogone et aura 9 pd de largeur et revetüe dans tout son pourtour d'un apui
en verdure entrelassé de fleurs. C'est sur cette terrasse que seront placé toutes les autorités constituées et les membres de la société populaire munis
de leurs carte à la boutonniere ainsi que les musi-
ciens et musiciennes qui chanteront en chœur les
hymnes et les quantiques à l'Éternel et à la Nature.

11º Du milieu de ce second plein pied s'elevera un autel ou pied destale de forme circulaire sur le quel sera posé la figure emblématique de la nature tenant d'une main une corne d'abondance, et de l'autre les droits de l'homme couronnée d'épis de bled, de fruits et de fleurs.

12º Cet autel ou pied destale sera flanqué de quatre colonne tronquée et canelées, en forme de faisseau, d'environ quatre pied de hauteur sans y comprendre les vazes qui leurs servironts de couronnement.

13º Ces quatre vazes ce trouveront à la hauteur des pieds de la figures, il seront l'emblesme des quatres éléments, de lun il sortira une petite nappe d'eau, dans l'autre on brulera des matierre combustible, le troisième contiendera de la terre dans la quelle sera planté des toffées [1] de bled arrachées avec leurs racines, ainsi que différentes fleurs, et dans le quatrième sera de l'eau de savon, dont deux enfants feront avec des chalumeaux de paille des bouteilles [2] qu'ils laisseront aller au grai du vent La Nature aura tous les différents objets dont nous venons de parler sous les yeux, qu'elle regardera avec bien veillance.

14º La musique instrumentale ce placera en quatre partie sur le premier plain pied et en face de lissue des quatre quarrés, et chacuns à leur tour ils exécuteronts des airs analogue aux personnages que contiendronts leurs quarré réciproque.

1 C'est-à-dire *des touffes.*

2. C'est-à-dire *des bulles.*

15° La force armée formera un cercle sur trois de hauteur autour du plan du reze de chaussé et en dedans de la barrière qui renfermera le terrain vacant qui ce trouvera entre elle et le premier plan de l'autel. Espace qui doit être assé espacieux pour contenir les comités de sections, les élèves des instituteurs et institutrices, les citoyennes qui ont coopéré a l'embelissement de la soci010te populaires et tous les citoyens qui seront invité au cortège.

16° Il sera dressé un bucher a quelque distance de l'autel qui sera allumé à la fin de l'hyme a l'Eternel dans le quel on jettera un manequin costumé, en habit royal, un autre en ci devant prince ou noble, et un troisième en fanatique, après leur avoir fait préalablement dansé la carmagnole aux cris de Vive la République, vive la montagne. Ce sera une oblation agréable a la nature par tous les outrages qu'ils luy ont faits.

17° Ces trois manequins seront dans un tombereau tiré par des annes le quel suivra le cortege, il serra entouré d'esclaves, enchainés, dont les uns seront courbés sous le fardeau des chaisne du despotisme, d'autres seront chargés de chapelets, d'images et d'agnus, et d'autres d'armoiries et de droits féodaux.

18° Aussitôt que les trois manequins seront jettés dans le feu, des citoyens et des citoyennes s'empresseront de les délivrer de leurs chaisne, d'autres leurs auteront toutes les marques de servitudes et du fanatisme qu'ils jetteront au feu. Ensuitte les mesme citoyens et citoyennes leurs ferons admirer la nature sur son trone, ils les engagerons et les conduirons au pieds de l'autel rendre grace a la nature et a la raison de les avoir delivres de leurs lyrans et rendus la liberté.

19° Avant cette ceremonie qui terminera la feste des meres citoyennes vestue en blanc avec cinture tricolore yront pendant que l'on chantera les hymes et les quantiques offrirent au meres nourisses des 1 . . . .

LA PRUSSE
JUGÉE PAR M. D'HAUSSONVILLE [2]

... Voyons quelle a été l'attitude de la monarchie prussienne vis-à-vis de notre pays qu'elle affecte de mépriser et particulièrement à l'égard de la première et de la deuxième République, du premier et du second Empire français.

La Prusse est entrée avec ardeur dans la coalition européenne de 1792, mais elle s'est montrée encore plus pressée d'en sortir. Dès le printemps de 1795,

1. Le texte est interrompu ici.

2. Il y a deux mois, lorsque mourut M. le comte d'Haussonville, les oraisons funèbres ne manquèrent point. Elles se copièrent toutes plus ou moins, selon l'usage, ce qui explique pourquoi dans l'énumération de ses titres littéraires on a commis la faute d'oublier sa lettre du 7 novembre 1870. Elle n'a que trente-deux pages, mais elle vaut un gros volume. On y retrouve, au plus haut degré, le savoir, l'esprit, l'ironie contenue, qui distinguaient M. d'Haussonville quand il tenait la plume, car, dans un entretien, son extrême surdité le paralysait trop souvent. La lettre du 7 novembre 1870 eut les honneurs d'un tirage à part fort

elle avait faussé compagnie à ses alliés, et, pour assurer sa paix avec nous, elle nous avait, par traité secret, garanti la possession de la rive gauche du Rhin. Depuis lors, elle s'est tenue tranquille, vivant en bons termes avec le Directoire, professant une amitié pleine de déférence pour le premier consul et plus tard, pour l'Empereur. La tentation de l'or anglais la fit, en 1806, sortir de sa quiétude. On sait le résultat. Naguère on eût dit qu'Iéna était le plus grand désastre militaire des temps modernes, mais depuis, hélas ! nous avons eu Sedan !

... Cependant la blessure était restée saignante au fond des cœurs. Elle expliquera, nous le voulons, les fureurs vengeresses de 1814 et de 1815. Mais ne pensiez-vous pas, monsieur le rédacteur, que tant de haine, si légitime qu'elle fût, avait trouvé un moyen de s'apaiser pendant la Restauration, et sous le règne de Louis-Philippe. Nous l'avions tous cru. En tous cas, il faut reconnaître qu'elle a été bien habilement dissimulée. Serait-ce l'établissement de la République de 1848 qui l'aurait fait renaître ?

restreint sous le titre *la France et la Prusse devant l'Europe*. Elle fut adressée à tous les journaux de Paris, mais quand Paris assiégé avait perdu son rayonnement européen, ce qui la fit passer pour ainsi dire inaperçue. Nous sommes heureux de trouver l'occasion d'y revenir ; lorsqu'elle parut l'heure était désespérée, mais l'auteur était de ceux qui connaissent trop bien notre histoire pour désespérer jamais. Il plaida donc fièrement la cause de la France humiliée, il ne craignit point de rappeler certains faits à l'ennemi triomphant, et cette plaidoirie improvisée peut passer pour une petite merveille de logique et de patriotisme. Nous en donnons la partie capitale ; elle résume à grands traits l'histoire de nos relations avec la Prusse depuis 1789.

Point du tout. Demandez à M. Bastide. Il vous dira que, parmi les membres du corps diplomatique qui se pressaient dans son cabinet au lendemain de la Révolution de février, il n'y en avait pas de plus assidu, de plus affectueux et de plus cordial que M. le comte de Hatzfeldt. Ce qui le charmait dans le changement qui venait de s'accomplir, c'est qu'il « allait resserer étroitement les liens de la France et de la Prusse, et que leur intime union ne pouvait manquer d'avancer partout en Europe la grande œuvre de la paix, de la civilisation et du progrès ».

Est-ce l'avènement de l'empire qui aurait contrarié le cabinet de Berlin ? Pas davantage. Il n'a pas dépendu de M. le baron de Manteuffel qu'il n'eût lieu beaucoup plus tôt. Le ministre du roi Guillaume avait ostensiblement applaudi au coup d'Etat du 2 Décembre, tandis que le parti des piétistes (*Nouvelle Gazette de Prusse*), s'y montra plutôt opposé. Lorsque parut certaine brochure sur la *Révision de la Constitution*, brochure qui fut attribuée au prince-président, et en tout cas publiée sous ses auspices, M. le baron de Manteuffel n'eut rien de plus pressé que de la faire traduire en allemand avec une préface élogieuse, et, pour que personne ne s'y trompât, de la donner à imprimer à la typographie intime et supérieure de la cour de Berlin.

Quand se fit avec une certaine solennité l'ouverture du chemin de fer de Strasbourg, le roi de Prusse se hâta d'envoyer le général commandant les troupes

2.

des provinces rhénanes, M. de Hirchfeld, pour féliciter le prince-président à Nancy, M. de Hirchfeld l'accompagna jusqu'à Strasbourg ; et nous n'avons pas ouï dire, qu'à Nancy ni à Strasbourg, M. de Hirchfeld ait alors parlé des droits éventuels de la Prusse sur la Lorraine et sur l'Alsace. Nous avons même souvenance que la *Gazette de la Croix* ayant laissé échapper, à cette occasion, quelques paroles mal sonnantes, M. le baron de Manteuffel la fit avertir d'avoir à parler avec plus de mesure des affaires de France.

Le second empire définitivement établi, quelle allait être la politique du cabinet prussien ? Ah ! combien il s'en faut qu'elle se montrât fière à notre égard, ou vis-à-vis de qui que ce soit au monde. Dans le conflit survenu à propos de la question d'Orient, et dans la campagne militaire de Crimée de 1855, elle n'ose être ni pour ni contre personne. Mais quoiqu'elle fût restée si parfaitement inactive pendant que les autres se battaient, quoiqu'elle eût complètement abandonné, alors qu'il y avait quelques risques à courir, son rôle de grande puissance continentale, il en coûtait à son amour-propre d'être laissée de côté quand il ne s'agissait plus que de s'asseoir autour d'un tapis vert, et de mettre son nom au bas d'un protocole. A qui s'adresser, cependant? L'Angleterre et la Russie avaient gardé contre elle une assez naturelle mauvaise humeur. Ce ne fut jamais l'inclination de l'Autriche de faire le jeu de la puissance qu'elle considérait alors comme sa rivale en Allemagne. Restait la France.

Le roi Guillaume n'avait, depuis son règne, rendu aucun service, petit ni grand à l'empereur Napoléon III. N'importe. Il n'en coûta point à son orgueil de s'aller mettre sous la protection du souverain dont le crédit pouvait seul lui ouvrir les portes du congrès de Paris. Napoléon III s'y prêta de bonne grâce. Dans la séance du 28 février 1856, le comte Valewski proposa à ses collègues d'admettre la Prusse à prendre part à la négociation qui s'ouvrirait pour le renouvellement de la convention des Détroits La recommandation du ministre français était chaleureuse, et ne rencontra point de difficultés. Sur le signal envoyé du quai d'Orsay, le baron de Manteuffel s'empressa aussitôt de quitter Berlin, et, tout plein de reconnaissance envers son obligeant introducteur, il prit enfin séance, le 18 mars 1866, avec le ministre de Prusse, le comte de Hatzfeld, dans le congrès de Paris.

En fait de service à demander, il n'y a que le premier pas qui coûte. Dans l'automne de 1856, la Prusse se trouva empêtrée dans une assez sotte aventure. Une conspiration avait éclatée dans le canton, ou plutôt dans la ville de Neuchâtel, ancienne possession de la maison de Brandebourg. Encouragés ou non de Berlin, les conjurés avaient pris les armes pour rétablir l'ancien état de choses tel qu'il existait, avant les évènements de 1848, lorsque leurs concitoyens n'avaient pas encore rompu les liens de vassalité qui les rattachaient à la cour de Postdam. Leur tentative avait misérablement avorté; ils avaient tous été faits prisonniers. Le gouvernement suisse ne se refusait pas absolument à les relâcher; il se bornait à demander, comme condition préalable à leur mise en liberté, une assurance formelle donnée par la Prusse qu'elle renoncerait à faire désormais valoir ses anciens droits. Cette condition déplaisait fort au roi Guillaume. Volontiers, il promettait de ne les plus remettre sur le tapis; mais s'en désister publiquement sur la sommation d'une insolente petite république, il ne fallait pas lui en parler. Cependant, les hommes de Berne tenaient ferme. Ils avaient même armé quelques troupes fédérales qui attendaient assez fièrement, dans leurs montagnes, le moment où, mettant ses menaces à exécution, le cabinet prussien viendrait les y chercher. Mais de Berlin à Schaffouse et à Bâle, par où passer? L'embarras était grand. Le roi Guillaume se souvint qu'il avait à Paris, dans l'empereur des Français, un ami de bonne volonté, lié lui-même avec le général républicain, M. Dufour, de Genève. Prenant alors sa meilleure plume, et s'adressant d'homme à homme à son cher et très affectionné correspondant, il lui demanda s'il ne pourrait pas intervenir et le tirer de cette *mélancholique affaire de Neuchatel.* L'empereur et M Dufour s'en mêlant, la *mélancholique affaire* fut, en effet, arrangée.

Nous voici presque arrivés à l'époque où la querelle intentée par l'Allemagne au petit royaume de Danemark allait sortir de la phase des protocoles et des simples menaces diplomatiques, pour entrer dans la voie des violences inqualifiables. La guerre était au moment d'éclater. En prévision des éventualités qui s'ouvraient devant son ambition, comment le roi Guillaume n'eût-il pas redoublé de prévenances envers la France ? Il n'y manqua point. De toutes les puissances de l'Europe, la Prusse fut presque la seule qui prit tout à fait au sérieux, et se donna la peine de répondre de la façon la plus sympathique à l'invitation de Napoléon rêvant alors la réunion d'un grand congrès au sein de sa capitale. Dans sa lettre, le roi Guillaume offrait à l'empereur « *son concours impartial et désintéressé* » S'il fallait venir de sa personne à Paris, cette perspective n'avait rien pour lui que de séduisant, « *sûr qu'il était d'y retrouver l'accueil cordial qui lui rendait si cher le souvenir de son précédent séjour à Compiègne* ». On ne pouvait s'exprimer plus obligeamment. Les actes se joignaient d'ailleurs aux paroles. Revenant de Vienne, où il avait été faire visite à son autre bon frère et bon ami l'empereur d'Autriche, le roi de Prusse se détourna exprès de son itinéraire pour aller, au mois de septembre, à Schwalbach, présenter ses hommages à l'impératrice Eugénie.

Lorsque son maître se donnait tant de mal pour se rendre agréable, comment M. de Bismarck aurait-il eu la mauvaise grâce de demeurer, de son côté, parfaitement tranquille ? Cela n'eût pas été convenable. C'est pourquoi il sentit tout à coup le besoin de venir en France respirer l'air fortifiant de Biarritz. Pendant les loisirs qu'à Biarritz comme partout donne la vie oisive des bains de mer, à quoi

passer le temps, sinon à causer, et quel plus bel
endroit pour causer plus librement, que la plage de
Biarritz, où se trouvaient alors Napoléon III, quelques-uns de ses ministres, et la plus fine fleur de la
cour impériale ? Le vent n'a pas emporté toutes
les paroles jetées au hasard de la conversation, car
nous les avons depuis, à notre grand étonnement,
retrouvées presque mot pour mot reproduites dans
des documents signés du nom même de l'empereur.
Il semblait qu'à Biarritz M. de Bismarck n'eût pas
d'autre préoccupation que de bien faire comprendre
à tout venant qu'il n'était pas un homme à préjugés, mais un politique de l'école moderne. L'empereur et M. de Cavour, voilà, parmi les personnages des temps présents, ceux qu'il admirait le plus.
Il parlait volontiers de la *mission piémontaise de la
Prusse.* Cependant une chose la gênait pour jouer le
grand rôle qui lui appartenait dans le monde. « Elle
avait une configuration impossible. *Elle manquait de
ventre* du côté de Cassel. *Elle avait l'épaule démise*
du côté du Hanôvre. Elle était trop en l'air, et
cette situation pénible la condamnait nécessairement à suivre en tout la politique de Vienne et de
Saint-Pétersbourg et à tourner sans relâche dans
l'orbite de la Sainte-Alliance. Mieux configurée,
plus solidement assise, ayant tous ses membres au
complet, elle serait rendue à elle-même, elle aurait
alors la *liberté des alliances,* et quelle alliance plus
désirable alors pour elle que celle de l'empire
français.....Si les agrandissements possibles de la
Prusse semblaient être excessifs, et rompre la ba-

lance des forces, qu'est-ce qui empêcherait la France de s'arrondir à son tour ? Pourquoi n'irait-elle pas prendre la Belgique, et y *écraser un nid de démagogues.* Ce n'est pas le cabinet de Berlin qui s'y opposerait. *Suum cuique*; telle était l'antique et vénérable devise de la monarchie prussienne.

· De quelle façon inattendue cette vénérable devise de la monarchie prussienne devait trouver son application après la guerre du Danemark, vous ne l'avez peut-être pas oublié, monsieur le rédacteur. Le duché du Sleswig-Holstein avait été arraché aux mains de l'usurpateur, et plusieurs prétendants, dont les titres remontaient au quinzième siècle, s'en disputaient la possession. C'étaient un duc d'Oldenbourg, un prince de Hesse, etc., etc..... Plus tard, la maison de Brandebourg avait fini par découvrir qu'elle avait elle-même des droits sur ce duché. La question ne laissait pas que d'être embarrassante. M. de Bismarck avait des scrupules. Il ne se serait jamais consolé de remettre le territoire en litige en d'autres mains qu'en celles de son légitime propriétaire. Afin de se bien éclairer, il prit donc le parti de *consulter les légistes*, c'est-à-dire les syndics même de la couronne. L'arrêt solennel rendu au mois de juillet 1865 mit enfin un terme à ses consciencieuses perplexités. Ces messieurs déclarèrent que les prétentions de toutes les parties étaient évidemment mal fondées ; ils déboutèrent, à la fois, la Hesse, l'Oldenbourg, le Sonderbourg-Augustenbourg et la maison de Brandebourg elle-même, tant leur impartialité était grande ! Ils reconnaissaient enfin publiquement que le roi de Danemarck avait seul des droits sur le Sleswig-Holstein. Oh ! la belle sentence prononcée par les juges de Berlin ! et quelle merveilleuse conclusion en tire aussitôt M. de Bismarck ! Puisqu'il ne s'agissait plus d'une question de succession, puisqu'en définitive, et malgré ce que la Prusse et l'Autriche en avaient cru jusque là, il se trouvait que le roi de Danemark était le vrai et légitime souverain du Sleswig-Holstein, la conséquence était claire et forcée. Ce territoire leur appartenait à toutes deux par droit de conquête, ce droit si cher à M. de Bismarck, à ses yeux, le premier et le plus fort de tous les droits. Mais pourquoi l'empereur François-Joseph irait-il s'embarrasser d'une province si éloignée de ses domaines ? et que pourrait-il faire mieux que de la céder à son bon frère et bon ami le roi Guillaume Ier ? Les deux bons frères et bons amis eurent toutefois grand'peine à se mettre d'accord sur l'honnête partage. La convention provisoire signée entre eux à Gastein, le 14 août 1865, n'avait été qu'un méchant replâtrage. La guerre avec l'Autriche devenait imminente ; c'est pourquoi, au mois d'octobre suivant, afin de retremper ses forces avant la lutte, le président du conseil de Prusse éprouva le besoin de se rendre de nouveau à Biarritz, où, par hasard encore, l'empereur se trouvait résider en ce moment.

Plombières, petite ville cachée au fond d'une sombre vallée des Vosges ; Biarritz étagée en plein soleil sur les collines sablonneuses qui bordent le fond du golfe de Gascogne, quelles scènes curieuses se sont passées dans vos murs ? L'histoire les racontera un jour. Déjà, car son but une fois atteint, M. de Cavour était le moins mystérieux des hommes, nous connaissons les paroles que le ministre du roi Victor-Emmanuel échangea dans la modeste auberge lorraine [1] avec le futur fondateur de l'unité italienne. On sait moins ce qui s'est passé à la villa Eugénie. A Biarritz, c'était l'habitude de l'empereur d'arpenter à pas lents avec son hôte la longue terrasse, d'où la vue s'étend au loin sur l'Océan et sur la chaîne des Pyrénées. Tous les yeux pouvaient à leur aise suivre les deux promeneurs, mais aucune oreille ne pouvait les entendre.

Si, comme il est probable, M. de Bismarck prit soin de développer, dans ses intimes entretiens avec le maître, les mêmes thèses dont il faisait part aux personnes de l'entourage, la curiosité de l'empereur dut être fortement excitée. Plus que jamais le ministre de Prusse se posait en libre esprit, en novateur intrépide. Il était difficile de se montrer plus amusant, plus sarcastique, plus affranchi de préjugés et plus volontairement indiscret. Il ne se contentait pas de chanter les éloges de la France ; il se plaisait à faire lui-même les honneurs de son pays. Il ne tarissait pas de plaisanteries sur les vieux

1. L'information n'est pas tout-à-fait exacte, mais il est vrai que le lieu n'avait jamais été jusqu'ici clairement désigné. L'auberge lorraine était la maison de M. Charles Demandre, conseiller général de la Haute-Saône. Placée dans un vallon solitaire (à la Chaudeau, près d'Aillevillers), elle se prêtait merveilleusement au côté mystérieux de l'entrevue.

politiques attardés de la cour de Postdam, en particulier, sur la Chambre des seigneurs « composée
de respectables *perruques* », sur la Chambre des députés, également composée de *perruques*, mais
point du tout respectables. Il ne craignait même pas
de faire allusion à un haut personnage, le plus respectable, mais aussi le plus *perruque* de tous. Celui-
là lui donnait plus de mal à lui seul que tous les
autres ensemble ; c'était une vieille pendule qu'il
lui fallait remonter tous les matins. Ah ! pour son
compte, il savait bien ce qu'il aurait à faire ; *malheureusement son roi était trop honnête* ». Tout en
se promenant sur la terrasse de Biarritz, M. de
Bismarck cherchait-il, de concert avec l'empereur,
les moyens de rendre le roi Guillaume un peu moins
perruque et un peu moins honnête ? C'est probable,
mais personne ne l'a jamais su. Il paraît d'ailleurs
démontré que s'il débita beaucoup de paroles que
l'empereur n'écouta point sans plaisir, M. de Bismarck n'en recueillit en retour que d'assez rares et
de fort énigmatiques. Après avoir exposé à satiété,
avec maints détails, ses plans divers pour l'agrandissement de son pays, c'était sa coutume de s'arrêter court et de demander à son interlocuteur :
« Si nous prenons ceci, ou bien cela, vous, que
prendrez-vous ? — Nous ! mais nous ne voulons
rien ». Alors M. de Bismarck sans se décourager,
recommençait sur de nouveaux frais. Puis terminait
par la même question et recevait encore la même
réponse...

Vous savez ce qui s'ensuivit, et comment, dé

pouillant, en effet le vieil homme, M. de Bismarck prit subitement, pendant l'hiver de 1865 à 1866, les allures de la politique la plus moderne et la plus révolutionnaire. Il avait apparemment réussi à défriser un peu les perruques à marteau de la cour des seigneurs, et à calmer tant soit peu les scrupules de son trop honnête souverain, car on vit dès ce moment la diplomatie prussienne s'engager à fond dans les mêmes voies où s'était jeté naguère l'entreprenant M. de Cavour. Le premier gage fut l'alliance offensive contractée, sous le patronage de la France, avec le successeur de l'illustre ministre italien. M. de Bismarck ne se contentait pas de lui emprunter sa politique, il copiait servilement tous ses anciens procédés d'attaque contre l'Autriche. C'est ainsi qu'il faisait inviter le vainqueur de Marsala à s'aller jeter avec ses hommes à chemise rouge sur les côtes de la Dalmatie. Il appelait pareillement en Hongrie le général Klapka. Quant à la Roumanie, il n'est pas besoin de s'en occuper. On y avait d'avance placé, grâce encore à l'initiative de la France, un de ces princes de la famille multiple des Hohenzollern, qui semble vouloir remplacer, pour la fourniture de candidats aux trônes de l'Europe, la pépinière aujourd'hui un peu épuisée des Cobourg. Tout étant prêt, alors la guerre éclata.

Pour qui tenait la France sur ce grand champ de bataille de la Bohême? Favorisait-elle ou la Prusse ou l'Autriche? J'aurais grand'peine à vous le dire. Il faut croire que les choses avaient tourné selon

nos souhaits, car le soir du jour où nous arriva la
nouvelle de la paix, l'ordre fut donné d'illuminer
Paris afin de célébrer, comme il convenait, le
nouveau succès obtenu par la profonde habileté de
l'empereur Napoléon III. Le cas ne laissait pas
toutefois que d'être embarrassant. Nous avions
fondé l'unité de l'Italie; à son tour, la Prusse fon_
dait l'unité de l'Allemagne. Qu'avions-nous à dire ?
Nous prîmes le parti de ne rien dire du tout : sinon, que cela était bien glorieux pour nous d'avoir
fait école, et que le roi de Prusse voulût bien nous
imiter. Imiter ! je me trompe. Ah ! que de son
premier pas l'honnête roi Guillaume nous avait
superbement dépassé ! Enfants que nous sommes !
Nous avions, après la guerre d'Italie, laissé prendre
les grosses parts à d'autres. Pour notre compte,
nous ne nous étions rien ou presque rien adjugé :
Nice et la Savoie, tout au plus. Encore y avons-
nous mis toutes sortes de façons, en consultant, par
la voie du suffrage universel, le vœu des popula-
tions. C'était bien mesquin, et digne d'un pays révolutionnaire comme le nôtre.

Combien plus dignes les façons d'agir du roi
Guillaume, ce monarque de droit divin, et combien
plus conformes surtout aux doctrines de la Sainte-
Alliance, aux maximes de l'Évangile et de la vraie
charité chrétienne. Le tout puissant Seigneur de
qui dépend le sort des batailles, auquel il appartient
de donner ou de retirer la victoire, avait daigné
prononcer lui-même dans cette grande cause. Il
avait ordonné à son pieux serviteur d'abaisser de-

vant lui l'orgueil des rois de Saxe, de Wurtemberg
et de Bavière, de remettre à leur place l'électeur de
Hesse-Darmstadt et le grand-duc de Baden ; il lui
avait commandé de s'approprier les territoires du
duc de Nassau et de l'électeur de Hesse, de prendre
Francfort, de mettre enfin sur sa tête la couronne
de son très cher frère le roi de Hanovre.

C'étaient là des arrêts bien pénibles à exécuter.
Mais quoi ! les voies de Dieu sont toujours droites
et ses desseins sont insondables. Éclairé par la
grâce d'en haut, et prêché tout bas par son ministre, le roi Guillaume se résigna. Il était prêt à
se sacrifier ; rien ne lui coûtait plus ; il était même
prêt à devenir, s'il le fallait, le tout-puissant empereur d'une magnifique Allemagne.

Comme lui, nous aussi, nous nous étions résignés
à ces brusques changements. Résignés n'est pas non
plus assez dire. Est-ce que l'Empire a jamais pu
convenir qu'il eût, en quelque occasion que ce fût,
éprouvé le moindre déboire ? Nous nous sommes,
au contraire, publiquement réjouis des modifications
apportées à la carte de l'Europe. Elles furent alors
solennellement placées, par le neveu et le successeur de Napoléon Ier, sous la protection de la
grande mémoire de l'illustre prisonnier de Sainte-
Hélène, zélé partisan, comme chacun sait, des
grandes agglomérations, mais qui n'avait point
passé, jusqu'alors, pour s'être occupé, de son vivant,
de les constituer au profit de la Prusse.

Quoi qu'il en fût, ces grandes agglomérations, à
lire la fameuse circulaire de M. de La Valette, ne

pouvaient que nous être extrêmement favorables.
C'est ainsi que s'en étaient exprimés à l'avance,
dans leurs journaux, les représentants les plus at-
titrés de la démocratie impériale. « Plus des États
limitrophes sont puissants, s'était écrié l'un d'eux,
au mois de mai 1866, plus il y a d'égalité dans
leurs forces, moins il y a de chances de guerre...
Une politique qui, par le seul fait d'une entente
morale et purement diplomatique, permettrait de
compléter l'unité de l'Italie, de reconstituer l'Allemagne et de briser le faisceau de la coalition européenne, une telle politique ne manquerait, après
tout, ni de fécondité, ni de grandeur. A chercher
dans cette voie, on peut se tromper sans rougir ».

Évidemment on s'était trompé, puisqu'au printemps de 1870, Napoléon III s'est cru obligé
d'entrer en campagne, précisément pour combattre
la Prusse, qui avait reconstitué l'Allemagne, et pour
détruire, les armes à la main, cette belle œuvre à
laquelle, quatre années auparavant, on se vantait si
haut d'avoir puissamment contribué. Sur les causes
apparentes ou réelles de la rupture avec la Prusse,
sur les incidents de la candidature Hohenzollern, à
quoi bon insister. Volontiers, je mettrai (est-ce bien
juste ?) tous les torts de notre côté...

Mais que l'Europe considère à son tour ces ven-
geurs inattendus de la justice outragée et du droit
des gens méconnu. Qu'elle les regarde donc en
face, elle reconnaîtra en eux les héritiers du grand
politique retors qui a tramé le partage de la Pologne et porté la première atteinte à l'équilibre de

la vieille Europe. Principes et caractères changent, de règne en règne, dans cette race ambitieuse. On y est cruel ou débonnaire, athée ou religieux, suivant les temps ; la rapacité seule reste toujours la même. C'est bien la dynastie qui, après avoir pris les armes en 1814, pour rétablir, disait-elle, les princes légitimes sur leur trône, venait demander au congrès de Vienne de lui abandonner le royaume de Saxe pour récompense de ses exploits. Professer la théorie du désintéressement ne lui coûte rien, mais ne la mettez pas à l'épreuve. « *La Prusse ne doit faire en Allemagne que des conquêtes morales* », s'écrie le 8 novembre 1852, le roi Guillaume, au moment où il accepte la régence des mains de son frère ; mais vienne l'occasion, et il trouvera tout simple de s'emparer de Nassau, de Francfort et du Hanôvre. « *Je ne fais la guerre qu'à l'empereur, et nullement à la France* », dit encore le même prince dans sa proclamation du mois de juillet dernier. Mais que la fortune le favorise, et l'empereur tombé, le roi Guillaume n'hésitera pas à réclamer l'Alsace et la Lorraine. Ah ! que son honnêteté lui pèse peu désormais ! et combien vite il a adopté la devise de son digne ministre : *La force prime le droit.*

Oui, la force prime le droit. Voilà bien la vérité que les plus faibles doivent s'habituer à entendre sans cesse résonner à leurs oreilles. C'est à quoi les nations, même les plus plus puissantes à l'heure où j'écris, feraient peut-être bien de songer.

STATISTIQUE DES DIVORCES

DU 1er JANVIER 1793 AU 17 JUIN 1795 [1]

Motifs des divorces.	Divorces demandés par les hommes.	Divorces demandés par les femmes.	TOTAL.
Incompatibilité d'humeur.	253	619	872
Consentement mutuel ...	548	11	559
Absence pendant cinq ans sans nouvelles.........	178	584	762
Abandon.................	241	571	812
Démence, folie......	9	3	12
Sévices, mauvais traitements, injures graves....	74	447	521
Dérèglements de mœurs..	95	67	162
Jugements, infamies......	6	40	46
Emigration...............	3	102	105
Séparation de corps jugée.	39	92	131
Six mois d'absence (loi du 4 floréal)........	673	1.332	2.005
	2.119	3.868	5.987

1. Elle est ainsi donnée par M. d'Auteville, dans une brochure tirée à 110 exemplaires (*Le divorce pendant la Révolution*, Nantes, Forest, 1883). Il a puisé les chiffres dans des notes inédites de Villenave, conservées dans les archives de M. Gustave Bord, à Saint-Nazaire.

**Médiocre influence du choléra sur l'ensemble
de la mortalité parisienne** (d'après un tableau extrait de l'annuaire statistique de la ville
de Paris, introduction, page 16, Paris, impr.
Nationale, 1881).

Années 1821-1825 — 31 décès [1] sur mille habitants par année.

1826-1830 — 32

1831-1835 — 34 (Choléra en 1832).

1836-1840 — 29

1841-1845 — 27

1846-1850 — 31 (Choléra en 1849).

1851-1855 — 29 (Choléra en 1854 et 1855).

1856-1860 — 30

1861-1865 — 25

1866-1870 — 27 (Choléra en 1865).

1872-1875 — 26

1876-1880 — 24

En comptant par période de cinq ans, on voit que
les épidémies cholériques ne font pas monter beaucoup le nombre total des morts. Le contraire
même peut se remarquer à la période 1856-1860
(non cholérique) plus meurtrière que la période
cholérique 1866-1870. La période non cholérique
1826-1830 étonne plus encore quand on la compare
à la période cholérique 1851-1855, qu'elle dépasse

1 A ce chiffre de décès comme aux suivants, est ajoutée
une fraction que nous avons négligée pour que le tableau
soit mieux compris à première vue.

Rev. rétr. n° 3.

dans la proportion de 32 à 29. Il est vrai que la mortalité parisienne a été se réduisant depuis 183o, restant néanmoins de beaucoup supérieure à la mor- talitédes départements (près d'un quart en sus).

***

Aperçu chronologique des moyens employés pour combattre le choléra depuis Hippo- crate jusqu'à nos jours [1].

An 46o avant J.-C. Hippocrate (traduction Lit- tré): « A Athènes, un homme fut pris du choléra ; il rendait par haut et par bas ; il souffrait ; ni les vomissements, ni les selles ne pouvaient être arrêtés..... Ce malade but de l'ellébore [2] par-dessus de l'eau de lentilles, puis il but de nouveau de l'eau de lentilles..... les selles et les vomissements s'arrê- tèrent, mais il se refroidit ; on le lava avec beaucoup d'eau..... jusqu'à ce que les parties supérieures s'échauffassent aussi ; il réchappa.

An 37 de J.-C. Arétée, médecin grec (cité par le Dr Netter dans ses *Vues nouvelles sur le choléra*, Paris, Berger-Levrault, 1874) : Arétée a donné

---

1 Cette revue, nécessairement fort réduite par les exigences de notre cadre, n'a aucune prétention thérapeutique. Elle veut seulement donner une idée de la variété et du désaccord des systèmes préconisés. Nos citations sont nombreuses, et cependant bien des noms sont omis. La remarquable collec- tion de la bibliothèque de l'École de Médecine en contient cinq fois plus.

2 L'ellébore a été indiqué, de nos jours, par les médecins homœopathes.

l'exacte description du mal cholérique : selles et vomissements, suppression des urines, prostration, algidité confirmée. « Lorsqu'il en est ainsi, ajoute-t-il, le médecin n'a plus qu'à se retirer honnêtement. » Ces documents, fait observer le Dr Netter, suffisent pour démontrer que dans l'antiquité, en Orient, le choléra a été un mal semblable au nôtre, mais n'ayant pas le caractère d'une calamité générale. Celse, Cœlius Aurelianus, Alexandre de Tralles ont également parlé du choléra ; Celse n'oublie pas de décrire les crampes qui contractent les jambes et les bras. Tous font, comme Arétée, boire en abondance de l'eau à leurs malades.

xiie siècle. D'après les écrivains anglais cités par M. Tholozan (Observations sur le choléra, Paris, 1868), un auteur indien, Susruta, dont le dernier commentateur vivait à Cashmire au xiie siècle, recommande plusieurs moyens de traiter le choléra, parmi lesquels nous remarquons l'ail, le sel et l'huile de moutarde pour les frictions.

xvie siècle. Le Dr J.-D. Tholozan (De la genèse du choléra dans l'Inde. Paris, Masson, 1875) regarde comme un point établi l'identité des choléras des xvie, xviie et xviiie siècles dans l'Inde avec celui du xixe siècle.

xviie siècle. Sydenham, dont le laudanum a conservé le nom, constate en Angleterre le choléra vers 1669, et en a laissé un tableau effrayant. Il dit que le mal est épidémique, et le traite en faisant ingurgiter à chaque malade douze pintes d'eau de poulet en trois ou quatre heures malgré les vomissements, sans autre remède. C'est seulement après ce lavage qu'il recourt au laudanum de son invention.

1689. Les *Secrets concernant la santé*, recueillis par Nicolas de Blégny et imprimés à Paris en 1689, montrent les fabricants de remèdes populaires également préoccupés des moyen de combattre le choléra morbus. Nous donnons l'extrait ci-joint à titre de curiosité :

« *Choléra morbus*. — Prenez et faites rougir une ardoise, et quand elle sera refroidie, réduisez-la en poudre subtile de laquelle vous donnerez une dragme au malade dans un demy verre de vin rouge.

Autre recette. — Prenez et meslez dans trois onces d'eau tiède une dragme d'esprit de vin et demy scrupule d'esprit de nitre, et faites avaler le tout au malade qui sera au lit bien couvert; ce remède luy excitera une sueur qui le guérira sur le champ.

Autre. — Prenez une poignée de feuilles de rhue et autant d'hysope; faites-les bouillir dans une bassine avec une chopine de bon vin, coulez ensuite cette décoction pour en faire boire au malade.

Autre. — Prenez du chardon bény ou de la marjolaine, faites-la bouillir dans une suffisante quantité de vin, et donnez à boire de cette décoction au malade. »

1770. Extrait du *Dictionnaire de santé*, Paris 1770, article *Cholera* : « Si le malade qui est attaqué du cholera-morbus a le pouls fort, plein et serré,

que l'accès soit dans son commencement, et qu'il
n'éprouve pas de fréquentes foiblesses, on ne peut
rien faire de mieux qu'une saignée; immédiatement
après on lui fait boire largement, et à trois ou
quatre reprises, de l'eau chaude.

On passera ensuite à une boisson faite avec une
décoction de pain d'avoine, sans levain ni levure de
biere, bien rôti, et d'une couleur approchante de
celle du café brûlé. Cette boisson adoucit la soif
et appaise le vomissement; quand on n'a point de
pain d'avoine, on peut y substituer du pain de fro-
ment ou le bled bien rôti, et qui forme une espece
de panade mucilagineuse. Cette boisson qui produit
des effets excellents dans cette maladie, sert à remplacer les eaux de veau ou de poulet dont on pourroit manquer.

Lorsque le malade est extrêmement épuisé par
les grandes évacuations qu'il a souffertes, sans le
faire saigner, il faut lui faire prendre sur le champ
un verre de la décoction ci-dessus, après quoi, on
lui fait avaler de la thériaque ou du laudanum.

Si le malade a des convulsions et les extrémités
roides ; si son pouls est foible et intermittent, et
en un mot, s'il est réduit à l'extrêmité, il faut commencer par lui donner vingt gouttes de laudanum
liquide et deux gros d'eau de cannelle simple dans
un verre de la décoction de pain d'avoine, pour
prévenir la rechûte que le malade ne pourroit pas
soutenir ; six ou sept heures après, on renouvellera
la même potion, au cas que le malade n'ait pas été
suffisamment soulagé de la première, en observant

de lui faire boire beaucoup de la décoction de pain d'avoine décrite ci-dessus.

Il ne faut absolument donner aucune nourriture au malade, tant qu'il y a des vomissements, et ne lui faire prendre que du bouillon très-leger.

On recommande beaucoup dans le vomissement le remède suivant : Prenez de suc de limon ou de citron, une once ; de sel d'absinthe en poudre, un gros.

Mêlez le tout pour une prise, que l'on réitérera trois ou quatre fois par jour selon le besoin.

1771. Le *Dictionnaire de Trévoux* (nouv. éd. Paris, 1771) consacre un article au choléra-morbus. Il dit qu'on l'appelle aux Indes *maudechin*, qu'on empêche de boire celui qui en est attaqué et qu'on lui brûle la plante des pieds. Pas d'autre prescription.

1784. Le Dr Rougnon de Magny, professeur à Besançon, faisait ingurgiter à ses cholériques un baquet d'eau de veau en vingt-quatre heures. Il recommandait d'autant plus son remède que « la mortalité du choléra était prompte. » Il affirmait vingt ans de succès obtenus sans autre drogue (*Journal de médecine militaire*, an 1784).

Tissot, qui exerçait vers le même temps, recommande « des torrents de la boisson la plus adoucissante », soit eau d'orge, soit eau coupée d'un huitième de lait. Il ne faut pas se laisser effrayer, dit-il, par les évacuations ; l'opium ne doit être employé qu'après.

1831. Le baron de Haynau, directeur de la police

du grand duché de Bade, prescrit des frictions d'esprit de vin, vinaigre, camphre, moutarde, poivre noir, poudre de cantharides, ail broyé. Il faut, dit-il, que le malade soit tellement couvert de plumeaux (?) qu'aucun doigt et aucune partie du corps ne puissent être touchés de l'air.

1831. Le Dr Weyland de Weimar (Traité sur le choléra asiatique). 1re *période* : menthe ou fenouil, eau panée, saignée, carbonate de soude, crême de tartre et sucre, calomelas, frictions d'eau-de-vie. Il cite la friction employée par les juifs de Wisnia (Gallicie) : esprit de vin, vinaigre, camphre, graine de moutarde, poivre pilé, ail broyé, poudre de cantharides. — 2e *période* : bains; placer sous le lit des pierres rougies au feu, verser sur ces pierres du vinaigre froid; sinapismes de raifort, camphre, térébenthine, calomélas, huile de cajeput. — 3e *période* : infusion de valériane et de serpentaire, ammoniaque succinique liquide, teinture de castoreum, bon vin vieux. Poudre de musc, sel volatil de corne de cerf.

1831. Le Dr Leuret (Mémoire sur l'épidémie actuelle, Paris) : saignée, sangsues, calomel, purgatifs, liqueur amère des jésuites (c'était un composé d'aloès succotrin, myrrhe, mastic, benjoin, colombo, angelic, gentiane, eau-de-vie, genièvre), émétique, jalap, opium, éther, camphre, castor, musc, gayac, salsepareille, etc.

1831. Le Dr Larrey (Mémoire sur le choléra morbus) : 1re *période* : ventouses scarifiées, bains, boissons acidulées, frictions, lavements. — 2° *période* : huile de ricin, sirops d'œillet et de chicorée, calomel, moxas. — 3e *période* : quinquina, bouillon, café.

1831. La commission de l'Académie de médecine (Rapport) recommande, en attendant l'arrivée du médecin, sinapismes, gouttes d'éther, une goutte de laudanum de Rousseau dans une cuillerée d'eau ou quatre à cinq gouttes d'huile de cajeput. Petits morceaux de glace dans la bouche pour arrêter les vomissements.

1831. Le Dr Double (Rapport à l'Académie de médecine, Paris) : calomel, menthe, oxyde de bismuth. Laisse une large part à l'initiative de chaque praticien.

1831. Le Dr Enault (Conseils hygiéniques, Paris): Moyens préservatifs : chlorure d'oxyde de sodium, vinaigre en vapeurs, fumigations, bains chlorurés, chlore sur les habits; renoncer aux vêtements de laine et aux fourrures, boutonner les habits jusqu'en haut, recouvrir la tête et les mains. Les femmes devront faire usage de caleçons.

1831. Le Dr William Scot (Rapport sur le choléra dans l'Inde) : opium, éther, ammoniaque, vin et spiritueux, calomel, saignée, bains chauds, de vapeurs, frictions, rubéfiants, émétique, purgatifs, lavements, magnésie, boissons d'orge, riz, etc.

1831. Le Dr Millingen (Nature et traitement du choléra-morbus, Paris) : saignée, inhalation d'oxygène, huile de cajeput, opium, morphine, bains, frictions opiacées, calomel, poivre rouge, menthe poivrée, frictions alcooliques chaudes.

1832. Le Dr Ledeschault (Nature et cause du

choléra-morbus, Paris) : chlore, acide hydrocyanique, acide chlorique, sinapismes, vésicatoires, ventouses, moxas, ligatures.

1832. Le Dr Velpeau (Mémoires et observations sur le choléra) : Frictions mercurielles, sinapismes, vésicatoires, lavements au sulfate de quinine (15 grains), laudanum (20 gouttes), camphre (6 grains). M. Velpeau a essayé le charbon, le punch, le calomel.

1832. Le Dr Gerdy : liniment ammoniacal, vésicatoires, sinapismes, potion anti-émétique, lavements au laudanum, saignée, limonade, tisanes.

1832. Le Dr Auzoux (Du choléra morbus) : « Si le choléra morbus est annoncé par des symptômes précurseurs, changer de localités, d'habitudes, se livrer à tout ce qui peut changer les idées, causer des distractions fortes, des impressions vives. Je possède plusieurs observations d'individus qui ont été guéris par des impressions vives, des mouvements de colère, ou une forte préoccupation de l'esprit ». Avec ces remèdes moraux le Dr Auzoux recommande, selon le cas, saignées, sangsues, cautères, cautérisations, stupéfiants, rubéfiants, etc.

1832. Le Dr Halma-Grand (Choléra morbus de Londres) : saignées, sangsues, sinapismes, vésicatoires, moxas térébenthinés, air chaud, bains, galvanisme, matelas d'étain chauffé à la vapeur à l'aide d'une lampe à esprit de vin, purgatifs et vomitifs, nitrate de bismuth, sulfate de quinine, belladone, opium, acétate d'ammoniaque, oxygène, eau chaude njectée dans les veines et dans la vessie.

1832. Le Dr Sandras (Du choléra épidémique) : exposition des malades au soleil, avec la tête à l'ombre, vésicatoires, acupuncture, oxygène, sulfate de quinine, ambre, musc, castoreum, sulfate de zinc, vinaigre colchique, ammoniaque, phosphore, rhubarbe, opium.

1832. Le Dr Lepage (Rapport sur l'emploi du protoxyde d'azote) : faire respirer douze, quinze à vingt litres de gaz protoxyde d'azote par vessies de trois ou quatre litres toutes les heures ou toutes les deux heures. La canule de gomme élastique une fois dans la narine, fermer la narine opposée et la bouche.

1832. Le Dr M. Halphen (Mémoire sur le choléra-morbus) : pilules de quinine et de thridace, lavements de quinine et thridace, sinapismes, frictions d'alcool camphré et cantharidé, ammoniaque.

1832. *Instruction rédigée par l'Académie royale de médecine sur les premiers signes* DU CHOLÉRA ; *et sur* LES SOINS *à donner aux personnes qui en sont atteintes* [1].

« Le choléra épidémique ne se déclare guère d'une manière soudaine : presque toujours plusieurs symptômes en signalent d'avance l'invasion.

C'est dès l'apparition de ces accidens précurseurs, qu'il faut se presser de les attaquer vivement ; l'expérience l'a démontré ; ce traitement de prévoyance a d'immenses avantages contre chaque cas en particulier, et contre l'épidémie en général. Quand on

1. C'est le premier document officiel de ce genre qui ait paru en France. Aussi l'avons-nous reproduit en entier.

peut ainsi combattre à temps les symptômes qui servent d'acheminement au choléra, on a toute chance d'arrêter la maladie dans son principe, ou, du moins, de lui préparer une issue facile et favorable.

Les plus fréquents de ces symptômes avant-coureurs sont la colique, le dévoiement. Aussitôt qu'ils se déclarent, même à des degrés faibles, que l'on se hâte de prendre du repos, de garder le lit et de faire diète.

A cela joindre :

Des cataplasmes faits avec la mie de pain, ou la pomme de terre ou la farine délayée dans une forte décoction de têtes de pavots, ou bien ces mêmes cataplasmes préparés à l'eau, et arrosés de laudanum ; on en recouvre tout le bas-ventre, et l'on a soin de maintenir ces cataplasmes constamment chauds et humides.

Des demi-lavemens ou des quarts de lavemens avec la décoction, soit d'amidon, soit de son, auxquels on ajoute moitié d'une forte décoction de tête de pavot, ou de feuilles de laitue, et mieux encore six à huit gouttes de la teinture de Rousseau, ou quinze à vingt gouttes de laudanum de Sydenham.

Si les accidens persistent et augmentent, on aura recours à des moyens plus actifs.

On fait usage des sinapismes appliqués successivement aux pieds, aux jambes, aux cuisses, et même sur l'abdomen. Les sinapismes sont dans cette période d'une grande efficacité.

Aux douleurs d'estomac et aux vomissements

on oppose des applications de sangsues, des cataplasmes sur le creux de l'estomac ; la glace prise fréquemment par petits morceaux : cinq à six gouttes d'éther dans une cuillerée d'eau fraîche, la potion anti-émétique de Rivière.

On combat les crampes par des bains chauds, par des frictions avec les flanelles chaudes, par le massage, par des ligatures ou bandes de linge serrées fortement autour des membres, par un liniment composé avec huile essentielle de térébenthine, deux parties ; laudanum de Sydenham, une partie ; huile de camomille camphrée, une partie ; et dont on frotte fréquemment les jambes, les cuisses, les bras et l'épine du dos.

Si les urines commencent à se suspendre, on donnera cinq à six gouttes d'éther sulfurique, ou quatre grains de sel de nitre dans une cuillerée d'eau sucrée, réitérée toutes les deux heures.

Quant à la température des boissons en général, on pourra suivre les désirs du malade et les lui donner chaudes, froides ou même glacées, à sa volonté.

Si le refroidissement gagne le malade, on cherchera à le réchauffer par des couvertures suffisantes, par des briques chaudes, par des sachets pleins de son ou de sable bien chauffés, par des bouteilles de grès remplies d'eau bouillante, par le massage, par des frictions sèches et chaudes, par l'urtication, c'est-à-dire en frappant les membres et le corps à de fréquentes reprises, avec des orties fraîches.

Mais s'il faut agir à l'intérieur pour rétablir la

chaleur, c'est alors que l'on donnera avec avantage les infusions de menthe, de sauge, de mélisse ; le café pur et bien chaud, de petites quantités de vin pur, et même le punch.

Dans le but de se prémunir contre l'invasion de la maladie, on se doit toujours chaudement couvrir. On entretiendra sur soi, autour de soi, dans les vêtements et dans les habitations une constante propreté ; on aura soin de renouveler souvent l'air des logemens en ouvrant fréquemment les croisées depuis le lever jusqu'au coucher du soleil ; on ne commettra aucune sorte d'excès, on se garantira de l'humidité et de la trop grande fraîcheur, on évitera les surcharges de l'estomac et les indigestions, on insistera particulièrement sur une nourriture frugale et saine, mélangée autant que possible et dans de sages proportions, de viandes, de poissons, de légumes frais et de fruits ; ceux-ci devront toujours être de bonne qualité, bien mûrs et en quantités modérées.

Avec ces précautions, on peut n'avoir aucune crainte de l'épidémie. Ce sont là les véritables, les seuls préservatifs de ce mal : tous les élixirs, tous les vinaigres, tous les sachets et autres prétendus spécifiques contre le choléra ne sont qu'une insigne tromperie. »

1836. *Principaux traitemens du choléra*. [1]. —

[1]. Extrait du *Dictionnaire des Ménages* ; publication faite la même année et se distinguant des publications similaires par l'ordre et le nombre de ses renseignements. Son auteur est M. Paul Lacroix, qui prit le pseudonyme d'Antony Dubourg.

Les traitemens antiphlogistiques paraissent être ceux qui conviennent le mieux. Dans le choléra léger, il suffit, en général, pour dissiper les accidens, d'administrer en abondance des boissons mucilagineuses. Si les accidens persistent, on donne par fractions du laudanum et de l'extrait gommeux d'opium. On fait prendre des bains tièdes prolongés, et l'on fait sur la région-abdominale des fomentations émollientes et narcotiques. Ces moyens ont réussi dans l'Inde et en Europe à un grand nombre de médecins.

M. Roche conseille l'application de quinze à trente ou quarante sangsues à l'épigastre ; on fait prendre en même temps de l'eau pure, froide, et même glacée, à petites doses. On prescrit ensuite le laudanum, si l'inflammation n'est pas trop violente. On a vu plusieurs exemples de guérisons obtenues, quand le mal avait fait des progrès, par l'application d'un large vésicatoire sur la région épigastrique.

Dans l'état nerveux du choléra, l'éther sulfurique à la dose de trente gouttes dans un demi-verre d'eau sucrée a fait cesser les selles et les vomissements. Mais si l'état inflammatoire était arrivé, il ne pourrait qu'être dangereux. Le docteur Deville en a obtenu de bons effets en le combinant avec le laudanum.

M. Alibert a employé d'heure en heure une pilule d'un grain de sulfate de quinine, et, quand les accidens diminuent, une cuillerée de vin de quinquina toutes les demi-heures.

M..Gerdy a placé avec succès des sinapismes et des vésicatoires sur l'estomac.

M. Petit étendait tout le long du dos une bande de flanelle trempée dans une once d'essence de térébenthine, et un gros d'ammoniaque liquide, et y promenait un fer à repasser bien chaud.

M. Biett guérit treize cholériques sur dix-neuf, en administrant, dans deux ou trois cuillerées d'eau, 24 à 38 grains de charbon vegétal en poudre ou palpable.

On a remarqué que le choléra épargnait les endroits où dominent des exhalaisons d'huiles essentielles, comme l'huile essentielle de térébenthine et de goudron. On a employé avec succès en frictions et à l'intérieur l'huile de cajeput, qui provient des feuilles d'un arbuste dans les Moluques. On pourrait la remplacer par des huiles de menthe, de romarin, de rue, de laurier, de térébenthine camphrée, à la dose de quinze à vingt gouttes dans un verre d'infusion de camomille, ou autres boissons. L'huile de Dippel, à raison de douze gouttes à l'intérieur et de soixante gouttes par frictions, a amené d'heureux résultats, ainsi que quelques gouttes d'ammoniaque dans les infusions, et des frictions d'eau ammoniaquée.

Les saignées de deux ou trois palettes ont réussi dans la seconde période du choléra, ainsi que les sangsues à l'anus au nombre de 15 à 30. Dans quelques cas où la maladie avait moins le caractère inflammatoire, elles ont été nuisibles.

Le sulfate de soude à la dose d'une demi once

dans une tasse de thé léger a été donné à Varsovie avec succès après l'ipécacuanha. On a donné aussi avec le même succès les potions suivantes, par cuillerées, toutes les heures.

Deux onces d'eau distillée de tilleul, avec une once d'éther sulfurique, vingt gouttes de laudanum de Sydenham.

Autre. — Deux onces de sirop de gomme, un grain d'hydrochlorate de morphine.

On combat les vomissemens opiniâtres en faisant prendre successivement les potions suivantes :

1º Un demi-gros de bicarbonate de soude, deux onces d'eau de tilleul, une once d'eau de mélisse, dix gouttes de laudanum de Sydenham, une demi-once de sirop d'écorce d'orange ;

2º Deux gros de suc de citron, ou de solution d'un demi-gros d'acide tartrique, deux gros d'eau commune.

Les crampes cèdent aux frictions de flanelle imbibée de laudanum, de teinture de cantharides, ou de linimens composés ainsi qu'il suit :

Deux onces d'huile d'olive ou d'amandes douces deux gros de camphre, deux gros d'ammoniaque liquide, un gros de laudanum liquide de Sydenham, ou une once d'essence de térébenthine, un gros d'ammoniaque liquide.

Pendant le refroidissement, on a placé aussi le malade avec avantage dans une espèce d'étuve composée d'une double couverture en ferblanc : on y introduisait de l'eau chaude, et on le couvrait d'un drap.

Le refroidissement se traite par des stimulans à l'intérieur, et à l'extérieur par des sachets de sable chaud, des bouteilles de grès d'eau chaude.

M. Magendie a employé dans ce cas la potion suivante en petits verres toutes les demi-heures : Deux livres d'infusion de tilleul, quatre de jus de citron, une demi-livre d'alcool, autant de sucre.

Autre potion. — Quatre onces d'eau de cannelle ou de menthe poivrée, une demi-once d'acétate d'ammoniaque, vingt à trente gouttes de laudanum de Sydenham, une demi-once de sirop d'éther, une demi-once de sirop de gomme.

Traitement employé à Smyrne. — Frictions fortes et continues avec de la laine, et des compresses d'huile essentielle; alcool, vinaigre, moutarde, cantharides, camphre, infusion de camomille avec eau de menthe, ou mélisse, ou deux à trois gouttes d'huile de menthe. Quand la transpiration est rétablie, on couvre le malade de couvertures, en ayant soin qu'il n'ait pas froid. Au bout de quelques heures, on le laisse dormir.

Recette pour friction tiède. — Une chopine d'esprit-de-vin, une demie de bon vinaigre, demi-once de camphre trituré, demi-once graine de moutarde en poudre, deux gros de poivre pilé, un gros de cantharides, une cuillerée à café d'ail pulvérisé.

Traitement polonais. — Dès le début, faire des lotions et immersions d'eau chlorurée.

Traitement gallicien. — Faire prendre du thé et de la menthe poivrée, frictionner d'esprit-de-vin.

Traitement des îles Moluques. — Prendre dès le

début de l'huile de cajeput à la dose de cinquante gouttes, deux ou trois fois.

Traitement du docteur Hahnemann, inventeur de l'hömœopathie. — Faire des fumigations de camphre, se frotter de camphre, s'envelopper d'une couverture camphrée, prendre de minute en minute une cuillerée de camphre dissous dans l'esprit-de-vin, et mêlée avec de l'eau chaude.

Traitement de MM. Gallois et Brière de Boismont. — Pratiquer une saignée au début ; de trois heures en trois heures donner trois ou quatre grains de calomel avec un grain d'opium, et dans l'intervalle, des amers et de la teinture de rhubarbe.

1847. Médicaments prescrits contre le choléra par des médecins de différentes parties du monde (cités par le Dr Bureaud Riofrey) : Le Dr Benoît, à Manille : camphre, laudanum, éther sulfurique. — Le Dr Craw, à Bombay : ammoniaque et musc. — Le Dr Peitch, à Java : menthe, esprit de lavande. — Le Dr Milward, à Bombay : magnésie. — Le Dr Chalin, en Pologne : acide prussique, lavement d'assa-fœtida. — Le Dr Corbyn, dans l'Inde : calomel et opium. — Le Dr Goss : carbonate de soude, émétique, ipécacuanha. — Le Dr Raicman, à Saint-Pétersbourg : calomel et opium. — Le Dr Goldemas : éther, camphre, huile d'olive. — Docteurs américains : charbon et lait. — Le Dr Morando, en Perse : applications froides. — Le Dr Meunder, à Bagdad : saignées. — Le Dr Léo, à Varsovie : bismuth. — Le Dr Finlayson, à Ceylan : électricité. — Le Dr Barry : cautère actuel. — Le Dr Kœler :

ammoniaque. — Le Dr Snoch : calomel et rhubarbe. — Le Dr Kaczkousky : poudre de Dower, noix vomique. — Le Dr Graves, à Dublin : acétate de plomb, sulfate de zinc. — Le Dr Stevens : muriate de soude. — Le Dr O'Shaugnessy : injections de sel dans les veines.

1847. Le Dr A. M. Bureaud-Riofrey (Du choléra. Moyens préservatifs et curatifs. Paris) : Prescriptions minutieuses en ce qui concerne la manière de vivre et de se vêtir. L'auteur recommande le travail et craint particulièrement l'amour (l'amour physique, bien entendu) : « Il n'y a pas de passion qui cause plus d'excès que l'amour, et il n'y a pas d'excès qui débilite davantage l'esprit et le corps. Le rapprochement des sexes doit donc être soumis à de sages réserves L'homme, à l'électricité positive et de force avant le rapprochement, est dans l'état opposé lorsqu'il a pris part au grand acte de la procréation. Il est digne de remarque, qu'au milieu des pestes et des plus grandes épidémies, les prêtres et tous ceux qui, par profession ou par choix, ont fait vœu de chasteté, sont moins exposés aux influences épidémiques. »

Le même auteur rapporte que dans la prison de Coldbathfields, de Londres, le muriate de soude fut appliqué par le docteur Wackefield avec un succès comparatif des plus satisfaisants. Sur 105 malades atteints, dont 36 étaient des cas désespérés, 16 succombèrent; tous les autres se sauvèrent.

1847. Raspail (Extrait d'un livre intitulé : *Remèdes contre le choléra, d'après les plus célèbres médecins*).

Curatifs : Cataplasme vermifuge, lavement vermifuge. Camphre et goudron. Eau sédative en compresses sur le crâne, le cou et les poignets ; gargarismes à l'eau salée. Calomel, huile de ricin. Bain sédatif et alcalino-ferrugineux. Préservatifs : régime camphré aloétique, nourriture à l'ail, au poivre, au gingembre, lotions à l'alcool camphré, à l'eau de Cologne, frictions à la pommade camphrée.

1848. H. Crosilhes (Du choléra) : Lavements amidonnés et laudanisés, thériaque, ratanhia, sinapismes, sangsues, potion antiémétique, vésicatoires, bains de vapeur pris au lit, à l'aide d'un appareil en entonnoir échauffé par plusieurs lampes à alcool.

1848. A. Pauwels (Le choléra-morbus) : Ammoniaque pris dans une infusion de tilleul. Placer dans la chambre du malade de l'ammoniaque concentré.

1849. Le Dr J. Petit (Recherches sur le choléra) : Saignées, sangsues, lavements amidonnés, astringents. « Quand, malgré l'emploi de tous ces moyens, le choléra n'était pas arrêté dans sa marche, je plaçais les malades entre deux couches d'orties dont je les enveloppais jusqu'au cou et au milieu desquelles je les laissais au moins pendant une heure et deux heures au plus. Si je n'eusse pas eu d'orties, je les aurais plongés dans un grand bain de moutarde, à trente-deux degrés de Réaumur, et même à une température plus élevée si cela m'eût paru nécessaire. Dans le village de Futeau (Meuse), plusieurs habitants me demandèrent ce qu'ils feraient si le choléra venait à augmenter parmi eux. Je leur conseillai les orties. Non seulement il ne mourut plus personne dans ce village, mais trente-sept nouveaux cholériques furent guéris depuis par ce moyen, dans l'espace de trois semaines. Sous l'action des orties, on voyait quelquefois la cyanose et l'asphyxie disparaître comme par enchantement, la voix se recouvrer et la réaction s'établir. »

1848. Rapport publié par la Société Hahnemanienne (Paris. Baillière, 1848) : Mêmes médicaments que ceux des Drs Sollier, Rampal, etc. (V. page 74), plus coloquinte, lachesis, sumac vénéneux et bryone.

Le Dr Jal (Le choléra-morbus en Russie) : Mêmes remèdes que ci-dessus, plus le laurier-cerise.

Le Dr Duplat (Traitement homœopathique. Lyon, 1849) : Mêmes remèdes que ci-dessus.

1848. Le Dr Verdé-Delisle (Traité du choléra) : Demi-lavements amidonnés et laudanisés, potions au quinquina et au laudanum, cataplasmes laudanisés, aspirations d'ammoniaque comme moyen extrême, lavement d'assa-fœtida, camphre et laudanum.

1848. A. Schœwers (Mémoire sur le choléra. La Haye) : Placer le malade dans une boîte comme celles qui servent aux bains de vapeur, de manière que la tête se trouve en dehors. Introduire du chlore gazeux dans la boîte et le laisser en contact avec le corps du malade jusqu'à ce que la respiration commence à se ranimer et que le pouls temporal se développe. Contre les premiers symptômes, on pourrait prescrire le chlore à l'intérieur, mais à haute dose (8 grammes dans 200 grammes d'eau) et pas plus de deux fois, à une ou deux heures d'intervalle. En même temps on devrait faire respirer le chlore dans un flacon.

1849. Le Dr de Lalibarde (Études sur le choléra) : Potion d'eau-de-vie, laudanum et huile de castor. Infusion à froid de cubèbe ou de guaco.

1849. Dr Guilbert (Moyens préservatifs) : Lavements au ratanhia ou à l'eau de Rabel ; liniments opiacés ; tisanes poivrées.

1849. Le Dr Garnier-Léteurrie (Lettre sur le choléra) : Sangsues, saignées, cataplasmes saupoudrés de farine de moutarde. Sulfate de quinine à hautes doses.

1849. Le Dr Sandras relate certains cas désespérés où il a fait brûler sur l'abdomen des linges imbibés d'alcool.

Le Dr Martin-Solon recouvre l'épine dorsale, dans toute sa longueur, de deux branches de diachylon laissant entre elles un intervalle de deux centimètres environ. Un vésicatoire a été posé entre les deux bandelettes, au moyen de l'ammoniaque. L'épiderme soulevé, on a saupoudré les parties à nu avec de l'hydrochlorate de morphine à la dose de 5 à 7 centigrammes.

Le Dr Biett fait prendre deux grammes de charbon animal par heure, en continuant jusqu'à 16 grammes.

1849. F. Martin (Du choléra épidémique) : Saignées, sangsues, opium seul ou combiné avec le cachou, la belladone, l'oxyde de bismuth et autres sédatifs; lavements au laudanum ou au sulfate de quinine; extrait de jusquiame, de datura stramonium en frictions, nitrate de potasse; ipécacuanha, tartre stibié en ¡lavage. Frictions de la colonne vertébrale avec la teinture martiale laudanisée.

1849. Dr Briand (Du choléra. Rennes) : Emplâtre épispastique, saupoudré de camphre, cataplasme, acétate d'ammoniaque, Champagne mousseux. Dans la réaction : sulfate de quinine en potion ou en lavement; vésicatoire pansé en recouvrant de sulfate de quinine la portion de peau dénudée de son épiderme. Sous les aisselles, sulfate de quinine. Fomentations au quinquina sur le ventre.

1849. Le Dr L.-Ch. Roche (Lettres sur le choléra) : Absorption, par les poumons, du sulfate de quinine en dissolution dans l'éther ou l'ammoniaque étendu d'eau. Boisson froide au quinquina et au laudanum, à reboire jusqu'à cessation du vomissement. Même décoction en demi-lavements. Renouveler ces demi-lavements de suite, deux, trois et quatre fois au besoin. — Usage du vin de quinquina comme préservatif.

1849. Le Dr Récamier (Conduite à tenir dans le traitement du choléra) : Potion au musc, à l'éther et au quinquina. Liniments sinapisés avec poivre et camphre, charbon en poudre, thériaque, quarts de lavements à l'assa-fœtida. Le Dr Récamier ajoute : « Il ne faut pas perdre de vue avec les sujets don on n'a pas l'habitude, que, pour certaines constit-tu

tions, une goutte de laudanum, même de Sydenham, est un véritable poison. »

1849. Le Dr Balme (Observations sur le choléra),
indique comme moyen préventif la poudre de belladone et le quinquina.

1849. Le Dr Barth (Histoire du choléra à la Sal-
pêtrière) : Bains d'air chaud, infusions laudanisées,
potions d'acétate d'ammoniaque, tannin en potion
et en lavement. Cataplasmes sinapisés. Sur les
membres inférieurs, compresses imbibées d'eau sa-
turée de chloroforme. « En voyant les effets désas-
treux des déperditions séreuses, alvines, et l'insuffisance des astringents, nous avons pensé au nitrate
d'argent. Nous l'avons employé en potion à la dose
de 5 centigrammes pour 125 grammes d'eau distillée, sans adjuvant ni correctif. Des crampes très
vives ont été soulagées par des applications de
chloroforme pur et par l'inspiration des vapeurs de
ce liquide. »

1849. Le Dr Bernard (Avis au peuple sur le choléra. Château-Salins) : « Atteint moi-même du
fléau, j'attendais mon heure suprême, lorsque par
une de ces inspirations instinctives, je sollicitai,
afin de mourir avec calme, une haute dose d'éther
sulfurique mêlé à l'opium. Je pris, dans 64 grammes d'une infusion légère d'écorce d'orange, 4 grammes environ d'éther sulfurique équivalant à 200
gouttes ; j'y fis ajouter 20 centigrammes d'acétate
de morphine, et je bus le tout en une seule prise.
Au bout d'une heure, je sentis une sorte de picote-
ment général. Une chaleur véhémente intérieure se

déclara, une sueur copieuse couvrit ma peau. Les bras et les jambes reprirent leur chaleur naturelle, la figure se colora, les yeux reprirent un peu d'éclat. Je me trouvai dans une situation ressemblant à celle d'un homme ivre. Je me fis pratiquer une large saignée au bras (800 grammes environ) et la santé revint. J'essayai ce remède sur mes malades ; il a eté le seul qui m'ait réussi. (A Cuba, pendant dix ans).

1849. Le Dr Cayol (Instruction pratique sur le choléra) : Infusions de sauge, tisane d'orge, petits verres de genièvre où on aura fait infuser pendant trois jours des racines d'angélique, gentiane, aunée et roseau. Si la diarrhée ne cesse pas, décoction de cannelle et de corne de cerf blanche râpée, ou potion d'arnica, noix vomique, teinture de valériane, opium et liqueur d'Hoffmann.

1849. Le Dr T. Dugas (Études sur le traitement du choléra) : Cautérisations avec la pâte phosphorée. Quarts de lavements au laudanum ou au nitrate d'argent, seuls ou associés. Boissons aromatiques et narcotiques. Inspirations oxygénées.

1850. Le Dr H. Méli (Du choléra asiatique à Marseille) : Bains de vapeur, potion anti-émétique, potions et lavements laudanisés, tannin, ratanhia, sous-nitrate de bismuth contre les vomissements, frictions à la glace selon la méthode russe ou avec une flanelle imbibée d'ammoniaque.

1854. Le Dr P. Jolly (Prophylaxie et traitement du choléra. Paris. Malteste, 1854. Brochure de 32 pages) : A la page 32, on lit cette ligne : « Il n'y aucun spécifique, ni préservatif, ni curatif contre lo choléra [1]. »

1854. Le Dr Selsis (*Réponse au* Dr *Andrieu. Agen,* 1854) : Infusions et lavements laudanisés, potions d'éther et de quinquina, limonades, orties à l'extérieur.

1854. Le Dr Ludwig-Josef Melicher (*Observations sur le choléra. Vienne*) : S'adonner aux mouvements gymnastiques. Un malade, pris de choléra, monta à cheval jusqu'à ce qu'il fût couvert de sueur. Tous les symptômes se dissipèrent. Deux dames tourmentées par l'angoisse cholérique se rendirent dans un jardin où elles exécutèrent des mouvements actifs qui mirent un terme à leurs vomissements.

1854. Les Drs Sollier, Rampal, Gillet, etc. (*Traitement homœopathique du choléra.* Marseille, 1854) : Traitement préventif : Ellébore blanc et cuivre. Traitement curatif : Gouttes d'esprit de camphre, ipécacuanha, camomille, mercure soluble, acide phosphorique. En cas de choléra confirmé : ellebore, cuivre, ciguë vireuse, acide arsénieux, seigle ergoté, charbon végétal, acide hydrocyanique. Dans la réaction qui suit l'arrêt du mal, aconit : belladone, opium, soufre, quinquina, noix vomique.

1854. Le Dr de Laplagne (*Du choléra. Bordeaux*) : Traitement préservatif : Ellébore blanc, cuivre, arsenic, *diadema* (araignée à croix papale), *theridium curasavicum* (araignée de Curaçao), œufs de barbeau.

---

1. A quoi bon alors les trente-deux pages et le titre que nous venons de citer ?

1854. Le Dr V.-E. Lecoupeur (Le choléra épidémique) : Comme moyen préservatif, ellébore et cuivre, plus une plaque de cuivre sur l'épigastre, et trois fois par jour un morceau de sucre imbibé d'alcool camphré. Cite le docteur Burq qui déclare avoir vérifié dans toute l'Europe que le cuivre avait préservé les mineurs et les ouvriers affectés à son maniement. Il insiste sur des prises nasales de cuivre, et sur l'apposition de plaques de cuivre aux murs de l'appartement.

1854. Le Dr L.-F. Bourgogne (Insuffisance des moyens contre le choléra. Paris) : Tannate de quinine, potion d'alcool parégorique de Londres, teinture de cannelle et de quinquina. Si les accidents persistent, on emploie l'éther, le laudanum, l'ammoniaque, le camphre et l'huile d'anis. Demi-lavement de teinture d'arnica. Traitement externe : toile de coton enduite de pommade composée d'ammoniaque et de musc. Frictions d'ail, moutarde, camphre, poivre, poudre de cantharides.

1855. A. Giraud de Valbonne (Guérison du choléra Paris) : Vermifuge composé d'eau-de-vie, eau de mélisse, baies de genièvre, girofle, angélique, roseau odorant, gentiane, aunée, écorce de simarouba.

1856. M. N. Dally (Curation du choléra par le mouvement) : 1° Placer le malade de manière que les muscles du ventre soient dans un état de relâchement complet. Appliquer trois doigts dans la région des hypocondres. Friction du bout des doigts en courbes concentriques continues jusqu'aux aînes.

Répéter cette friction douze fois. 2° Même friction après avoir trempé les doigts dans l'huile d'olive ou d'amandes douces. 3° Appliquer le doigt moyen sur le nombril et les deux autres un peu au-dessous. Imprimer un petit tremblement circulaire, perpendiculaire, au doigt moyen. 4° Répéter ces trois mouvements deux fois à un quart d'heure d'intervalle.

1865. M. J.-L. Brocard (Préservatif du poison cholérique). Recette d'un médecin qui a habité longtemps la Mecque : Petit piment rouge d'Amérique dit enragé [1], sec (2 gr.); gingembre concassé (6 gr.); cannelle de Chine (10 gr.); eau-de-vie de Cognac à 50 degrés (1 litre). Laissez macérer huit jours. Dose : 60 à 200 grammes. — (Nous donnons cette formule par exception, à titre de curiosité.)

1865. Le Dr Criniotel (Traitement du choléra) : Pilules d'extrait thébaïque. Eau de Rabel. Quart de lavement avec 12 à 15 gouttes de laudanum.

1865. Dr Monod (Conseils au sujet du choléra. Paris) : Ipéca, calomel et scammonée, ou sulfate de soude. Gouttes d'alcoolature d'aconit, teinture d'opium, aloès.

1865. A. de Grand-Boulogne (Instruction sur le choléra. Paris) : « Un cholérique était mourant. J'asperge le corps avec une cuillerée d'éther sulfurique. J'approche une lampe, une nappe de feu apparaît sur la poitrine et le ventre ; une large couverture est jetée sur le corps, la flamme est éteinte. Notre homme pousse des cris d'effroi, mais la réac-

1. On peut donner cette qualification à la recette elle-même

tion s'établit. Cet homme fut sauvé. » (C'était en 1852, à Cuba.)

1865. Le Dr J.-F. Sérée (Traité sur le choléra) : « La science du choléra a progressé, mais elle n'a encore rien fondé. La thérapeutique se trouve dans l'état d'incertitude où elle se trouvait il y a plus de trente ans, plus de cent ans. Le ton des auteurs qui ont écrit sur cette maladie se ressent du vide, de cet état arriéré de la science. On n'a rien édifié. A cet égard, tout est à faire, à créer. Jusqu'alors le traitement du choléra restera dans le domaine du doute et des tâtonnements. »

1865. Le Dr E. Lisle (Le choléra de 1865. Marseille) : 1° L'enfant Maillot, âgé de 20 mois, ne sortait d'un état de mort apparente que pour vomir ou présenter des mouvements convulsifs. Potion de 50 grammes de liquide avec 2 centigrammes de sulfate de cuivre Il s'est ranimé. Aujourd'hui il est dans un état qui donne tout espoir. 2° Le nommé Philippe, âgé de 40 ans, atteint de diarrhée blanche, de vomissements et de crampes violentes dans la matinée du 31 octobre, est promptement sorti du danger à la suite de deux potions au sulfate de cuivre (14 centigr.).

1865. Le Dr Frédéric Le Clerc (De la médication curative du choléra asiatique. Tours) : Emplâtre de belladone à l'épigastre et sur la région vésicale. Pilules de racines fraîches de belladone et d'extrait de belladone. Frictions avec le suc de racine de belladone au cou, sous les aisselles, à la partie interne des cuisses. Lavements d'atropine et de datura stramonium. Quand les selles deviennent verdâtres, substituer à la belladone des pilules d'acétate de plomb cristallisé et d'extrait gommeux d'opium.

1865. Les Drs G. Laugier et C. Ollive (Étude sur le choléra de Marseille) : Ipéca, opiacés, sulfate de cuivre.

1865. L'épidémie de 1865 se distingue par l'ardeur des faiseurs d'annonces et des fabricants de réclames. Les quatrièmes pages de journaux regorgent de préservatifs et de spécifiques, tous infaillibles. Nous en retrouvons l'énumération dans une chronique du *Monde illustré* (4 novembre). Il y a trente-neuf articles :

1º Le vinaigre phéniqué du docteur Quesneville. — A mettre dans son bain, dans son mouchoir, dans son eau de toilette ; on en arrose le parquet ; on en lave les vases de nuit.

2º Le sel phénique Parisel. — Procurant l'immunité reconnue aux usines à gaz. — Si elle était vraiment reconnue, que de gaziers amateurs s'offriraient aux usines en temps d'épidémie.

3º Le sirop et l'eau phénique Vial.

4º Le phénol Bobœuf.

5º La ceinture de flanelle camphrée de Mme E. Dussaussois. — Préservatif infaillible, assure cette dame, qui nous fait penser à ce propos du docteur Rostan, cité par Littré : « Je connais des gens d'esprit qui croient s'être garantis du choléra avec une ceinture de soie cramoisie. »

6º Les sachets non moins préservatifs d'Alexandre, boulevard Saint-Denis.

7° Les cigarettes hygiéniques Mérijot.

8° Les pastilles anti-cholériques Raynaud. A brû-ler deux ou trois fois par jour chez soi.

9° La crème de bismuth du docteur Quesneville, qui ne se borne point à son vinaigre.

10° L'alcool camphré. — A prendre par cuille-rées et en frictions.

11° L'esprit de camphre du docteur Hoffmann.

12° L'alcool de menthe de Ricqlès. — Dissipant les troubles *fonctionnels* du début.

13° L'eau des Carmes de la place Maubert.

14° L'élixir de santé du pharmacien Bonjean, de Chambéry.

15° Les *gouttes impériales* de la rue Rambuteau.

16° Les *gouttes anglaises* de quina jaune, de la rue Fontaine-Molière. Il y a aussi les *gouttes russes* pour ceux qui n'aiment pas les anglaises.

17° La liqueur des moines de Fécamp. — « Alliant à l'eau-de-vie de Cognac la vertu des lichens et des arnicas croissant sur les falaises normandes, et chargés par conséquent, dit l'annonce, des émanations salutaires d'une mer septentrionale. »

18° Le *veratrum album* (ellébore blanc). — Il paraît que quatre-vingt mille Viennois se sont parfaitement trouvés de cette tisane. — On assure même que les terrains où croît l'ellébore n'ont jamais vu leurs habitants malades du choléra. — A recommander pour les plantations de la ville de Paris.

19° Le cuivre. — Cela se porte sur le corps en chaînes et en plaques (N. B. Astiquer plaques et chaînes au moins tous les samedis.) De plus, il est sage d'avaler tous les matins une cuillerée d'eau préparée au cuivre.

N. B. Les ouvriers en cuivre auraient été jusqu'ici préservés du fléau. On ajoute même que pareille immunité est réservée au séjour des montagnes recélant des mines de cuivre.

20° L'acide sulfurique. — Déjà préconisé dans les dernières épidémies. Le docteur Worms en a fait le sujet d'une communication à l'Académie.

21° Les bains de vapeur. — Même remarque.

22° La potion au *picrate de quinine* de l'avenue de la Motte-Piquet.

23° Le *remède de la bonne sœur d'Étampes*. — Mélange de camphre et d'essence de térébenthine pour les usages interne et externe. L'essence est depuis longtemps, du reste, la panacée des paysans franc-comtois.

24° Le thé au rhum, ou plutôt le *rhum au thé*, — car le populaire intervertit volontiers dans la pratique ces deux mots. Comment ne serait-il pas incité à la consommation par la vue des superbes enseignes (Rhum à 1 fr. 75) qui surmontent en ce moment tous les chariots des porteurs d'eau ! Chacune de leurs tonnes semble convier les Parisiens à un punch gigantesque.

25° La *chlorodyne* du docteur Collis-Browne. — « Reconnue comme le seul remède d'une efficacité certaine. » — Cette réclame nous arrive de Londres en droite ligne.

26° Le cordial *tonique, anti-épidémique, anti-diar-*

rhéique, digestif, préservatif et curatif du docteur Vautherin, lauréat de la Faculté. — Il mérite bien aussi un prix d'adjectifs.

27° Le remède de sept principaux médecins de Paris (donné par notre confrère Dupeuty), composé de sous-nitrate de bismuth, de cannelle, de sulfate de quinine et de chlorhydrate de morphine. — Quatre drogues pour sept médecins, ce n'est pas trop.

28° La recette de feu Récamier, qui consiste à rosser fort et ferme les malades à crampes et à face cyanosée. Le malade est sauvé s'il a conservé assez de forces pour riposter et pour vous repousser jusqu'à la porte. Une fois sur le palier, vous lui prescrivez de se tenir chaudement et de prendre une infusion de tilleul.

29° Le procédé de M. A. Robert, professeur de massage et de gymnastique médicale. — Rappelle le procédé Récamier. M. Robert dit formellement que le « massage doit s'exécuter par des *flagellations*, des tapotements avec les mains, des *pressions* et des *torsions* de membres. »

M. Robert se livre de plus à des insufflations chaudes en appliquant ses lèvres sur l'épigastre, puis en aspirant « sur une vapeur aromatisée de menthe poivrée, afin d'annihiler l'influence des miasmes. » — M. Robert est prudent.

3o° Un appartement dans le quartier de l'Étoile. — Recourez aux *Débats* du 22 octobre 1865, voyez la quatrième page et lisez l'annonce suivante, qui rentre tout à fait dans notre sujet :

APPARTEMENTS A LOUER
RUE NEUVE Nº 5, A L'ENTRÉE DE L'AVENUE DE L'IMPÉRATRICE

DE L'AVIS DE TOUS LES MÉDECINS
LE QUARTIER DE PARIS QUI
FORME LE 16ᵉ ARRONDISSEMENT A TOUJOURS
ÉTÉ ET EST EXCEPTÉ DU
CHOLÉRA
PLUS QUE TOUTE AUTRE, LA RUE NEUVE
OFFRE TOUTE GARANTIE DE SALUBRITÉ
PLACÉE A L'OUEST
POINT TOUJOURS PURIFIÉ PAR LE VENT.

31º L'anti-diarrhéique Lefebvre.

32º Le papier à cigarettes préservatif. — Quel excellent prétexte pour les lycéens!

33º Le vin de Champagne. — Remède anglais qui a des partisans en France. On en use, je crois, dans un hôpital militaire de Paris. Le docteur de Langenhagen en a fait le sujet d'une communication au *Temps*. — Il couronne son œuvre en purgeant avec de la limonade de magnésie, — vrai champagne de cabinet [1].

34º Le *safran uni au bichromate de potasse*. — Ce mélange est employé par le docteur Pinel, qui le distribue gratis.

35º Le cummer allié au sous-nitrate de bismuth. — On dit que le docteur Trousseau en essaye. — Le choix du cummer a fait sensation dans le monde des fumeurs.

1. En 1884, comme il y a vingt ans, les marchands de Champagne n'ont pas manqué l'occasion. Le premier a ouvert le feu dans le *Matin* du 1ᵉʳ juillet. Voici son annonce :

« Contre le Choléra, buvez le Champagne Souverain, la bouteille 6 francs. Expédition immédiate depuis 12 bouteilles Henriot et Cᵉ, Reims. »

36° Le *savon au camphre* du docteur Liébaut.

37° Le *saccharole sulfuré* de Diétrich.

38° Le *livre du docteur Bassaget*. — Nous ne parlons ni de la brochure Raspail, ni de la brochure Desmartis, familière aux lecteurs du *Petit Journal*, ni de la brochure Grandboulogne, quoiqu'elle ne coûte que dix centimes seulement, et que M. Lebrun, son prodigue éditeur, promette de *fortes* remises sur les demandes en nombre. Le livre du docteur Bassaget est plus fort que tout cela; il supprime le choléra dès la première lecture. Voyez l'annonce : PAS DE CHOLÉRA POSSIBLE EN LISANT LE LIVRE, 6 FR. Six francs, c'est pour rien.

39° Le *réveilleur de la vie*, du docteur Lipkaw. Trente francs !!!...

On voit par ces trente-neuf articles que la réclame a eu beau jeu en l'an 1865; elle est parfois si étonnante qu'elle en est presque gaie. Nos dernières pages montreront que l'an 1884 est digne à ce point de vue de rivaliser avec son aîné

1866. Le Dr C. Decori (Relation de l'épidémie de 1865 à l'hôpital Saint-Antoine, Paris) : boissons d'acétate d'ammoniaque, chlorure de sodium, ipéca, eau de Sedlitz, lavements amidonnés et laudanisés, lavements vineux simples ou laudanisés additionnés de chlorure de sodium, eau de-vie, injections hypodermiques avec solution de sulfate de strychnine. Contre les vomissements opiniâtres : électricité dynamique, glace, boissons acidulés, belladone.

1866. Le Dr Gubler (Traitement du choléra) : pas de médication évacuante, sous-nitrate de bis-

muth, oxyde de zinc, acides tanniques, alun, per-
chlorure de fer, nitrate d'argent, limonades sulfurique et chlorhydrique, opium, laudanum, belladone,
haschisch, sachets de son ou de sable chauffés,
draps trempés dans l'eau bouillante, fumigations,
chaux vive humectée, alcooliques purs, ammoniaque, éther et chloroforme, vésicatoires, sinapismes, bains généraux additionnés de moutarde,
Bière de strychnine, noix vomique, tisane de vin
de Champagne frappée, glace, solution séro-lactée
de bicarbonate de soude, injections hypodermiques de sulfate de quinine dans les veines de gros
calibre.

« Je ne parle pas d'un moyen oriental qui consistait à s'asseoir sur le ventre du patient et à s'y
maintenir jusqu'à ce qu'on fût relayé par un autre
agent... thérapeutique. Ce procédé est moins absurde qu'il ne paraît. Il permet de conserver la
chaleur et de s'opposer à la sécrétion par la com-
pression de la masse intestinale et de l'aorte. »

1866. Le Dr Corriez (Notice sur l'épidémie actuelle, avec l'épigraphe : « Si l'on meurt encore du
choléra, c'est qu'on le voudra ».) Mettez iodure de
fer et iode (â a 10 gr.) dans un flacon à large ouverture d'une capacité de 100 grammes, on débouche
le flacon, on fait cinq à six aspirations par la
bouche, on ferme la bouche, et par cinq ou six
aspirations plus profondes on fait parvenir la pré-
paration jusque dans la partie inférieure des lobes
pulmonaires. De temps en temps, une cuillerée de
sirop d'iodure de fer. »

Le Dr Corriez conclut en ces termes : « Venez à Montières, vous verrez qu'en suivant mon traitement, on ne meurt pas du choléra. »

1866. Le Dr Corréger (Ce qu'on pense du choléra dans le monde médical) : « Lorsqu'il a pénétré dans la circulation sanguine, dit ce docteur, le poison cholérique produit fatalement son effet plus ou moins délétère sur les éléments anatomiques. Tout dépend alors de la dose de l'agent toxique et du degré de résistance de l'organisme. Si la dose est faible et la constitution fortement trempée, la vie sera presque toujours sauve avec tous les traitements et même sans traitement aucun. Dans le cas contraire, la mort est très probable malgré l'emploi des spécifiques les plus recommandés. »

Conclusion : Ce n'est pas la peine de se soigner. Et c'est un médecin qui l'affirme.

1866. M. Mouton (Plus rien à craindre du choléra) : Lotionner le corps avec de l'eau, ou l'envelopper d'un drap trempé dans un seau d'eau fraîche. En donner à boire à petites gorgées. Faire respirer le sujet avec une pièce de 50 centimes serrée entre les dents ou avec un dos de fourchette (cinq minutes sur quinze à vingt). Par ce moyen, les gaz de la région du cœur, amassés par la respiration du cholérique, sont expulsés et le sujet revient à son état normal.

1866. Le Dr Poggioli (Préservatifs et remèdes du choléra) : Pastilles de fleur de soufre et de charbon pilé. Brûler du soufre dans la chambre. Potion : iodure de potassium et sirop de groseille, poivre de gingembre (une cuillerée à café ou à bouche), dans du café.

1866. Le Dr Barth (Leçons sur le choléra, Paris, 1866) : Narcotiques dans la première période, sulfate de quinine dans la seconde. L'auteur a employé en 1849 le nitrate d'argent contre la diarrhée rebelle aux narcotiques; sur 53 malades en très mauvais état, il en a guéri 27. Selon lui, la France a perdu en 1832 environ 120,000 cholériques; en 1849, 110,000; en 1854, 143,000. « Trouvera-t-on jamais, dit-il, un spécifique comme le quinquina pour la fièvre intermittente? C'est possible, mais rien ne l'annonce encore ».

1866. Le Dr Marrotte (Compte-rendu des cholériques entrés à la Pitié) : Acétate d'ammoniaque, eau de menthe, de cannelle, laudanum, éther, bismuth, thériaque, opium, ipécacuanha, saignée, teinture de cannabis indica.

1868. Le Dr Hirsiger, de Berne : Nitrate de bismuth et acétate d'ammoniaque avec cette recommandation : « Ne pas avaler précipitamment le médicament. Le retourner dans la bouche pour en apprécier les différents goûts, la sensation du goût agit sur les organes malades ».

1869. Le Dr H. Scoutetten (Histoire du choléra, Paris) : Établir un courant électrique artificiel au moyen de la pile à courant constant de Daniell. Faire boire de l'eau phéniquée à un millième avec goudron. « Les autres médicaments sont, dit-il, impuissants ».

1874. Le Dr Piorry (Mémoire sur le choléra,

Paris, 1874). On ne connaît pas de moyen propre à détruire le choléra, puisque sa cause n'est pas connue. Propose néanmoins des évacuants, l'eau à haute dose, des douches dans le rectum, des injections de liquides albumineux dans l'estomac. Pour les crampes, des bains.

1874. Le Dr Netter (Vues nouvelles sur le choléra, Paris, Berger-Levrault). Par un historique du choléra depuis l'antiquité jusqu'à nos jours, le Dr Netter établit que jusqu'à l'épidémie cholérique de 1817 dans les Indes, la médecine a soigné les malades en les gorgeant d'eau. La seule exception se rapporte à notre citation de 1771. A dater de 1817, les médecins anglais ont délaissé l'ancienne méthode pour appliquer officiellement celle de Brown, dont il nie les bons effets. Le Dr Netter propose en conséquence de revenir à l'ancienne médication, et il cite les exemples suivants pris dans le cours de sa pratique personnelle : « Vers 1858, compulsant un jour l'ancien journal de médecine militaire (1782-1788), j'y lus par hasard la notice de Rougnon de Magny, et, depuis, soit à l'hôpital de Strasbourg, soit au camp de Châlons en 1865, soit à Rennes, j'ai appliqué la méthode ancienne sans aucune préoccupation théorique. Quand les malades m'arrivaient vomissant, froids, bleus, ayant la voix cassée, etc., je plaçais devant eux un infirmier qui leur faisait boire un gobelet après l'autre de limonade gommeuse mélangée d'eau de Seltz, liquides donnés à la température ambiante. Cette pratique une fois instituée, on la continuait imperturbablement, nonobstant les plus violents vomissements ; les malades de leur côté s'y prêtaient on ne peut mieux, à cause de leur soif inextinguible. En général, au bout d'une dizaine d'heures d'ingurgitation incessante, vomissements et diarrhée s'arrêtaient, la chaleur se rétablissait, et les sujets entraient en convalescence, sans que la réaction fût troublée par des accidents quelconques.

1884. Bien avant l'année 1884, le Dr Drouet avait fait à l'Académie des sciences une communication importante :

« Le choléra, écrivait M. Drouet, règne à Saint-Pétersbourg et dans quelques parties de l'Italie, aussi nous paraît-il bon de rappeler une médicamentation qui nous a donné d'excellents résultats. Un simple badigeon abdominal avec 30 ou 40 grammes de collodion riciné arrête instantanément le choléra à la période algide ; la diarrhée est arrêtée en très peu de temps ainsi que les crampes. La réaction commence au point où le badigeon a été commencé. Elle est complète en deux heures par la seule action du collodion et de l'eau de seltz ou de l'eau froide en guise de tisane. Le collodion, selon l'auteur, provoque dans la cholérine ou le choléra une crise sudorale qui élimine le poison cholérique par une excrétion cutanée. Ces résultats ont été constatés dans l'Inde par M. le docteur Tavel.

« L'efficacité du collodion riciné, appliqué en badigeon sur le ventre est encore plus manifeste. »

Il paraît que l'application de cette méthode n'a pas été oubliée et qu'elle donne à Toulon de bons résultats. On le voit par cette lettre qu'insérait dernièrement le journal *le Matin* :

Mon cher confrère,

Vous prêchez un converti depuis quinze ans !... Voilà quinze jours que je traite au collodion ; — voilà quinze jours que je sauve bien des existences ; — voilà quinze jours que mon hôpital de Saint-Mandrier, qui a reçu tant de cas graves, étonne nos reporters de journaux par les succès obtenus et que je n'espérais pas moi-même être aussi étonnants. Votre méthode héroïque, que j'ai si souvent préconisée dans mes cours d'épidémiologie, m'a rendu, dans des accès pernicieux des colonies, des services immenses !

J'ai perdu neuf cholériques en tout, tous des hommes parvenus à l'asphygmie quand ils sont arrivés dans ma salle et chez lesquels, par suite, il était trop tard, le sang périphérique n'étant plus que de la gelée de groseille.

A ma visite, il y a déjà quinze jours qu'à chaque malade traité en temps opportun et qui guérit sous nos yeux, je dis à mon assistance (élèves, aides, reporters, médecins étrangers) « Vous voyez, j'emploie la méthode de M. Drouet. »

Vous voyez que je vous écris tout de suite, sur un bout de papier, du fond de mon cabinet d'où j'embrasse d'un coup d'œil une magnifique salle où j'ai sous les yeux 95 malades cholériques, dont vingt ou vingt-cinq (cas graves) vous doivent en partie leur salut.

Recevez, mon cher collègue, etc.

FÉLIX THOMAS,
Médecin en chef de la marine,
chargé du service de l'hôpital Saint-Mandrier.

1884. L'Académie de médecine a reçu la communication suivante :

Elbeuf, le 4 juillet 1884.

Pendant une épidémie de choléra, au mois de juin 1873, je fus détaché avec un bataillon du 119°, allant de Paris à Caen. Le casernement fut éprouvé par la maladie : le bataillon perdit plusieurs hommes. J'eus alors l'idée de recourir au sulfate de cuivre que j'employai de la façon suivante : lavage des salles communes, des dortoirs, etc., avec une solution

concentrée de sulfate de cuivre. Les bassins qui servaient de
lavoir pour le linge et pour les hommes furent également
chargés de sulfate de cuivre.

Aux deux distributions alimentaires, matin et soir, et avant
la soupe, je versais moi-même dans les marmites une solution de cuivre : 58 centigrammes de sulfate, eau 200 grammes, pour 100 litres de bouillon. Dans la journée, je faisais
distribuer du café légèrement cuivré.

Comme on peut le constater par le registre de l'hôpital et
ceux de l'infirmerie régimentaire, je n'ai plus eu aucun cas
de choléra pendant toute la durée de l'épidémie.

Ayant eu quelques cas de choléra à soigner dans la population civile, je me suis tenu à une potion à base de cuivre :
1 centigramme pour 100 grammes de véhicule à prendre par
cuillerée d'heure en heure.

J'ai eu la satisfaction de ne perdre aucun malade par cette
médication aidée du sulfate de cuivre, quand il y avait encore
des cas de mort en ville.

Signé : Docteur GROSCLAUDE,
Ancien médecin-major,
21, rue Patallin, à Elbeuf.

1884. Le Dr Mianowski, a guéri radicalement
ses malades en employant l'éthiops minéral ou
sulfate noir de mercure contre le choléra. « L'expérience lui aurait appris que, lorsque le médicament est administré à temps, à dose convenable,
le malade est guéri en moins de deux heures »,
dit le *Figaro*.

« Contre la maladie déclarée la dose est de
50 centigrammes à 2 grammes administrés, à prendre dans des pains à chanter. »

1884. Voici deux lettres curieuses publiées par le
Figaro du 21 juillet.

Monsieur le préfet de police,

J'offre à votre sollicitude 10,000 kilogr. de calcaire juras-
sique de l'étage Kimméridgien, avec une certaine quantité

d'huiles antiseptiques, provenant de la distillation de ces mêmes dépôts sédimentaires.

Je vous propose de faire à Paris, comme remède préservateur, l'application de ce produit contre le choléra, pendant qu'à Marseille la commission sanitaire l'emploie comme remède curatif et pour assainir les foyers d'infection, tout à la fois les quartiers insalubres, avec le port et tous les vaisseaux, y compris leurs cargaisons.

M. de Lesseps pense qu'avec un pareil produit on peut viser à la suppression des quarantaines, parce qu'on peut désinfecter tous les navires du monde, avec leurs marchandises et avec tous les passagers.

M. de Lesseps sait qu'outre la qualité antiseptique, ce produit offre un avantage, celui d'être inépuisable.

C'est facile à vérifier; pour cela, je suis à vos ordres, au plus tôt.

Recevez, Monsieur le Préfet, l'assurance de mon respectueux dévouement.

Signé : l'abbé François CHEVALLIER.

Prê. ex-D'.

17, avenue Victor-Hugo.

M. l'abbé Chevallier a complété sa lettre par les détails suivants :

Le but qu'il faut atteindre, pour préserver notre pays et d'autres nations contre le choléra, exige un produit capable de désinfecter non seulement des salles d'hôpitaux, de caserne mais pouvant purifier les ports comme ceux de Marseille, de Toulon.

Eh bien ! ce produit nous l'avons. C'est un produit oléagineux extrait par distillation des roches kimméridgiennes que nous tirons de montagnes énormes lancées à quinze cents mètres d'altitude, mesurant quatre à cinq mille hectares sur vingt-deux mètres d'épaisseur, de couches, de gisements riches de toute la flore et de la faune des tropiques, où rien ne manque comme antiseptique et comme insecticide puissant. Cette huile est d'un effet si considérable qu'*un seul baril placé sur l'Arc-de-Triomphe suffirait pour désinfecter et assainir la moitié de Paris.*

Pour le mode d'emploi, on pourrait adopter l'idée excellente que m'a suggérée M. de Lesseps. Il s'agirait d'attacher simplement une petite éponge imbibée de nos huiles au-devant de la ceinture.des ouvriers, pour que ceux-ci puissent respirer, dans cette nouvelle atmosphère, uu air où, d'après les expériences faites à Montsouris, les microbes les plus vigoureux ont succombé après deux minutes et demie, là où l'acide phénique et les autres antiseptiques restèrent impuissants.

Les effluves de ces vapeurs goudronneuses et azotiques sont très saines à respirer.

Dans les appartements déjà infectés par les cholériques, il faut avoir soin de passer les ustensiles de table et autres dont ils se sont servis dans des étuves ou fours, à 120 degrés.

Sur les murs, boiseries, dans les vaisselles, sur les peintures, nous préparons le produit de manière à lui donner la qualité de nettoyer tous les encrassements, en rendant aux boiseries, aux vernis leur première propreté, et en attaquant les germes, les microbes et les œufs des insectes, autre source d'infection et d'insalubrité; les marchandises, tout ce que renferme la cargaison du navire peuvent être, sans le décharger, aussi désinfectés par le gaz et la vapeur de nos produits; mais alors on emploie la fumigation de nos huiles goudronneuses, mêlées avec nos huiles rousses plus aromatiques et plus insecticides que les autres, à cause de la présence du styrène et du caproïlène que le savant baron Thénard y a constatés.

Signé : CHEVALLIER FRANÇOIS, prêtre.

Le sujet est trop sérieux pour qu'on se permette à première lecture le moindre sourire. L'huile en question peut être une excellente chose, mais pour qu'on n'en doute pas, elle a grand besoin d'être mise à l'épreuve. Nous réclamons donc la pose immédiate, sur l'Arc-de-l'Étoile, du baril qui doit désinfecter la moitié de la capitale. L'autre moitié ne doit pas être déshéritée. Il faut qu'un second baril soit posé en même temps sur la colonne de la Bastille.

1884. Les Drs Koch, Strauss et Roux, admettent l'hypothèse du microbe, mais varient sur les conditions d'existence. La maladie considérée en elle-même n'est point ce qui les préoccupe MM. Strauss et Roux (le premier est le préparateur de M. Pasteur) déclarent même n'avoir aucun moyen curatif contre le fléau. Ils s'en tiennent aux moyens préventifs suivants : 1º usage de l'eau bouillie comme boisson ; 2º désinfection des matières par l'eau bouillante à 100 degrés; 3º fermeture immédiate des maisons où seront morts des cholériques, avec affiche disant : « Ici est mort un cholérique. »

1884. Les instructions de M. Koch ne sont que préventives et peuvent se réduire à ceci : éviter les rassemblements, les excès, la diarrhée, faire bouillir l'eau et le lait ; ne pas manger dans les salles de cholériques ; brûler les linges salis et désinfecter les déjections par une solution phéniquée; laisser inhabitée pendant six jours les chambres quittées par les cholériques ; les enlever aussitôt en cas de décès.

1884. Nous avons dit que les annonces anti-cholériques de cette année promettaient d'être aussi gaies que celles de 1865. On peut s'en convaincre en parcourant la quatrième page des journaux ; c'est un défilé de produits plus recommandés les uns que les autres : « l'*Anti-microbe*, seul désinfectant et inodore ; — la *fumigation asiatique* d'Exibard, arrivant tout droit de l'Inde, pour détruire les « microbes épidémiques » ; — l'*élixir* non moins « asiatique » du Dr Ingigliardi qui a fait merveille en Égypte, qui est « apprécié de tous

les pays où règne la dyssenterie », et qui s'élabore
« dans un monastère de Normandie »; — le *cordial
du Dr Toudouze*, infaillible, « aussi agréable qu'un
petit verre d'anisette ». Un flacon de trois francs
suffit pendant toute une épidémie, plus de huit
mille familles qui l'emploient journellement à
Toulon et à Marseille n'ont pas encore été atteintes ». C'est de Bordeaux que part ce merveilleux
cordial, dont les annonces portent en vedette
CHOLÉRA VAINCU.

Nous avons encore le *Thymol-Doré* qui se vante
d'être préconisé par M. Pasteur, — les *bonbons au
phénol* de Biétrix; — le *phénothymol Deslauriers*
qui déclare être plus actif que le Thymol et plus
agréable que le phénol; — le *Myrtol Ladret*, qui se
donne comme étant le meilleur préservatif; — le
désinfectant Saint-Luc, au chlorure de zinc, seul
adopté par les hopitaux; — la solution d'essence
de pin d'Autriche; — le vinaigre Pennès; — l'eau
de cologne du grand Cordon, pour choléra, toilette
et mouchoir.

N'oublions pas les élixirs : l'*élixir anti-cholérique
Rousselet*, employé avec succès par une sommité
médicale, hélas défunte, que la discrétion seule
empêche de nommer; — l'*élixir Trouette-Perret à
la papaïne* « dont parle le docteur Lasniée », dit
l'annonce, (au moins celui-là ne craint pas de se
montrer; — le *Pepto-fer*, délicieuse liqueur du
docteur Jaillet, « donnant des résultats surprenants »
— le *Rhum antidote*, de Jalu et Co, rhum fine fleur
phéniqué, citronné, tonique, stimulant, antisep-

tique, délicieux au goût, agissant avec une rapidité inouie sur les microbes, breveté, diplomé, 20 fr. la caisse de six bouteilles. (Le fabricant est généreux, d'ailleurs, et vous donne pour rien, cette recette dont nous lui laissons la responsabilité avec huit centigrammes d'acide phénique par verre à liqueur on fait un rhum hygiénique par excellence.)

— Nous avons enfin contre le choléra le potage Koulao, potage chinois, doué des propriétés merveilleuses des lichens, tapissant et rendant réfractaires à toute influence épidémique les voies respiratoires et digestives : « Aucun consommateur de Koulao n'a été encore atteint ».

Après le potage, les eaux de table : l'eau de Caldane (excellent préservatif), l'eau de Saint-Galmier, l'eau de Vals (immunité complète). Vichy se contente de ses émanations. Le fait divers annonçant l'arrivée à Vichy de l'héroïque prince Demidoff, affirme qu'on attribue aux émanations du bassin de Vichy lé privilège de repousser toutes les épidémies.

Les réclames en faveur de Luchon se contentent des séductions de la nature. Devant son air pur et ses montagnes, le microbe est un mythe et le choléra une hallucination « Jamais le bacille (microbe réputé cholérique) n'a osé y montrer sa virgule ».

Voilà bien des annonces étonnantes. Mais qui pourrait disputer la palme au vin Castagnier! Ce vin a été envoyé en pur don au maire de Toulon, mais il rentrera dans ses frais avec le remerciement municipal qui lui a permis de rédiger une petite réclame à sensation. Nous l'insérons gratuitement :

Le *Vin au quinquina Castagnier*, que nous avons recom·
mandé dans notre numéro de jeudi dernier, a produit les
meilleurs effets à Toulon, si l'on en juge par la dépêche suivante adressée à Nîmes, à M Castagnier :
« *Remerciements au nom des malheureux, écrirons. Calme*
« *rétabli.* Du Tasta, maire de Toulon ».

M. Paulet n'a point de dépêche de Toulon, mais
sa combinaison n'est pas moins ingénieuse :

« L'enquête officielle faite après chaque choléra, a constaté
que tous les ouvriers qui travaillent le cuivre ont été absolument préservés. Il est donc certain qu'on peut se garantir de
la contagion en s'imprégnant de ce métal. *Le Cuivre adhésif
de M. Paulet*, est un moyen facile de le faire sans danger.
Étendu sur un espace de 10 centimètres carrés, n'importe sur
quelle partie du corps, il met sûrement, pendant vingt-
quatre heures, à l'abri de toute atteinte du choléra. » (*Figaro.*)

Vous l'entendez ! Pendant vingt-quatre heures
seulement..... Mais après?..... Après, bien entendu,
vous renouvellerez jusqu'à disparition de l'épidémie
ce placage perpétuel.

Une annonce du *Temps* (27 juillet) promet plus
encore ; elle offre une position *belle*, *agréable*, *avec
travail préservant du choléra*, à tout commenditaire
pouvant disposer de *cent mille francs*. — C'est pour
rien, et cela vaut la peine d'aller à Roanne.

Pour terminer, comme nous avons commencé,
demandons à la statistique quelques chiffres instruc-
tifs : les épidémies cholériques s'allongent et dé-
croissent à Paris avec le temps. Celle de 1832 a tué
dix-huit mille personnes en six mois ; la dernière,
qui débute en août 1865 pour finir en avril 1867,
a causé douze mille décès seulement.

(dessiné d'après nature en 1871)

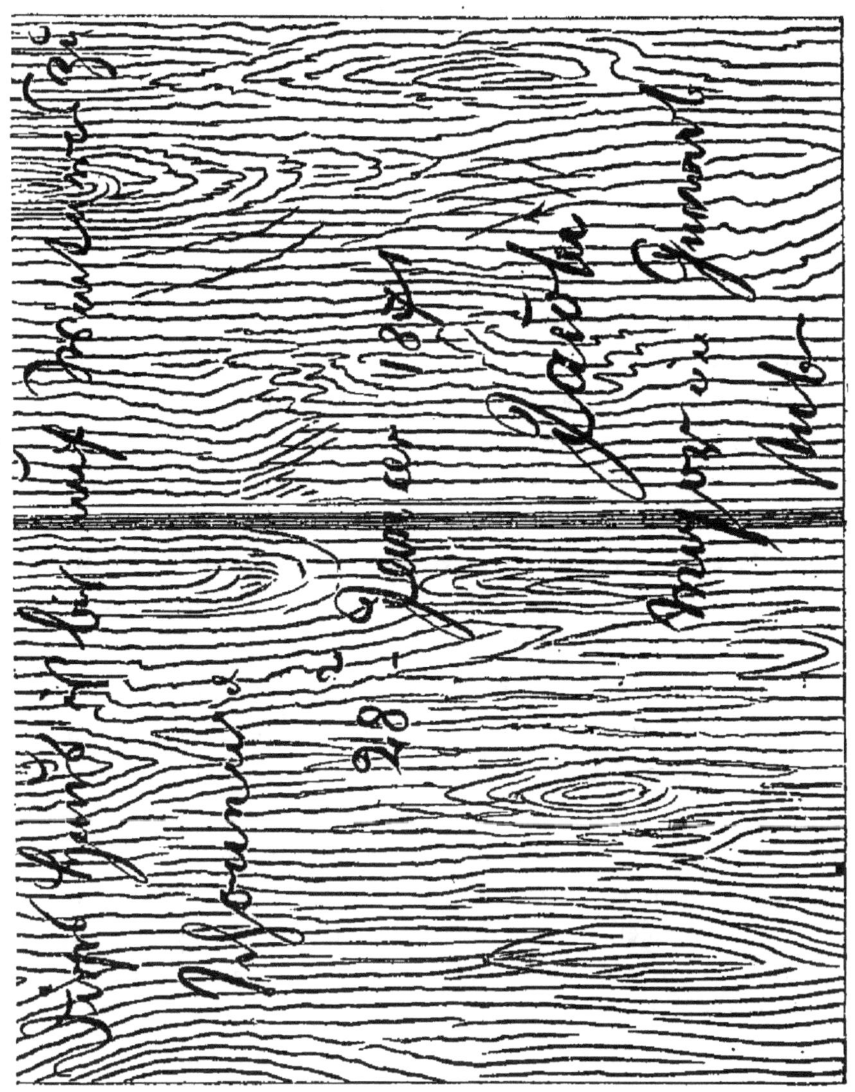

Texte de l'inscription tracée sur le volet : *Dieses haus is(t) bis auf weiteres zu schonen. 28 jan(u)ar 1871. (Signé) Jacobi, major im general stab.*

Rev. rétr. n° 5.

Traduction : *Cette maison est jusqu'à nouvel ordre à épargner* 28 janvier 1871 [1]. *(Signé) Jacobi, major à l'état-major général.*

1. La presse allemande a voulu faire croire que Saint-Cloud avait été incendié, en 1871, par des obus français. Les Prussiens ont heureusement laissé sur place une preuve écrite du contraire. L'incendie a été froidement ordonné par l'État-major général, et cela *après la conclusion de l'armistice*, comme le montre la date du 28 janvier tracée sur un volet de fenêtre (acheté et conservé par la ville de Saint-Cloud). L'inscription ne couvrait qu'un volet. Nous l'avons allongée pour en donner une idée plus exacte.

Les palais de Saint-Cloud et de Meudon ont été incendiés par le même ordre que la ville. C'est surtout dans le quartier de Montretout qu'on pouvait se rendre compte de l'ensemble apportée dans les manœuvres des incendiaires. Leur œuvre avait été si ingénieuse que chaque maison semblait intacte en apparence. A l'extérieur, pas de trace de fumée, aucun débris ; les volets restaient fermés ; mais si on cherchait à ouvrir la porte, on se trouvait devant un amoncellement de décombres formé par les débris des étages supérieurs. L'inrieur semblait un vaste puits, aux parois bien nettes et orangées, par place. C'était l'action du pétrole. Cette coloration orangée particulière se retrouvait à l'intérieur des palais de Meudon, de Saint-Cloud, comme elle se retrouva plus tard à celui de la Cour des Comptes de Paris. Les procédés du gouvernement prussien avaient fait école, et il lui lui restera la gloire d'avoir enseigné et consacré l'usage du pétrole à la guerre.

L'Allemagne et la Commune (1871)

RELATIONS DE L'ARMÉE ALLEMANDE AVEC LA COMMUNE

Fac-simile d'une affiche blanche (couleur officielle) placardée dans Paris le 22 mars :

COMITÉ CENTRAL.

Citoyens,

Le Comité central a reçu du quartier général prussien la dépêche suivante :

COMMANDEMENT EN CHEF DU 3ᵉ CORPS D'ARMÉE

Quartier général de Compiègne, le 21 mars 1871

Au commandant actuel de Paris.

Le soussigné, commandant en chef, prend la liberté de vous informer que les troupes allemandes qui occupent les forts du nord et de l'est de Paris, ainsi que les environs de la rive droite de la Seine, ont reçu l'ordre de garder une attitude amicale et passive tant que les événements dont l'intérieur de Paris est le théâtre ne prendront point, à l'égard des armées allemandes, un caractère hostile et de nature à les mettre en danger, mais se maintiendront dans les termes arrêtés par les préliminaires de la paix.

Mais dans le cas où ces événements auraient un

caractère d'hostilité, la ville de Paris serait traitée en ennemie.

Pour le commandant en chef du 3e corps
des armées impériales :
Le chef du quartier général,
Signé : Von Schlotheim, major général.

Réponse du Comité central de la Commune de Paris :

Au commandant en chef du 3e corps des armées impériales prussiennes.

Le soussigné, délégué du Comité central aux affaires extérieures, en réponse à votre dépêche en date de Compiègne, 21 mars courant, vous informe que la révolution accomplie à Paris par le Comité central, ayant un caractère essentiellement municipal, n'est en aucune façon agressive contre les armées allemandes.

Nous n'avons pas qualité pour discuter les préliminaires de la paix votés par l'Assemblée de Bordeaux.

LE COMITÉ CENTRAL ET SON DÉLÉGUÉ
AUX AFFAIRES EXTÉRIEURES.

EXTRAIT D'UN DISCOURS DU GÉNÉRAL TROCHU A L'ASSEMBLÉE NATIONALE. (*Moniteur du 15 juin 1871.*)

Le général Trochu prend la parole sur le procès-verbal, où il a constaté un oubli et une lacune qu'il demande la permission de réparer :

« Le 18 mars, les sectaires sont maîtres de Paris... et, à l'instant même, à mon grand étonnement et à mon grand regret de ce que Paris n'en ait pas été étonné, ils déclarent reconnaître toutes les clauses de la négociation du 28 janvier. Ils entrent en des communications qu'on peut appeler cordiales avec l'ennemi.

« Un officier prussien est dans l'obligation d'expliquer qu'il avait adressé plusieurs dépêches à des agents de la Commune.

« Le délégué à la guerre produit une succession d'arrêtés très-sévères pour conserver à l'ennemi la libre jouissance de tous les droits que lui conféraient les négociations en cours. Des agents que j'avais dû faire arrêter comme agents prussiens deviennent les principaux chefs de la Commune.

« M. Dombrowski était dans ce cas [1]. (*Sensation profonde.*)

« Messieurs, j'en ai dit assez, me défiant beaucoup des écarts de ma propre pensée et de mon langage. J'ai dû parler ainsi pour vous indiquer à qui appartenait pour une part l'insurrection de Paris. Je l'ai regardée, je la regarde encore comme une continuation de la guerre étrangère transformée, et je ne puis oublier que, dans certaines circonstances, M. le prince de Bismarck, qui a fait à

1. Dombrowski a passé à Monaco une partie de l'hiver de 1883-84; il jouait gros jeu et faisait de fortes dépenses.

la Commune l'honneur de parler d'elle deux fois dans des discours officiels n'a trouvé aucune parole pour exprimer le sentiment de réprobation qu'inspirent au monde entier, devant la morale universelle, les crimes de la Commune 1. » (Très bien ! très bien !)

EXTRAITS DES DISCOURS DE M. DE BISMARCK AU REICHSTAG DE 1871.

« Des appréhensions sérieuses me déterminèrent à faire en personne une démarche. Si nous n'étions pas tombés d'accord, nous aurions pris Paris, *soit par un arrangement avec la Commune*, soit par la force, et ensuite nous aurions exigé du gouvernement qu'il retirât ses troupes derrière la Loire, avant de continuer les négociations..... »

1. Le journal *La Cloche*, après avoir cité les lignes précédentes, ajoute :

« L'accusation que le général Trochu vient de porter à la tribune contre certains hommes de la Commune, et d'après laquelle ces tristes citoyens auraient été des agents de la Prusse, nous remet en mémoire un fait peu connu et dont nous garantissons l'authenticité.

« On sait que le *général* Cluseret était expulsé de France avant le 4 septembre. A cette époque, il arriva à Genève, où il descendit chez le consul de Prusse, qui lui donna un passeport pour rentrer en France. On peut penser, sans faire de jugement téméraire, que Cluseret était muni de bonnes recommandations *à la prussienne*. D'ailleurs les troubles qui éclatèrent à Lyon et à Marseille pendant le siège de Paris, et qui furent provoqués par ce personnage, sont une preuve trop manifeste de la connivence des Prussiens avec Cluseret et autres sectaires. »

« Dans les insurrections françaises il se trouve toujours un grain de raison ; ce grain se retrouve dans le mouvement actuel de Paris, dans l'aspiration à l'organisation municipale prussienne [1]. »

***

LA COMMUNE DE PARIS JUGÉE PAR SON ANCIEN DÉLÉGUÉ
A LA GUERRE

(Extrait des *Papiers posthumes* de Rossel [2], publiés en 1871 à la librairie Lachaud, pages 152 et 244.)

« La Commune n'avait pas d'hommes d'État, pas de militaires, et ne voulait pas en avoir : elle accumulait les ruines autour d'elle, sans avoir ni la puissance ni même le désir de créer à nouveau. Ennemie de la publicité parce qu'elle avait conscience de sa sottise, ennemie de la liberté parce qu'elle était dans un équilibre instable d'où tout mouvement pouvait la faire choir, cette oligarchie était le plus odieux despotisme qu'on puisse imaginer. N'ayant qu'un procédé de gouvernement, qui était de tenir le peuple à ses gages, elle ruinait, par ses dépenses, l'épargne de la démocratie, et en ruinait les espérances parce qu'elle désaccoutumait

1. Ces derniers textes sont puisés à la même source que la note du *Mercure de Souabe*, journal allemand cité plus loin.

2. On sait que le capitaine Rossel, nommé colonel par le gouvernement de la Défense nationale, passa au service de la Commune de Paris comme délégué à la guerre. Erreur payée de sa vie sur le plateau de Satory où il fut fusillé après l'insurrection.

le peuple du travail. Lorsque je vis que ce mal était sans remède, que tout effort, que tout sacrifice était inutile, mon rôle était fini.

« J'ai été bien attrapé, je l'avoue franchement, quand j'ai connu le gouvernement révolutionnaire. Je cherchais des patriotes, et je trouve des gens qui *auraient livré les forts aux Prussiens* 1 plutôt que de se soumettre à l'Assemblée ; je cherchais la liberté, et je trouve le privilège installé à tous les coins de rue ; je cherchais l'égalité, et je trouve la hiérarchie compliquée de la fédération, l'aristocratie des anciens condamnés politiques, la féodalité des ignares fonctionnaires qui détenaient toutes les forces vives de Paris. Mais ma plus grande surprise était autre chose que tout cela. Nous avons souffert d'être régis par un gouvernement de police, et Raoul Rigault, qui avait personnellement pâti de ce mode de gouvernement, s'installe à la Préfecture de police et devient le véritable chef de la Commune ! »

Note publiée en 1871 *par le journal allemand* le Mercure de Souabe, *sur M. Vaillant, membre du Comité central de la Commune* 2.

« Marie-Édouard Vaillant, né à Vierzon, dépar-

1. Ce fait s'est produit à la forteresse de Vincennes, que les fédérés ont offerte à la Prusse. Il faut ajouter que celle ci n'accepta point.

2. Aujourd'hui membre du Conseil municipal de la même ville, auteur d'une proposition récente de suppression de l'armée.

tement du Cher, le 29 janvier 1840, après avoir fait de fortes études à Paris, obtint, au mois de septembre 1857, le diplôme de bachelier ès-sciences. Il aborda ensuite la carrière du génie (?), pour se consacrer après à l'étude de la médecine, et fréquenta l'université de Heidelberg de 1866 à 1867. En 1867, il alla à Tubingen, où il assista avec beaucoup d'assiduité aux cours pendant deux semestres.

« Il poursuivit ses études en 1868 et 1869 à l'université de Vienne, mais il revint en 1869 à Tubingen, et se voua derechef à la médecine jusqu'au commencement de la guerre. Pendant que tous ses compatriotes se rendaient en France, il restait à Tubingen. Ce ne fut seulement que le 1er août de l'année dernière qu'il demanda ses passeports.

« M. Vaillant est, à l'encontre de la plupart de ses compatriotes, très-sérieux et très-réservé; on disait qu'il était socialiste. Il s'est déclaré à plusieurs reprises contre la guerre actuelle, qui, d'après son avis, n'était entreprise par l'empereur que pour détourner l'attention des Français de leurs affaires intérieures [1]. »

1. La note du journal allemand a été traduite dans une brochure, publiée en 1871, à la Librairie générale, sous le titre : *Documents sur la Commune*. C'est l'extrait de cette brochure que nous reproduisons.

Mémoires de Rostopchine [1]

(Texte complet publié d'après l'exemplaire unique d'une notice imprimée à Bade, en 1854. Cet exemplaire était en la
possession de M. Charles Mehl, qui a bien voulu le com-
muniquer).

CHAPITRE PREMIER. *Ma naissance.* — En 1765, le
12 mars, je sortis des ténèbres pour être au grand
jour. On me mesura, on me pesa, on me baptisa.
Je naquis sans savoir pourquoi, et mes parents re-
mercièrent le Ciel sans savoir de quoi.

CHAPITRE II. *Mon éducation.* — On m'apprit
toutes sortes de choses et toute espèce de langues.
A force d'être impudent et charlatan, je passai
quelquefois pour un savant. Ma tête est devenue une
bibliothèque dépareillée dont j'ai gardé la clef.

CHAPITRE III. *Mes souffrances.* — Je fus tour-
menté par les maîtres, par les tailleurs qui me faisaient les habits étroits, par les femmes, par l'ambition, par l'amour-propre, par les regrets inutiles,
par les souverains et les souvenirs.

CHAPITRE IV. *Privations.* — J'ai été privé de trois

1. Imprimés pour la première fois en 1839, et bien souvent
depuis, mais le texte a toujours été incorrect et incomplet.
Ils furent écrits en français par le comte Rostopchine à la
demande de la comtesse Bobrinsky qui les reçut à sa grande
surprise dès le lendemain. Nous puisons à la même source
et nous reproduisons plus loin une proclamation de Rostopchine. Ce morceau, non moins original, a été traduit avec
soin ; il est inconnu et achève de donner une idée de l'homme
qui n'hésita point à brûler Moscou. L'éditeur de la notice de
1854, était M. Macé, conservateur du Musée de Strasbourg.

grandes jouissances de l'espèce humaine : du vol, de la gourmandise et de l'orgueil.

CHAPITRE V. *Epoques mémorables.* — A trente ans, j'ai renoncé à la danse ; à quarante ans, à plaire au beau sexe ; à cinquante ans, à l'opinion publique ; à soixante ans, à penser, et je suis devenu un vrai sage, ou égoïste, ce qui est synonyme.

CHAPITRE VI. *Portrait au moral.* — Je fus entêté comme une mule, capricieux comme une coquette, gai comme un enfant, paresseux comme une marmotte, actif comme Bonaparte, et le tout à volonté.

CHAPITRE VII. *Résolution importante.* — N'ayant jamais pu me rendre maître de ma physionomie, je lâchai la bride à ma langue, et je contractai la mauvaise habitude de penser tout haut. Cela me procura quelques jouissances et beaucoup d'ennemis.

CHAPITRE VIII. *Ce que je fus et ce que j'aurais pu être.* — J'ai été très sensible à l'amitié, à la confiance, et si je fusse né pendant l'âge d'or, j'aurais été peut-être un bon homme tout-à-fait.

CHAPITRE IX. *Principes respectables.* — Je n'ai jamais été impliqué dans aucun mariage, ni aucun commérage. Je n'ai jamais recommandé ni cuisinier, ni médecin, par conséquent je n'ai attenté à la vie de personne.

CHAPITRE X. *Mes goûts.* — J'aimais les petites sociétés, une promenade dans les bois. J'avais une vénération involontaire pour le soleil, et son coucher m'attristait souvent. En couleurs, c'était le bleu ; en manger, le bœuf au raifort ; en boisson, l'eau fraîche ; en spectacle, la comédie et la farce ; en hommes et en femmes, les physionomies ouvertes et expressives. Les bossus des deux sexes avaient pour moi un charme que je n'ai jamais pu définir.

CHAPITRE XI. *Mes aversions.* — J'avais de l'éloignement pour les sots et pour les faquins, pour les femmes intrigantes qui jouent la vertu ; un dégoût pour l'affectation ; de la pitié pour les hommes teints et les femmes fardées ; de l'aversion pour les rats, les liqueurs, la métaphysique et la rhubarbe ; de l'effroi pour la justice et les bêtes enragées.

CHAPITRE XII. *Analyse de ma vie.* — J'attends la mort sans crainte, comme sans impatience. Ma vie a été un mauvais mélodrame à grand spectacle, où j'ai joué les héros, les tyrans, les amoureux, les pères nobles, mais jamais les valets.

CHAPITRE XIII. *Récompenses du Ciel.* — Mon grand bonheur est d'être indépendant des trois individus qui régissent l'Europe. Comme je suis assez riche, le dos tourné aux affaires, et assez indifférent à la musique, je n'ai par conséquent rien à démêler avec Rothschild, Metternich et Rossini.

CHAPITRE XIV. *Mon épitaphe.* — ICI ON A POSÉ, POUR SE REPOSER, AVEC UNE AME BLASÉE, UN CŒUR ÉPUISÉ ET UN CORPS USÉ, UN VIEUX DIABLE TRÉPASSÉ. MESDAMES ET MESSIEURS, PASSEZ !

CHAPITRE XV. *Épître dédicatoire au public.* — Chien de Public ! Organe discordant des Passions ; toi qui élèves au ciel et qui plonges dans la boue, qui prônes et calomnies sans savoir pourquoi ; image du Tocsin. Echo de toi-même ; Tyran absurde, échappé des Petites-Maisons; extrait des venins les plus subtils et des aromates les plus suaves. Représentant du Diable auprès de l'Espèce humaine. Furie masquée en Charité chrétienne. Public! que j'ai craint dans ma jeunesse, respecté dans l'âge mûr et méprisé dans ma vieillesse; c'est à toi que je dédie mes Mémoires. Gentil public! enfin je suis hors de toute atteinte, car je suis mort, par conséquent sourd, aveugle et muet. Puisses-tu jouir de ces avantages pour ton repos et celui du Genre humain!

UNE PROCLAMATION DE ROSTOPCHINE.

« *Epître amicale du Général-Gouverneur de Moscou à ses Habitans*, août 1812.

« Grâces à Dieu tout va bien, tout est tranquille à Moscou. Le prix du pain ne hausse pas et celui de la viande diminue. Tout le monde désire que l'ennemi soit battu, et cela arrivera. Nous prierons Dieu, nous équiperons nos guerriers et nous les enverrons à l'armée. Nous aurons dans la Sainte-Vierge et dans les Saints de Moscou des intercesseurs auprès de Dieu. En face du monde entier est notre miséricordieux Souverain Alexandre Pavlovitch; en face de l'ennemi — notre armée chrétienne. Mais pour en finir plus promptement, complaire à notre Empereur, mériter la reconnaissance de la Russie et mortifier Napoléon, il faut montrer de l'obéissance, du zèle, et une confiance entière dans les paroles des Chefs, qui sont prêts à vivre et à mourir avec vous. S'il faut agir, je serai avec vous; si l'on doit marcher au combat, je serai le premier; s'il est question de se reposer, je serai le dernier. Ne craignez rien; le nuage s'est montré, nous soufflerons dessus, et nous le dissiperons; *tout sera moulu, et nous aurons de la farine*. Défiez-vous seulement des ivrognes et de ces imbéciles qui rôdent partout, l'oreille pendante, et ne servent qu'à glisser des sottises aux oreilles des autres. Il y en a qui s'imaginent que Napoléon a de bonnes intentions, tandis qu'il ne pense qu'à nous égorger; il promet tout, mais il ne tiendra rien. Il promet aux soldats le rang de feld-maréchal, aux pauvres des montagnes d'or, au peuple la liberté; ce n'est qu'un leurre; tombez dans ses filets, il vous envoie à la mort : on vous tuera ou ici, ou là. C'est pourquoi si quelqu'un des nôtres, ou des étrangers, s'avise de vanter Napoléon et de faire de semblables promesses, en son nom, je prie de le saisir, quel qu'il qu'il soit, par le toupet, et de le conduire au *siège* [1]. A celui qui l'aura arrêté, honneur, gloire et récompense; pour celui qui aura été pris, je saurais bien l'arranger à ma manière, quand même il serait des plus huppés. J'en ai reçu le pouvoir; l'ordre du Souverain est de *garder* Moscou, notre bonne mère. Eh! qui donc doit prendre soin d'une mère, si ce ne sont ses enfans ? Devant Dieu, mes amis, je vous l'assure, l'Empereur compte sur vous comme sur le

1. On appelle *siège* le bâtiment renfermant la prison et le tribunal.

Kremlin, et moi je suis prêt à jurer pour vous. Ne me compromettez pas. Je suis, vous le savez, un fidèle serviteur du Tzar, un Gentilhomme russe, un Chrétien orthodoxe, et voici ma prière :

« Seigneur, Roi des cieux ! prolonge les jours de notre pieux Souverain terrestre ! Ne cesse de répandre ta bénédiction sur notre sainte Russie, de fortifier le courage de notre armée chrétienne, de soutenir la fidélité et l'amour du peuple russe pour la patrie ! Conduis les pas de nos guerriers à la ruine de l'ennemi ; éclaire-les et fortifie-les par la vertu de la croix vivifiante ; qu'elle les protège et qu'ils triomphent par elle ».

UNE LETTRE INÉDITE DE STENDHAL [1].
(1804)

« Ma chère petite, ta lettre m'afflige beaucoup. Je t'écrirai tous les deux jours pour te distraire. J'écris aujourd'hui à mon papa pour le remercier des vingt francs qu'il m'envoie et qui ne pouvaient venir plus à propos. Je portais depuis huit jours des souliers percés, et j'avais besoin de tout mon esprit pour glisser sous le trou une petite pâte teinte en noir avec de l'encre.

[1]. La lettre si intéressante que nous publions provient de la correspondance de Beyle (Stendhal) avec une personne de sa famille. Cette correspondance, entièrement inédite, va de 1803 à 1815. Nous en devons la communication à un petit neveu par alliance de l'auteur, et nous espérons que la totalité de son précieux recueil sera publiée un jour.

Je dois à la pension où je mange et où je ne suis guère connu, je dois à mon portier, je dois à mon tailleur qui venait tous les matins ; il y a longtemps que ma montre est engagée. Je ne vais nulle part depuis quinze jours, faute d'avoir douze sous dans ma poche, je néglige M. D..., le général Mich..., Mlle Duchesnoy. Que de raisons de me désespérer !

Eh bien ! je n'ai jamais tant ri. Il y a trois ans, je me serais désespéré ; je suis devenu raisonnable depuis. La vie de l'homme le plus puissant qui ait jamais été, d'Alexandre le Grand, et celle du dernier bourgeois se ressemblent, en ce sens qu'elles sont le mélange de quelques jouissances vives, et de nombreux moments où, si l'homme est sage, il est heureux ; s'il ne l'est pas, il s'ennuie et est malheureux.

L'ennui n'est pardonnable qu'à ton âge où l'on n'a pas encore appris à l'éviter ; plus tard, l'homme qui s'ennuie est un sot à charge aux autres, et par conséquent fui de tout le monde.

Ayez une once d'ennui aujourd'hui, vos voisins s'en aperçoivent, ils vous fuient ; le lendemain vous en avez une livre, le surlendemain deux, et peu à peu vous devenez stupide.

J'ai passé par tous ces états-là ; les hommes ont diverses ressources contre l'ennui :

D'abord, il faut remuer le corps quand on est ennuyé, c'est là le moyen le plus sûr. Je montais donc souvent à cheval, je cherchais à me rendre témoin dans les duels, à me passionner enfin. Avec les passions on ne s'ennuie pas ; sans elles, on est stupide.

Mais ce principe a besoin d'être bien expliqué. Là-dessus la charmante auteur de *Valérie* [1] dit une chose bien vraie : « Les goûts (petites passions de quinze jours, un mois) charment la vie; les passions la tuent. »

Je te dirai encore ici que je l'ai éprouvé. Je me cite souvent, parce que je suis l'homme dont je connais le mieux le cœur. (L'homme moral se divise en cœur ou centre des passions, et en tête ou centre de combinaisons et de jugements. On peut parvenir avec de la sincérité à connaître à peu près son cœur, il faut avoir bien peu d'orgueil pour connaître sa tête, et comme on en a toujours, jamais on ne la connaît bien. Voilà dans quel sens on a raison de dire qu'il est très difficile de se connaître soi-même).

J'ai fait en Italie et à Paris des folies à me faire tout perdre, même l'honneur : par exemple, j'ai monté derrière une voiture pendant une soirée comme laquais. J'ai pris dans une bibliothèque un livre où l'on m'avait rapporté qu'on cachait des lettres. Tout cela a passé par bonheur, et par une franchise audacieuse que m'inspirait la passion et qui me fait frémir à cette heure.

Cependant tout s'est su, même ce que je n'ai jamais confié. On m'a dit que j'étais monté derrière une voiture, une livrée sur le dos, etc., etc.

Voilà la grande différence d'un homme à une femme; la dix-millième partie de ces aventures aurait perdu Lucrèce elle-même à jamais. Voilà ce

1. Ce roman de Mme de Krudener était alors à la mode.

qu'il faut bien te dire. Un homme d'esprit [1] ...
dit aux femmes : Soyez jolies si vous pouvez ;
soyez considérées, il le faut. On dit : il est trop
vrai que la considération est l'opinion du plus
grand nombre, le plus grand nombre est un sot, il
faut donc faire des sottises? Non, mais souven[t]
s'abstenir des choses raisonnables.

Je parle de toi à mon papa, je l'invite à te donner
des distractions, à te laisser lire quelques histoires
amusantes, telles que Cléveland. Voïci un travail
qui est le plus utile de tous et que je t'engage à
commencer le 26 Prairial. Tu feras la liste des
vertus et des vices, etc., etc., comme ceci :

Ambition	*Intrépidité*	
Envie	*Patience*	
Colère	*Magnanimité*	*Scævola se brûle la main (Vertot, chap. 18, p. 512).*

Tu mettras chacun de ces noms en haut d'une
grande page in-4° et tu mettras en abréviation au-
dessous le trait d'histoire en deux lignes au plus, et
en citant l'endroit d'où tu le tires. Tu pourras parcourir pour cela l'histoire romaine de Rollin qui
est composée de deux choses : ce qu'il traduit des
Anciens qui est excellent, ce qu'il ajoute qui est
détestable. Il y a environ deux tiers de son cru, tu
sautes cela, tu profites du reste. Après les traits
d'histoire, tu mettras les belles imitations poétiques,
par exemple : *Colère.* — Achille, 3e livre de l'Iliade
d'Homère, page 412 du 1er vol.

1. Mot illisible

Ce travail est le plus utile que j'ai jamais pu
trouver pour moi. »

« BEYLE ».

***

LA PROPRIÉTÉ C'EST LE VOL

*Thèse soutenue devant le général Bonaparte par le général
du génie DUFALGA[1].*

Sa promenade faite sur le pont, Bonaparte ras-
semblait autour de la table du conseil ce qu'il appelait son *Institut*. Alors commençaient, sous sa présidence, des discussions en règle, dans lesquelles il
n'intervenait guère que pour les ranimer quand elles
tendaient à s'éteindre ; prenant plus de plaisir alors
au rôle de juge du camp qu'à celui de champion.

Formée de chefs et de savants, cette réunion
avait d'autant plus d'analogie avec celle dont elle
empruntait le nom, que toutes les sciences hu-
maines y avaient des représentants. Rejeton de
l'Institut de France, elle fut la souche de l'Institut
d'Égypte. Parmi ses membres, au nombre desquels le général avait daigné m'admettre, on re-
marquait le docteur Desgenettes, le docteur Larrey,
l'interprète Venture, le général Dufalga et Regnauld
de Saint-Jean d'Angély. C'est entre ces deux der-

1. Extraite du tome IV des souvenirs de A. V. Arnault, de
l'Académie française, qui fit partie de l'expédition d'Égypte et
n'alla pas plus loin que Malte, mais nous a laissé le récit
fort intéressant de ce qui se passait à bord du vaisseau amiral
pendant la traversée qui fut assez longue.

niers surtout qu'avaient lieu les discussions, discussions assez vives quelquefois pour avoir le caractère de disputes. Voici comment elles s'engagèrent.

Les académiciens ayant pris place sur des chaises
au tapis vert, et les auditeurs sur le divan qui régnait autour de la salle : « Que lirons-nous ce
soir ? », me dit le général, en m'adressant cette
question comme bibliothécaire. « Prenons un publiciste, un moraliste. Nous avons là Montaigne,
Montesquieu et Rousseau : choisissez, général. —
Eh bien, apportez-nous Rousseau ; lisons un de ses
discours. — Lequel ? — Celui que vous voudrez.
Le premier venu ; au premier endroit venu. »

Je tire de la bibliothèque le volume où sont les
discours de Rousseau, et, commençant par le premier, je tombe sur ce passage du *Discours sur l'iné-
galité des conditions* ; c'est la première phrase de la
seconde partie.

« Le premier qui, ayant enclos un terrain, s'avisa
« de dire : *Ceci est à moi*, et trouva des gens assez
« simples pour le croire, fut le vrai fondateur de
« la société civile. »

Les réclamations qui aussitôt s'élevèrent m'em-
pêchèrent de continuer. « Il y a erreur, disait l'un ;
Jean-Jacques prend ici la cause pour l'effet. En
s'appropriant ce qui appartenait à tous, cet homme
fut criminel envers le droit naturel, mais il ne fonda
pas la société civile. — Il en provoqua la fondation,
disait l'autre, en ce que ceux qui suivirent son
exemple s'entendirent bientôt pour se maintenir
dans la possession de ce qu'ils avaient usurpé.

C'est du contrat qu'ils stipulèrent pour se garantir leurs propriétés réciproques, que date la fondation de la société civile. Les hommes étaient sortis dès lors de l'état de nature. Cet état intermédiaire les a conduits à s'organiser en société. »

Ces opinions en provoquèrent d'autres, et le conflit qui en résulta nous conduisit jusqu'à l'heure où on apporta le punch, car toutes les soirées se terminaient à l'anglaise. « Le reste à demain », dit le général en levant la séance.

Le lendemain à la même heure que la veille : « Achevons notre discours, dit le général. Citoyen secrétaire, où en étions-nous ? — Au milieu de la première phrase, général. — Reprenons-la au commencement. « Le premier qui ayant enclos un « terrain osa dire : *Ceci est à moi*, et trouva des « gens assez simples.... » — Malgré l'éloquence avec laquelle mon opinion a été combattue par le citoyen Regnauld, dit Dufalga [1], j'y persiste ; et loin de me tenir pour battu, *je prétends que les lois qui consacrent la propriété consacrent une usurpa-*

---

1. *Ceci est à moi* : ces mots, dès qu'on les prononçait, produisaient sur Dufalga l'effet du briquet sur la poudre. Il prenait feu tout aussitôt, et partait de là pour développer les théories les plus singulières qui soient jamais passées par la tête d'un honnête homme.

Rien de plus recommandable d'ailleurs que la mémoire de Dufalga : officier des plus distingués dans une arme où le courage seul ne suffit pas à l'avancement, et où cet avancement ne s'acquiert que par une intelligence supérieure, il était parvenu au grade de général de brigade dans le génie, quand, après avoir perdu une jambe sur le champ de bataille en Europe, il mourut en Asie des suites d'une blessure qu'il avait reçue au siège de Saint-Jean-d'Acre.

tion, un vol. Je sens toutefois ce qu'il y aurait d'inconvénients, dans l'état où est la société, à supprimer ces lois. Les brigands eux-mêmes règlent par des lois les droits des brigands. Il faut composer avec les vices de son siècle. Mais ces lois imposées par la violence, si on ne peut les supprimer, ne peut-on pas les modifier dans l'intérêt de la justice ? Ne pourrait-on pas régler le droit de propriété, puisque propriété il y a, de manière à ce que tous les membres de la société fussent appelés à en jouir, je ne dis pas éventuellement, fortuitement, mais certainement, mais infailliblement ? — La chose est-elle possible ? dit Regnauld. — Si elle est possible ! rien de plus facile. Il suffirait pour cela d'adopter une théorie que j'ai faite. — Comment ! vous avez fait une théorie sur cette matière ! L'avez-vous ici ? — Oui, général. — Eh bien, lisez-nous-la. »

Dufalga, qui avait prévu la demande, tire un cahier de sa poche et lit cette théorie, fruit de ses méditations, objet de ses affections, et dont il ne se séparait pas plus que le Camoëns ne se séparait de sa *Lusiade.*

Cet ouvrage, d'un des hommes les plus honnêtes que j'aie rencontrés, était, le dirai-je, un des rêves les plus bizarres qui soient sortis d'un esprit droit, un des plus dangereux paradoxes qui aient passé par la tête d'un homme de bien. Pour mettre le lecteur à même d'en juger, je me bornerai à dire que, tolérant le droit de propriété comme un mal irrémédiable, pour l'atténuer, il divisait la société en propriétaires présents et en propriétaires futurs, en propriétaires jouissants et en propriétaires exploitants. Fermiers des premiers, ces derniers, d'après sa théorie, feraient valoir, pendant vingt ans, la terre dont les autres recueilleraient le revenu pendant vingt ans, au bout desquels le fermier devenu propriétaire serait obligé de prendre un fermier qui, au bout de vingt ans, deviendrait propriétaire à la même condition. C'est ainsi qu'il trouvait le moyen de faire participer successivement tous les membres de la famille française aux avantages de la propriété territoriale préalablement réduite à des proportions à déterminer.

La discussion de ce projet, qui n'est pas sans analogie avec les principes de Saint-Simon, fut plus vive encore que celle de la veille. Celle-là n'avait été qu'une escarmouche ; celle-ci fut un combat qui divertissait fort le président, et où la victoire ne resta pas à Dufalga. La seule arrivée du punch y fit trève. « Le reste à l'ordinaire prochain », dit le général, en levant la séance.

Le lendemain, je reprends le discours au commencement. A peine avais-je dit : « Le premier qui, « ayant enclos un terrain, osa dire : *Ceci est à moi* », qu'on m'interrompit, et la dispute de recommencer sur cet inépuisable texte. Bref, il ne me fut pas plus possible de sortir de cette phrase de Rousseau qu'au caporal Trim de celle qui commence *l'Histoire du roi de Bohême et de ses sept châteaux*.

« Général, dis-je à Dufalga, pendant que les deux antagonistes reprenaient haleine, votre théorie n'est pas absolument neuve. Le mouvement de rotation qu'elle imprime à la propriété avait été trouvé cent et quelques années avant vous par un philosophe du XVIIe siècle, et ses moyens sont exposés de la manière la plus précise... — Et où cela? — Dans un conte de La Fontaine, dans *Belphégor*. Ecoutez :

> Un intendant! qu'est-ce que cette chose ?
> Je définis cet être un animal
> Qui, comme on dit, sait pêcher en eau trouble ;
> Et plus le bien de son maître va mal,
> Plus le sien croît, plus son profit redouble,
> Tant qu'aisément lui-même achèterait
> Ce qui de net au seigneur resterait :
> Donc, par raison bien et dûment déduite,
> On pourrait voir chaque chose réduite
> En son état, s'il arrivait qu'un jour
> L'autre devînt intendant à son tour ;
> Car, regagnant ce qu'il eut étant maître,
> Ils reprendraient tous deux leur premier être.

Cette citation fit rire Dufalga lui-même, qui mettait dans tout cela plus de chaleur que d'humeur, et termina la séance assez gaiement.

CE QUE PENSAIT BALZAC DE LA NAÏVETÉ ALLEMANDE

« La naïveté de beaucoup d'Allemands a cessé. Celle qui leur est restée à un certain âge est prise comme on prend l'eau d'un canal, à la source de la jeunesse, et ils s'en servent pour fertiliser leur succès en toute chose : science, art ou argent — en écartant d'eux la défiance. »

Un Ménage d'artistes sous le premier Empire

UN MOIS DU JOURNAL DE Mme MOITTE.[1]

Année 1806.

11 *Nivôse an 14. Mercredi 1er Janvier.* — 2 pains,
1 l. 4 s. Payé les pains du mois de frimaire jusque
et compris le 10 nivôse, 45 l. 12 s., et à la porteuse
1 l. 4 s. A la petite portière 5 l. Étrennes à Adélaïde 24 l. Payé à ma couturière 4 l. Étrennes au
garde du Muséum 12 l. Étrennes au facteur
1 l. 10 s. Salade de mâches 5 s. Vulnéraire 4 s.
Donné à Moitte 12 l. et monnaie 14 s.

Je me suis levée tard parce que, m'étant cassé la
tête [2], j'ai fait une mauvaise nuit. Le facteur est venu
que j'étais encore au lit; on lui a donné ses étrennes.
Les gardiens du Muséum sont venus, ils ont eu
leurs étrennes et ne sont point entrés, n'étant point
visible. J'ai pris du vulnéraire dans mon lit et j'ai
fait ma toilette à grand'peine, souffrant de la tête

---

1. Extrait du manuscrit original inédit appartenant à
M. Lorédan Larchey. J.-G. Moitte, membre de l'Institut, mort
le 3 mai 1810, fut l'un des sculpteurs distingués de son
temps; on lui doit le fronton du Panthéon et les bas-reliefs
de la colonne de Boulogne. Le journal intime de sa femme
(Adelaïde-Marie Castillas, qui était elle-même une artiste de
talent) va de 1805 à 1807. La vie bourgeoise de Paris se
retrouve là dans ses plus minces détails; elle peut fournir
plus d'un rapprochement instructif avec les mœurs, les appé-
tits et surtout les prix de notre temps.

2. On verra ci-après qu'il s'agit d'une simple contusion.

et des dents. Moitte a été chez Rapeau qui est venu et m'a assuré que mon accident n'était pas dangereux. Cependant j'étais bien sombre et bien douleureuse. Adélaïde est venue avec sa petite., Mme Benchi, sa petite avec sa bonne. Cela m'a bien fatiguée d'ennui. Haussmann aussi est venu avec sa petite, Berthélemy [1] et Blaise [2] ; mon mal de dents allait toujours croissant. Girault est venu comme nous déjeunions ; il a apporté des bonbons, ainsi que Berthélemy. On est venu chercher Augustine de chez sa mère. J'ai mis mes pieds dans l'eau un peu avant dîner. Fatiguée des visites de tant de monde, je me suis couchée. Taunay [3] est resté ce soir ; on a joué ; j'ai voulu être du jeu, mais cela m'a trop fatiguée, et les rages de dents et les douleurs de tête sont venues d'une telle sorte que je ne savais à quel saint me vouer. J'ai mis de l'onguent Canet sur les parties douloureuses, et je crois que c'est ce qui m'a donné un peu de calme avant que Moitte se couche.

Le temps a été fort laid, pluvieux et venteux. J'avais mis ma douillette neuve, un de mes fichus de dentelle, un voile et un fichu canezou de mousseline.

On a déjeuné avec fricassée-gigot, fricassée-per-

---

1. Berthélemy, peintre d'histoire, auteur du tableau : *Apollon ordonnant au Sommeil et à la Mort de rendre le corps de Sarpédon à sa famille.*

2. Blaise, sculpteur, auteur des statues de saint Étienne et de saint Jean-Baptiste dans le chœur de la cathédrale de Lyon.

3. Taunay, élève de Moitte. Auteur de la statue du général Lassalle au musée de Versailles.

dreau, salade. Dîner : soupe maigre aux herbes et à l'eau de lentilles, le gigot à l'eau réchauffé et lentilles. Ce soir, fromage et confiture. ·

12 *Nivôse an* 14. *Jeudi 2 janvier.* — (6ᵉ leçon de danse). Petit pain d'une livre 4 s. Viande 4 l. Pot-au-feu 5 l. 3 s. Dix-huit sangsues 4 l. 10 s. Racines 2 s. Cresson 6 s. Foie 8 s. Sirop de verjus, 4 l. 5 s. Payé le maître de danse en avance, 27 l.

J'ai passé une très mauvaise nuit, mais cependant mes dents me faisaient moins souffrir. Moitte a été chez M. Portal lui expliquer ma situation. Il a promis de me venir voir. Il y avait aujourd'hui séance publique. Moitte ne voulait point manquer de s'y trouver, pour qu'on ne le soupçonnât pas de bouder du choix que l'Institut avait fait de Roland dans la séance d'avant hier, pour la statue à élever à l'Empereur. M. Portal est venu, il m'a trouvée en danger par la force de mon pouls et la couleur de mon visage; il a ordonné que je misse douze sangsues (elles étaient déjà à la maison), les pieds dans l'eau et du sirop de verjus. Adélaïde est venue pour me voir, nous l'avons envoyée chercher le sirop de verjus. Pendant ce temps j'ai mis mes pieds dans l'eau et j'attendais Moitte pour les sangsues. Louise avait été à la provision le matin et elle a mis la marmite. L'opération des sangsues a été très-longue et très-fatigante. Vanloo [1] est venu dans la matinée; il a été fort surpris de me trouver au lit, quoiqu'il sût par Girault que je m'étais cassé la tête. M. Lafitte est venu faire visite. Je me suis trouvée beau-

1. Vanloo, peintre de paysage, fils de Carle Vanloo.

coup mieux, on a joué au brelan courant et à l'as qui court. Taunay a été ce soir chercher d'autres sangsues pour demain parce qu'il n'a été possible de m'en mettre que neuf.

Le temps est passable ; il fait seulement beaucoup de vent. J'ai gardé le lit toute la journée.

Déjeuner : bœuf à la mode bouilli, fricassée. Dîner : soupe grasse, bouilli, lentilles et salade. Ce soir, fromage et confiture. Le maître de danse est venu donner sa 9ᵉ leçon. Il m'a fait demander le mois d'avance. J'y ai consenti. La petite Herminie n'est point venue. Augustine a passé toute la journée chez sa mère.

13 *Nivôse an* 14. *Vendredi* 3 *janvier.* — 2 pains 1 l. 4 s. Petit pain 4 s. Salade 10 s. Donné à Moitte 6 l. 5 s. Trois plats chez le traiteur, un filet d'aloyau, six côtelettes et un plat de salsifis. (Je dois les trois plats).

J'ai passé une meilleure nuit. J'ai pris un bain de jambes, puis Moitte m'a appliqué les sangsues, et, aussitôt après cette opération, il est sorti pour faire des visites. J'ai pris un bouillon à déjeuner et je me suis levée sur les trois heures. Nous avons les Berthélemy à dîner. Louis a commandé au traiteur les plats désignés ci-dessus. Nous avons dîné dans la chambre. La petite Herminie est restée à dîner et à coucher. Ce soir sont venus les Vanloo, Girault, Haussmann et sa fille. Nous avons fait un brelan courant qui a été d'une longueur mourante. C'est Augustine qui est restée avec moi disputer la poule. C'est elle qui l'a emportée.

Le temps est pluvieux et froid. J'ai mis ma douillette neuve, mon fichu de dentelle et un schall de mousseline brodée en laine nuancée qu'elle m'a donné.

Déjeuner : des restes de viande, fromage. Dîner : soupe grasse, bœuf à la mode réchauffé, six côtelettes, filet d'aloyau piqué, pommes de terre, salade et salsifis frits, poires, oranges, confitures, fromage, café, une bouteille de vin Benchi. Ce soir, fromage et confiture.

14 *Nivôse an* 14. *Samedi 4 janvier.* — (7ᵉ leçon de géographie ; 10ᵉ leçon de danse. Reçu de l'Institut le mois Frimaire et les dix jours de Nivôse, 165 l.). 2 pains 1 l. 4 s. Beurre 2 l. 4. A Jéancuré, pour avoir monté du bois, 1 l. 4. Eau 6 s.

Ma nuit a été assez bonne. Je me suis levée à huit heures. Moitte a fait sa visite à M. Lafitte et il ne l'a pas trouvé. J'ai rangé dans mon armoire. Y voyant des dégats de souris, j'y ai tendu une souricière et j'ai reçu de belles visites étant dans un grand désordre de malpropreté ; Perrin est venu, Mᵐᵉ Bruni et M. et Mᵐᵉ Raifé. Le maître est venu donner sa 10ᵉ leçon. Jean est venu apporter du bois, ou plutôt en monter ; j'en ai un peu rangé dans le couloir et dans mon armoire.

Le temps a été variable. Je me suis mise comme à l'ordinaire.

Déjeuner : fromage, aloyau, reste de salade, fricassée de gigot. Dîner : soupe aux herbes, les restes du déjeuner, pommes de terre. Ce soir, fromage et confiture.

15 *Nivose an 14. Dimanche 5 janvier.* — J'ai tout payé. 2 pains 1 l. 4 s. Viande 7 l. 1/4. Pot-au-feu 4 l. 55 s. Quartier d'agneau 5 l. Douze mauviettes 1 l. 10 s. Fromage de gruyère 19 s. Gâteau 2 l. Donné à Moitte 15 l. Chez le fruitier, racines, salade 4 s., cresson 8 s , fromage de Marolles 9 s., œufs 2 l. 5 s. A la petite fille, pour ses étrennes, 2 l. 7 s.

Je me suis levée avant huit heures. J'ai eu une espèce d'indigestion. Moitte a fait le feu, et, malgré lui, je lui ai donné avis pour placer une grosse bûche. Moitte a fait toilette. Il a été ensuite chez Labarre [1]. Pendant ce temps j'ai été seule à la provision, d'abord à la boucherie, puis chez la marchande de volailles du marché, ensuite au foie, puis chez la fruitière et à la maison où j'ai mis la marmite. Ces demoiselles ont été à la messe avec Laurent, sans Augustine, la mère Lecœur l'étant venue chercher. Michaud, l'élève, est venu faire sa visite du jour de l'an peu après. Moitte est revenu de chez Labarre, il a causé encore longtemps avec Michaud, puis, lui parti, nous avons été déjeuner. Ces enfants sont enfin revenues. Elles se sont attablées; Mlle Guillemard est venue, puis Mme Petit qui a causé sur son mari et sur sa maladie. Elle m'a apporté des bonbons et des oranges. M. Portal [2] est venu; il m'a trouvée bien portante. Benchi et sa femme sont venus. Louise a été chercher un gâteau des rois, nous avons dîné, puis, ce soir, Louise a fait un peu de

1. Labarre, architecte; il acheva la Bourse de Paris.

2. Le docteur baron Portal était membre de l'Institut.

musique et nous avons joué au brelan courant et à l'as qui court. Franconville est venu ce soir. Il a apporté des pralines à ces enfants. Je n'ai point soupé.

Le temps s'est assez soutenu ; il avait plu prodigieusement la nuit et il faisait grand vent. J'étais mal portante et je me suis mise comme à l'ordinaire. Je n'ai rien mangé ce soir et ai fait de l'eau de cannelle parce que je me sentais une plénitude d'estomac et des douleurs. J'ai eu un mouvement de bile la nuit et me suis levée trois fois.

Déjeuner : thé, fromage, filet de bœuf, vieille fricassée de gigot à l'eau. Dîner : soupe grasse, veau bouilli, quartier d'agneau, salade, gâteau des rois. Ce soir, fromage, salade.

16 *Nivôse an* 14. *Lundi 6 janvier.* — (1re leçon de forté. Reçu des travaux du Louvre, 1,000 l.). 2 pains 1 l. 4 s. Donné à Moitte pour du tabac 6 l. Donné à la mère Lecœur pour ses étrennes 3 l. A des bedeaux de Saint-Germain qui ont apporté un morceau de pain bénit 3 l. A Mme Micheli pour les travaux de l'atelier, 100 l.

Ayant eu une nuit orageuse, je me suis levée à dix heures. J'ai pris de l'eau de cannelle. Je n'ai point déjeuné avec le monde. Bourreff et sa femme sont venus en visite, Mme Micheli est venue recevoir 100 l. pour le moulage de son mari. Bruni est venu peu après. Il a fait chanter Louise. Le maître de forté est venu peu après. Il a renouvelé connaissance avec Bruni. Villard est venu savoir s'il fallait du vin. Je lui ai demandé mes étrennes ; il m'apportera du vin de Bourgogne quand il viendra. La boulangère a apporté un si petit gâteau que je ne lui ai rien donné et que je la quitterai. La mère Lecœur est venue apporter un gâteau; je lui ai donné ses étrennes. Le maître de forté n'a pas apporté les cachets. Moitte a rapporté du bureau des bâtiments du Louvre, à-compte sur ce qu'il fait, 1,000 l. Il a déjà reçu 2,000 l.; cela fait 3,000 l. sur la somme de 18,000 l. Il reste donc à recevoir encore 15,000 l.

Le temps est toujours le même. Je me suis mise comme à l'ordinaire.

Déjeuner : fromage de Marolles, lait, aloyau, fromage de gruyère. Dîner : soupe grasse, agneau froid, douze alouettes, un reste de salade, gâteau. Ce soir, fromage et confiture.

17 *Nivôse an* 14. *Mardi 7 janvier*. — (11ᵉ leçon de danse, pas de leçon de géographie). Point de pain. Voiture 6 l. Donné à Moitte 12 l. Donné à la petite Adèle, portière, pour ses étrennes 3 l.

Je me suis levée avant huit heures. J'ai fait le feu, j'ai accommodé le linge de la blanchisseuse, et je me suis préparée à faire des visites. J'ai exigé que Louise qui venait avec moi donnât toutes ses leçons avant. Nous avons déjeuné. Adélaïde est venue et je l'ai envoyée chercher une voiture. Il était une heure et demie. Nous avons été d'abord chez Mᵐᵉ Defranc où nous avons trouvé sa fille et le petit, son premier-né qui a 14 mois. De chez eux nous avons été chez Mᵐᵉ Davin. Elle n'y était pas. Ses petits enfants dînaient. J'ai été chez Mᵐᵉ Bruni ; Personne. Puis, chez Vanloo ; il était seul. Mᵐᵉ Vanloo est revenue ; elle dit qu'elle venait de chez nous, ayant été chez Mme Visconti pour tâcher, mais vainement, de se dépétrer d'un dîner de Thérèse jeudi prochain. Elle a fait la description d'une belle redingote de velours bleu de roi, doublée de satin couleur de pelure d'oignon que Mme Visconti s'est fait faire avec une écharpe semblable. J'ai été chez Mme Campana où je suis peu restée ; chez Peyron où je n'ai trouvé personne, et revenue à la maison. Le maître de danse est venu donner sa 11e leçon. Caroline et Fortunée sont venues me faire visite. Caroline m'a apporté six oranges.

Le temps est toujours très humide et chaud. J'ai mis pour la première fois ma robe de taffetas de Florence attachée derrière, de couleur carmélite, glacée de noir. J'ai mis mon beau voile et mon schall bleu turquoise.

Déjeuner : petit reste d'aloyau, bouilli froid, reste du gâteau des rois et autres restes, fromage. Dîner : soupe grasse, quartier d'agneau en blanquette, bouilli froid, fromage et poires. Ce soir, fromage et confiture.

La petite Adèle, fille cadette de la portière, m'a apporté un avertissement de contributions. Elle m'a souhaité la bonne année, je lui ai donné ses étrennes.

18 *Nivôse an* 14. *Mercredi 8 janvier.* — Je me suis acquittée envers l'ancienne boulangère et l'ai renvoyée. Deux pains 1 l. 4 s., rue de Seine où je me suis arrangée pour que la boulangère m'envoie le pain chaque jour. Viande 16 1/4 livres, pot-au-feu et

filet de mouton 11 l. 8 s. Foie 6 s. Poulet gras 3 l. 10 s. Poularde 5 l. 10 s. Chez la fruitière : racine, 3 s., salade 3 s., cresson 8 s., fromage 10 s., lard, 1 l. Donné à la porteuse de chez la bouchère 6 l. Voitures pour visites, 6 l. 6 s.

Je me suis levée avant huit heures, j'ai fait le feu et une toilette provisoire pour aller au marché. J'ai pris avec moi Marianne et ai été d'abord chez le boulanger de la rue de Seine, à gauche en entrant. J'ai fait arrangement pour qu'il me soit apporté deux pains par jour ; j'en ai choisi deux et les ai fait mettre à part. J'ai été à la boucherie, puis chez la marchande de volailles, celle de foie, puis revenue. J'ai été chercher du lait, je suis revenue chez la boulangère. J'ai fait prendre ces pains par Marianne, puis j'ai été chez la fruitière et chez nous. Peu après, nous avons déjeuné. Adélaïde est venue. J'ai fait ma toilette. Elle nous a été chercher une voiture et je suis allée avec Louise chez Mme Guilbert, au Jardin des Plantes. Elle nous a très-bien reçues. Puis, à la Sorbonne chez les Perrin, puis chez Mme Vankier où on nous a fait boire de la liqueur, puis chez Mme Sarra, chez Raifé, et ensuite chez nous. Il n'y est venu personne. Godefroy [1] est venu ce soir, il a apporté du chocolat et des bonbons. Il me charge d'acheter quelque chose pour sa commère ; il m'a laissé..... *(sic)*.

Le temps est très humide, doux et, par moments, il fait des pluies d'orage. Je me suis mise comme

1. Godefroy, graveur en taille-douce. Auteur d'un portrait de Mme Barbier de Walbonne, etc.

hier, à cela près que je n'ai point mis mon fichu de dentelle et que j'ai mis mon fichu canezou calicot.

Déjeuner : bouillon, mauviettes, fromage, reste de lentilles. Dîner : filet de mouton, rôti, soupe grasse, salade, fromage. Voilà deux jours que Taunay ne vient pas. Ce soir, fromage, confiture, oranges.

19 *Nivôse an* 14. *Jeudi* 19 *janvier.* — 12e leçon de danse. 39 l. d'arrérages d'un effet du Mont-de-piété. 2 pains 1 l. 4 s. Commandé un gâteau de 3 l, une tourte de 4 l., et une charlotte de 6 l. Pont des Arts 1 s.; 2 poires 12 s. Le tout fait 13 l. que j'ai payées au garçon, et, pour lui, 6 s. Porté au Mont-de-piété 400 l.

Je me suis levée avant huit heures. J'ai fait le feu, j'ai fait ma toilette pour sortir, j'ai arrangé la viande et j'ai mis la marmite. Moitte parti, je suis sortie pour aller au Mont-de-piété renouveler un effet de 600 l. et le porter à 1,000 l. J'ai porté un billet de 500 l. que le directeur ne voulait pas me changer. Je lui ai dit alors que trouvant son refus si peu juste, je lui observais que, pouvant demander un remboursement complet ou partiel, il aurait de l'argent à me donner, et que, ne lui demandant que cent, c'était d'autant plus raisonnable que je lui donnais une augmentation de fonds. De là, j'ai été à la *Vielleuse* m'acquitter de la commission de Godefroy pour les Benchi; puis j'ai passé le Pont-Royal, j'ai été voir Mme Hyrment. Elle n'avait rien pour mon goût. J'ai passé le Pont-des-Arts, j'ai été rue de Thionville chez Barré, commander gâteaux, etc. Revenue par la rue de Seine chez ma fruitière prendre deux poires. Revenue à la maison, j'y ai trouvé le maître de danse. J'ai trouvé le bouillon peu avancé, mais toutes les autres choses bien arrangées. Augustine a essayé le corsage de la petite Marianne, et, comme il n'allait pas bien, elle s'est rebiffée contre la taille de la petite, et a fait l'impertinente. Je lui ai donné un soufflet et ai remis en ordre ce corsage. Il va maintenant fort bien. J'avais dit de dire à Moitte que je déjeunais dehors.

Le temps est plus frais aujourd'hui. J'ai mis ma douillette neuve, rien que sur ma jupe de taffetas blanc.

Déjeuner : reste de blanquette et bouilli. Dîner : soupe grasse, bouilli, chapon au gros sel, tourte, poularde, rôti, salade, charlotte; dessert : raisins secs, figues, oranges, poires, fromage et confiture, café, scubac [1] et eau de noyau, vin de Mâcon. Mme Vankier est venue dîner avec sa fille et Mlle Le Boigne, Girault, Godefroy auquel j'ai remis l'acquisition que j'ai faite pour lui. Il m'a remis les 1 l. 10 s. que j'ai dépensés en sus; ces enfants, après tout rangé, ont dansé. La petite Herminie, qui est venue ce soir, a dansé et chanté. Je me suis couchée à une heure et demie du matin.

20 *Nivôse an* 14. *Vendredi* 20 *janvier.* — (2ᵉ leçon de forté). 2 pains 1 l. 4 s. Donné à Moitte en monnaie 8 l.

Je me suis levée après huit heures. J'ai tracassé et j'ai achevé une lettre que j'écris à Eulalie; cette

1. Liqueur spiritueuse au safran.

lettre a de l'originalité ; elle a pour dates le 29 décembre 1805, le 9, le 10 janvier 1806. J'ai soigné mon bœuf à la mode qui a été négligé hier par l'embarras du dîner. Le maître de forté est venu donner sa seconde leçon ; il viendra ce soir. Vanloo, sa femme, Mme Bruni et Bertini sont venus les premiers ; puis Bruni, Lecomte et Berthélemy ; puis Mme Sarra et ses deux filles et Rosankustre et Cracner le dernier. Bertini a joué le premier comme homme, car c'est Louise qui a commencé. Cracner a joué. Bruni a joué du violon. Rosankustre a joué une pièce de Clémenti qu'il a ratée.

Le temps est abominablement laid ; le vent, la pluie, la grêle viennent en orage. Je suis comme à l'ordinaire, mais, pour recevoir, j'aurai ma robe de taffetas de Florence attachée derrière.

Déjeuner : toutes sortes de restes d'hier, fromage. Dîner : soupe grasse, hachis et poulet froid. Ce soir, fromage, croûte de pâté, oranges.

21 *Nivôse an 14. Samedi 11 janvier.* — (1re leçon de danse ; 8e leçon de géographie). 2 pains 1 l. 4 s. Passage du pont des Arts 1 s. Lettre que j'écris à Eulalie affranchie 12 s. Eau de mélisse des Carmes 4 s. Voiture pour aller chez Mme Bret 1 l. 10 s. Herbes 6 s. Savon blanc 15 s.

Je me suis levée avant sept heures par un cours de ventre. J'ai fait de suite ma toilette et je suis sortie presqu'aussitôt après. Moitte ayant dit que je ne rentrerais pas, j'ai été par le pont des Arts chez les Vanloo, un instant. Comme je disais que j'allais chez Mme Darvin, ils m'ont chargée de

lettres. J'ai été de suite affranchir celle que j'écris
à Eulalie et ai pris la rue Verdelet, la place des
Victoires, la rue Notre-Dame-des-Victoires, la rue
des Filles-Saint-Thomas et celle Neuve-Saint-Au-
gustin. J'ai été chez Mme Darvin que je n'ai pas
trouvée d'abord, mais qui est venue peu après. Elle
a été sensible. Peu après est venue une fort belle
femme dont Mme Darvin fait le portrait. Cette
femme était accompagnée d'une jolie personne, sa
parente, et d'un enfant de quatre ans. Je m'en suis
allée et ai pris une voiture pour me faire transporter
chez Mme Bret où j'ai déjeuné, et, après avoir causé
un peu longtemps et avoir vu une très belle copie
d'un tableau du muséum faite par le jeune Mou-
tard qui ne peint que depuis un an, je m'en suis
revenue rue Turenne. J'ai pris de l'eau de mélisse,
puis j'ai gagné la rue des Petits-Augustins, le quai,
et, avant d'entrer à la maison, j'ai été chez Berthélemy, puis chez nous. Le maitre de danse est
venu quand je n'y étais pas ; il a rapporté les cachets.
On dit que M. Nepveu, le propriétaire, est venu.
Il a dit qu'il repasserait. Le maître de géographie
est venu donner sa leçon.

Le temps est toujours très-venteux, froid et né-
buleux. J'ai mis ma douillette neuve.

Déjeuner sans moi : viande et fromage. Dîner :
soupe grasse très-lavée et herbes, bœuf à la mode
réchauffé, poularde froide, bœuf à la mode froid,
fromage, oranges. Ce soir, fromage, confiture,
oranges.

22 *Nivôse an* 14. *Dimanche* 12 *janvier*. — 1 pain

12 s. Donné à Moitte en monnaie 7 l. Viande, pot-au-feu, 5 l. 12 s., foie 6 s., racines 3 s., cresson 9 s., mâches 3 s., 2 choux 4 s., champignons 12 s. A Labbé, porteur d'eau, pour avoir déménagé la cave à cause des grosses eaux, 3 l. Épinards 12 s., fromage de Brie, rue Sainte-Marguerite, 10 s., gâteau des Rois, 3 l.

Je me suis levée à huit heures. Le porteur d'eau s'est arrangé avec Louise pour déménager la cave aujourd'hui. J'ai été à la provision, à la boucherie. J'ai pris à la marchande d'herbes au marché ce qui est écrit ci-dessus. J'ai été rue Sainte-Marguerite chercher des épinards et suis revenue à la maison. J'ai mis la marmite. Nous avons déjeuné. Louise a été interrompue par les déménageurs de la cave. Augustine n'a pas déjeuné. La mère Lecœur l'est venue chercher pour aller chez sa mère. J'ai aidé ces enfants à éplucher la salade. J'ai écrit à M. Mathieu, d'Aix, pour lui demander de l'huile.

Le temps est toujours pluvieux et venteux; la rivière grossit à vue d'œil; elle est débordée et entrée sous le guichet de la rue Fromenteau. La crue est extraordinaire depuis ce matin. Cela me chagrine. Le thermomètre est à 2 degrés au-dessus de o.

Déjeuner : bœuf à la mode, bouilli froid, hachis. Dîner : soupe grasse, bouilli, gâteau des rois, omelette aux champignons, épinards, salade, poularde froide, fromage et poires. Ce soir : fromage, reste de salade, confiture. — J'ai écrit ce soir une lettre à M. de Coulmier pour savoir des nouvelles de Pibaleau.

23 *Nivôse an* 14. *Lundi* 13 *janvier*. — (3e leçon
de forté). 2 pains 1 l. 4 s. Payé le terme, les dix
jours compris, 429 l. Donné à Moitte 25 l. pour
l'Athénée.

Je me suis levée avant huit heures. J'ai fait
porter par Louise à la boîte en bas la lettre que
j'écris à M. Mathieu pour l'huile, et celle que j'écris
à M. de Coulmier pour Pibaleau. Puis nous avons
fait le ménage. Moitte s'est mis les pieds dans l'eau,
et, pendant ce temps, j'ai coupé un patron de mon
fichu canezou calicot, pour m'en faire un de mousseline et pour donner à Louise le temps d'étudier.
C'est moi qui ai repassé le linge. Moitte a consenti
à déjeuner avant que de sortir ce matin. On est
venu chercher Augustine pour le bain, qu'il était
dix heures et demie. Elle n'est revenue qu'à
près de deux heures. Le maître de forté est venu
donner sa 3e leçon. M. Nepveu est venu recueillir
le terme de Nivôse, et, pour remettre sur l'ancien
pied, il y a dix jours à ajouter pour faire partir le
terme au mois de janvier. Je lui ai donné un billet
de 500 l. Il me fera rendre le reste. Moitte, en
quittant, cet après-dîner, m'a demandé 25 l. pour
l'Athénée.

Le temps est toujours variable et venteux, froid
et pluvieux, la rivière augmente; elle est à 7. Je me
suis mise comme à l'ordinaire et ne suis point sortie
de la journée.

Déjeuner : thé au lait, gâteau, bœuf à la mode.
Dîner : soupe à la pâte, bouilli, fricassée au bouillon
et à la chapelure de pain, épinards, reste de salade

et reste d'omelette aux champignons. Ce soir, fromage et confiture.

24 *Nivôse an* 14. *Mardi* 14 *janvier.* — (2° leçon de danse). 2 pains 1 l. 4 s. Payé le blanchissage des 30 décembre et 7 janvier, 10 l. 17 s.

Je me suis levée à sept heures et demie. Comme Moitte se plaignait de la colique, cela m'a donné de l'humeur, m'a très-mal disposée. J'ai eu même plus tard une altercation avec lui sur ce qu'il ne me parlait pas et sur ma crainte qu'il ne fît comme Berthellemy, d'aller voir des filles au Palais-Royal. Il m'a répondu avec brutalité; cela m'a fait mal. J'ai accommodé le linge avec Louise, j'ai réparé les sottises à la robe brodée de Marianne. Nous avons déjeuné. La blanchisseuse est venue. Le portier est monté me rapporter le reste des 500 l. que j'avais données pour mon terme. Il m'est venu une lettre de Mme Pibaleau en réponse à ma dernière. Le maître de danse est venu me donner sa deuxième leçon. J'ai serré mon linge et j'ai travaillé à un fichu canezou que je me fais.

Le temps est toujours pluvieux et affreux; la rivière toujours grossissant. Je ne suis point sortie de la journée. Je me suis mise comme à l'ordinaire. Déjeuner : bœuf à la mode, omelette aux champignons. Dîner : soupe grasse et aux choux, bouilli, fricassée. Bœuf à la mode froid ce soir.

25 *Nivôse an* 14. *Mercredi* 15 *janvier.* — (4° leçon de forté). 1 pain 12 s.

Je me suis levée à sept heures. J'ai fait le feu. J'ai pris ces demoiselles au lit : je leur ai promis le pain sec. J'ai décousu ma vieille jupe de taffetas brun doublée pour la raccommoder et ma jupe brune ouatée à laquelle j'ai travaillé. Le maître de forté est venu donner sa 4me leçon. Louise la couturière est venue m'essayer ma robe de mousseline faite à l'Enfant. Mme Davin est venue comme j'essayais la robe. La petite Herminie a dîné à la maison. Louise a été chez le portier se plaindre des malpropretés des gens du quatrième.

. Le temps est toujours variable et mollasse. Il s'est assez soutenu, mais il fait de forts coups de vent. Je ne suis point sortie de la journée. Je me suis mise comme à l'ordinaire. Déjeuner : ces demoiselles, pain sec; et nous, bœuf à la mode, épinards et fromage de Marolles. Dîner : reste de soupe grasse et aux choux, bouilli, bœuf à la mode et pommes de terre à l'huile. Ce soir : fromage et confitures, oranges.

26 *Nivôse an* 14. *Jeudi* 16 *janvier.* — (3ᵉ leçon de danse. 9ᵉ leçon de géographie). 2 pains, 1 l. 4 s. Donné à ces enfants 3 l. Rendu à Louise 1 l. 10 s. Donné pour leur déjeuner 4 l. A Augustine pour les deux robes qu'elle a faites aux petites Pibaleau 2 l. Miel rosat 2 l. 6 s. Pont des Arts 2 s. A la couturière qui a apporté ma robe de mousseline 6 l. 4 s. Donné à Adélaïde pour vingt-deux paires de bas 7 l. 15 s. Deux livres de haricots 12 s. Autant de lentilles 14 s. Un quarteron d'œufs 1 l. 16 s. Deux livres de beurre 4 l.

Je me suis levée avant sept heures. J'ai été éveiller ces enfants. J'ai fait le feu, et je me suis mise de suite à raccommoder mon jupon de taffetas brun houlette. J'ai même déjeuné avant que d'être vêtue. La couturière est venue avant le déjeuner m'apporter ma robe de mousseline unie faite à l'Enfant. Je l'ai soldée, nous avons déjeuné, et Louise a achevé mon jupon pendant que je finissais avec Moitte. J'ai fait ma toilette. Le maître de danse est venu. J'ai fait monter la portière pour garder ces enfants. J'ai écrit une lettre à l'accordeur et elle a été mise à la poste comme je descendais avec Louise. Nous avons pris le Pont-Royal, le Carrousel, la rue de Rohan. Chez mon ancien fruitier je commande haricots, lentilles, beurre et œufs. Puis j'ai été au Palais-Royal chez Mme Hyrment où j'ai acheté un poulet, puis rue Neuve-des-Petits-Champs chez M. Godefroy, marchand de musique imprimée où je me suis abonnée pour 12 numéros. Revenues par le Palais-Royal nous avons rencontré Marguerite G. et son fils. J'ai été chez Mme Hyrment, puis chez l'apothicaire, et puis, revenues, nous avons préparé le poulet. Adélaïde est venue. Nous allions dîner. Elle a rapporté des bas. Je l'ai soldée. Il est venu un homme pour engager Moitte à souscrire à des dessins de Fragonard. Moitte n'a pas voulu. Gaule est venu ce soir, il a montré sa découverte d'une chose qui, dit-il, ressemble au marbre. Le maître de géographie est venu donner sa 9e leçon. J'ai un peu dessiné ce soir, et assez mal.

Le temps est toujours fort laid et la rivière augmente toujours, elle est dans ma cave, et elle est à

2 points et demie de moins qu'à 7. J'ai mis deux caleçons, ma jupe brune que j'ai racommodée et ma
robe noire à la maison, comme à l'ordinaire. Déjeuner : pain sec, bœuf à la mode. Dîner : soupe aux
herbes, poulet gras et bœuf à la mode.

27 Nivôse an 14. Vendredi 17 janvier. — (5ᵉ leçon de forté). 2 pains 1 l. 4 s. Pont des Arts 1 s.
Deux limandes 1 l. Saumon frais 3 l. Six bottes de
cresson 4 s. Salade d'escarolle 3 s. Un boisseau de
pommes de terre chez mon ancien fruitier 1 l. Payé
l'ancien épicier de ce que je lui devais 63 l. 15 s.

Je me suis levée à sept heures. J'ai fait une toilette provisoire et suis allée par le pont des Arts,
où j'ai demandé si la rivière était diminuée. On la
dit un peu diminuée. J'ai pris le Louvre et la rue
du Chantre, la rue St-Honoré, et ai été chez
Mᵐᵉ François, fruitière, où j'ai pris saumon et limandes et salade. De là, j'ai été chez l'épicier ancien
le payer. Sa femme n'était pas encore levée. Il m'a
donné du bonbon pour mes filles. J'ai été chez mon
ancien fruitier, le solliciter d'envoyer les pommes de
terre et d'y joindre un peu de persil. Il m'a donné
du persil, les pommes de terre étant chez moi. Je
suis revenue par le Pont-Royal pour examiner les
dégrés de la crue de l'eau. J'ai vu qu'elle était
baissée d'hier, voyant facilement le troisième. Revenue à la maison, nous avons déjeuné ; puis je me
suis mise à achever de découdre ma robe brune que
je me dispose à faire en douillette. Puis Mᵐᵉ Hendier est venue pour voir sa fille. Elle m'a ôté les
fils de la robe. J'ai pris un patron en grand de ma

douillette. Le maître de forté est venu donner sa cinquième leçon. Il m'a promis de venir ce soir. Nous avons tout nettoyé et préparé pour recevoir. Taunay était bien contrarié de ne pouvoir rester. Moitte est sorti avant qu'il vînt du monde.

J'ai fait rester Taunay qui, tout de suite après, s'en est allé par l'arrivée des Peyron. Perrin est venu faire les excuses de ses femmes. Madame Sarra est venue avec sa petite faire les excuses de sa fille et nous assurer de la visite de Rosankustre; Lecomte, Berthélemy et Franconville sont venus. Dumont est venu, Vanloo et Mme Campana ainsi que Gibelin [1] sont venus; Cracner et enfin Rosankustre, si tard que Mme Sarra s'en allait, la voiture du Prince la venant chercher. On a chanté et dansé. La soirée était fort agréable.

Le temps a été variable, mais il s'est assez soutenu. Je me suis mise pour recevoir comme vendredi dernier.

Déjeuner : pain, bœuf à la mode, poulet, fromage. Dîner : soupe aux haricots et aux herbes, haricots, limandes, saumon frais, salade. Ce soir : salade, confiture et oranges.

28 *Nivôse an* 14. *Samedi* 18 *janvier.* — (4º leçon de danse ; 10º leçon de géographie.) 3 pains 1 l. 16 s. Donné à Moitte pour le modèle d'hier et pour lui 18 l. et 2 l. en monnaie ; musique d'un duo italien pour être chanté avec Rosankustre, 3 l. Foie 8 s. Racine 3 s. Cresson doux 7 s. Escarolle 4 s.

1. Gibelin, peintre et littérateur, auteur de fresques à l'Eglise Saint-Louis-d'Antin, à l'Ecole de médecine, etc.

Encre 12 s. Epinards 15 s. Poivre de deux sortes. 11 s. Donné à Bordier à-compte 71 l. Fromage de brie 10 s. Pont des Arts 2 s. Viande 12 l. Au marché 4 l. Pot-au-feu et gigot 8 l. 8 s. A ces enfants pour leur déjeûner aujourd'hui et hier 7 s.

Je me suis levée à sept heures. J'ai fait le feu et ma toilette. Je suis sortie avec Augustine. J'ai pris le pont des Arts, la rue du Chantre, le Palais-Royal, la rue Vivienne, le passage Feydeau, le passage du Panorama, le boulevard, été chez un marchand de musique, prendre le duo italien que Rosankustre a indiqué. Revenue par le boulevard. J'ai pris le long de la rue Richelieu, et pris la rue Colbert, la rue Vivienne, le Palais-Royal, été chez Mᵐᵉ Bassé pour des rubans qu'elle n'avait pas. J'ai été chez la fruitière François pour voir si elle avait des limandes. Elle n'en avait pas. J'ai été chez Mᵐᵒ Guinguin acheter des épinards. Revenue chez la mercière de Louise où Augustine a fait affaire pour son ruban. J'ai été rue de Richelieu chez Niodet le fils, chercher de l'encre. Il est mort depuis peu et le père n'est pas mort. J'ai été chez mon ancien épicier, puis chez nous, par le Pont-Royal. La rivière n'est point baissée d'hier. Après le déjeûner je suis sortie seule et suis allée au marché, d'abord à la boucherie en foie et chez la marchande d'herbe. De là, j'ai été chez les Bordier leur porter 71 l. Revenue à la maison, j'étais toute malade. J'ai appris que Labarre, architecte, est venu pour me faire visite. Il a été à l'atelier de Moitte. Rentrée, j'ai écrit ma dépense. J'ai appris à l'arrivée de Moitte pour dîner que son frère avait été nommé par l'Institut pour la Ville de Dijon. J'ai reçu une lettre de Sauvage qui marque à Moitte d'aller en avant pour le dessin. Philibert est venu ce soir, Moitte l'a invité à dîner demain. Je lui trouve toujours la tête assez baroque, mais tel il est né, tel il mourra. Le maître de géographie est venu donner sa 10ᵉ leçon.

Le temps a été assez agréable. Je me suis mise comme à l'ordinaire. Déjeuner : pain, bœuf à la mode, fromage, sauce de limande, reste de saumon frais. Dîner : soupe aux herbes, pommes de terre, omelette, salade, épinards frais. Ce soir : confiture, fromage.

29 *Nivôse an* 14. *Dimanche* 19 *janvier.* — 2 pains 1 l. 5 s. Lait (je le dois à la portière).

Je me suis levée au coup de sept heures. J'ai fait le feu. J'ai mis la marmite. J'ai décousu et préparé de quoi me faire une douillette de mon jupon. Je n'ai pas sonné Louise, elle est venue d'elle-même. J'ai tracassé dans mes paquets ; enfin nous deux Louise nous avons beaucoup occupé notre temps pour le ménage, repassé nos étoffes. M. Philibert est venu dîner. J'ai mis du tabac, que j'avais en réserve, dans la bouteille. Nous avons joué le soir au brelan courant et à l'as qui court. J'ai gagné la poule du brelan et c'est Taunay qui a gagné celle de l'as qui court. Berthellemy est venu ; nous avons attendu vainement Franconville.

C'est aujourd'hui nouvelle lune et le temps paraît être toujours le même ; il pleuvait beaucoup ce matin, et le reste de la journée n'a pas été fort laid. Je me suis mise comme à l'ordinaire, d'abord, et pour la première fois j'ai mis pour dîner ma redingote anglaise à petites manches brunes sur ma robe vert antique. Je ne suis point sortie de la journée.

Déjeuner : thé, beurre, reste bœuf à la mode, fromage, lait. Dîner : soupe grasse, bouillon, gigot rôti, pommes de terre en salade, épinards frais et deux poires. Ce soir : fromage, confiture, reste d'omelette, reste de poulet et orange. J'écris ceci à minuit et je me couche.

30 *Nivôse an* 14. *Lundi* 20 *Janvier.* — (6e leçon de forté). 2 pains 1 l. 5 s. Payé un mémoire de la portière de choses fournies ; et pour garder ces enfants 3 l. Oignons de jacinthes 4 l. 8 s. Payé le marchand de vin Villard pour deux voyages de 12 bouteilles de vin chaque, à 12 s., 14 l. 8 s.

Je me suis levée à sept heures 1/2. J'ai fait mettre la grande table dans la chambre pour travailler à la douillette que je me prépare. Moitte a écrit à Michelli. Je voulais épargner une demi-feuille de papier ; il n'entend pas cette économie et m'a brusquée. Il a pourtant, à ma demande, jugé à propos de déjeuner avant que de partir. Je ne me suis occupée que de mes guenilles. Louise et Augustine sont parties pour m'avoir deux beaux thuyas, Augustine ayant eu hier deux vases en forme et couleur étrusques. La portière est montée pour aider ces demoiselles et tripoter tout ce jardinage. Je lui ai fait donner la robe à mouche de Pibaleau destinée pour Emilie et lui ai demandé son mémoire. C'est la petite aînée qui m'a apporté ce mémoire. Je l'ai soldé et j'ai ajouté 3 l. pour sa garde pour les enfants. J'ai compté le nombre de fois qu'elle est venue ; je n'en ai trouvé que quatre. Je croyais que cela passait cinq. J'ai passé une mauvaise nuit que j'attribue d'abord au temps effroyable qu'il fait et à avoir eu la séance d'une demi-journée de Philibert. Villard est venu m'apporter 12 bouteilles de vin. Je l'ai soldé pour ce voyage et pour le dernier. Le maître de forté est venu donner sa 6ᵉ leçon.

Le temps est au vent et à la pluie. Je me suis mise comme à l'ordinaire.

Déjeuner : épinards, bouilli, fromage et reste de saumon. Dîner : Soupe grasse, bouilli et gigot fricassé, reste de pommes de terre fricassées et à l'huile. Ce soir : fromage, confiture et épinards froids.

1ᵉʳ *Pluviôse an* 14. *Mardi* 21 *janvier*. — Souverin a apporté les dix jours pour gagner le mois de janvier; 58 l. d'arrérages du Mont-de-piété 2 pains 1 l. 4 s. Porté au mont-de-piété 100 l. Dindon 5 l. Donné à Souverin pour ses étrennes 6 l. Ouate pour ma douillette 2 l. 10 s. Donné à Moitte pour de la terre et le port 16 l. 16 s. Donné à Louise 1 l. Chez mon ancien fruitier, mâche salade 6 s. Jambon 1 l. 1/2 et chair de saucisse 2 l. 14 s. Truffes chez Mᵐᵉ Hyrment 3 l.; 2 oranges 1 l. Sirop de capillaire 1 l. 15 s.; 1 rame de papier à écrire 7 l. 10 s.

Je me suis levée à sept heures. J'ai fait ma toilette, voulant sortir de bonne heure, mais Moitte

ayant à prendre son bain de jambe, et ayant accommodé notre linge, Moitte a déjeuné avant de sortir et cela nous a amené un peu tard. J'ai pris le
Pont-Neuf, la rue Boucher, la rue des Bourdon-
nais, la rue Aubry-le-Boucher, la rue Sainte-Croix-
de-la-Bretonnerie, j'ai été à la caisse des employés
m'informer s'il était encore temps de se faire payer
du semestre de Vendémiaire. J'ai le temps jusqu'au
28 février. Ils m'ont donné le mode d'un autre
placement. De là, j'ai été au Mont-de-piété, renouveler ce qui ne sera échu que le 23 janvier, qui est
un effet de 900 l. dont j'ai reçu les intérêts se montant à 58 l. 10 s. et j'ai augmenté de 100 l. Je suis
revenue le long de la rue Saint-Honoré. Je me suis
arrêtée chez le papetier Chauvin demander une
rame de papier à 7 l. 10 s. J'ai prié qu'on me l'en-
voyât à la maison. J'ai continué mon chemin jusqu'au Palais-Royal, ai été chez Mme Hyrment où
j'ai acheté une demi-livre de truffes et 2 oranges,
et je l'ai priée de me faire porter ce que j'allais chercher autre part. J'ai été chez les mercières de
Louise demander de la ouate ; puis chez le charcutier, chez ma marchande de volaille, chez le con-
fiseur Guillebert et retourné chez Mme Hyrment
où j'ai été porter tous mes paquets. Revenue par la
rue de Rohan chez la mercière Daniel prendre du
cordonnet noir pour mes coutures, puis chez mon
ancien fruitier prendre de la salade et suis revenue
par le Pont-Royal pour examiner la hauteur de la
rivière qui n'est plus qu'à 6, 2 points. Rentrée à la
maison. Souverin était venu ce matin nous ap-

porter les dix jours pour partir du mois de janvier. Je lui ai donné ses étrennes. Rentrée, dis-je, à la maison, nous avons épluché la salade ; on a apporté ma provision et nous avons arrangé le dindon. Louise est très-fatiguée d'un rhume. Elle s'est couchée après le dîner. Le maître de danse est venu donner sa 5e leçon et le maître de géographie est venu donner sa 11e leçon. Gaule est venu pour aviser avec Moitte ce qu'il pourrait faire pour se garer de Chaudet qui poursuit un ouvrage sur lequel lui, Gaulle [1] semble avoir des droits légitimes. C'est la statue de l'Empereur que Molinon, architecte, veut lui procurer. J'ai renversé de l'encre sur mon bureau. Je crains qu'il ne le tache beaucoup.

J'ai écrit à Cracner, le maître de forté, pour l'empêcher de venir demain. J'ai monté la pendule à près de minuit.

Le temps est toujours mou, pluvieux et venteux. Je me suis mise comme à l'ordinaire. La rivière est à 6, 2 points.

Déjeuner : gigot fricassé, fromage, reste de pommes de terre à l'huile, épinards, et vieux reste de salade. Dîner : soupe grasse, bouilli, fricassée avec gigot, dindon à la broche garni d'une farce avec des truffes. Ce soir, fromage.

2 *Pluviôse an* 14. *Mercredi* 22 *janvier.* — (Point de leçon de forté). 1 pain 12 s. Donné à Moitte 12 s. en monnaie. Viande, pot-au-feu et aloyau 15 livres et demie 10 l. 17 s. Foie 6 s. Cresson 15 s.

---

1. Gaulle, sculpteur, auteur de la *Statue de Louis XVI à genoux*, à l'Église de Saint-Denis.

Choux, lard 2 s. Pont des Arts et porte 1 s. Clous de girofle chez mon ancien épicier 10 s. Donné à ces enfants leur pain sec et leur semaine 15 s.

Je me suis levée à sept heures 1/2. Je n'ai point voulu faire éveiller ces demoiselles. Louise est entrée avant que je fusse levée. C'est Moitte qui a fait le feu. Le temps est si doux qu'il n'y a aucune presse de se chauffer. J'ai fait mettre des papillottes à ma perruque à Louise, n'en ayant pas mis hier, et j'ai mis la perruque qui n'a jamais été frisée. J'ai fait ma toilette et je suis allée à la provision à la boucherie en face. J'avais été chez la marchande d'herbes du marché d'abord. Puis je suis allée dans mon ancien quartier par la rue Sainte-Marguerite, la rue de l'Abbaye, la rue Jacob, la rue des Saints-Pères, la rue de Lille, la rue du Bac, le Pont-Royal où j'ai vu la marque de la rivière. Elle est à 6, elle a beaucoup baissé cette nuit. J'ai passé, au bout des Tuileries, le Carrousel, j'ai été chez mon ancien épicier, chez mon ancien charcutier, puis je suis revenue le long de la rue Saint-Honoré, la rue du Chantre, le Louvre, le Pont des Arts, puis à la maison. J'ai procédé à la cuisine. Moitte était à la maison ; il écrivait une lettre que j'ai transcrite et que j'ai fait partir. J'ai donné des graisses à la portière. C'est Louise qui les a apportées elle-même. Mme Vanloo est venue pour nous voir parce qu'elle savait que Louise était malade. Mon bureau n'est pas du tout taché.

Le temps est très doux et s'est soutenu ; la rivière est très-baissée ; on voit distinctement le 6. Je me suis mise comme à l'ordinaire. Déjeuner : dindon, fromage, orange et pain sec. Dîner : soupe grasse, bouillon, jambon, dindon et reste de salade, deux poires. Ce soir, fromage.

3 *Pluviôse an* 14. *Jeudi* 23 *janvier.* — (6me leçon de danse). 2 pains 1 l. 4 s.; donné à Moitte pour mouler bras ou mains de son modèle d'homme 4 l. et monnaie 14 s.

Je me suis levée avant sept heures. J'ai fait toilette pour rester à la maison et beaucoup travailler, mais le sort en a disposé autrement. Le portier est monté avec deux lettres, l'une à laquelle il a fallu que je fisse une réponse est de Mme Pibaleau, arrivée ce matin à Paris, me prévenant de préparer ses petites à la voir, et l'autre de Bassac qui me demande de m'intéresser à lui pour une place. J'ai prévenu les petites qui sont bien contentes de cette arrivée. J'ai travaillé à la doublure de la douillette que je me fais. Le maître de danse est venu donner sa 6me leçon. La petite Herminie n'est point venue. Mme Pibaleau est arrivée à près de trois heures; elle m'a apporté une dinde et des truffes. Elle a dîné. Elle a écrit à M. de Coulmier, et elle a emmené ses filles pour coucher avec elle. Gaule est venu ce soir pour chercher la lettre que j'ai transcrite hier. Il se trouve que je l'ai mise à une adresse fausse, et qu'il a fallu la transcrire de nouveau. Mme Bordier est venue seule à l'issue de notre dîner. Elle a joué avec Louise. Son mari est venu la chercher ce soir. Moitte a été chez Mme Campana.

Le temps a été variable, toujours doux; il a fait

beaucoup de vent. Je me suis mise comme à l'ordinaire et ne suis point sortie de la journée. Déjeuner : dindon, fromage. Dîner : soupe grasse, aloyau rôti et abatis aux pommes de terre. Ce soir : fromage et confiture.

4 *Pluviôse an* 14. *Vendredi* 24 *janvier*. — (7me leçon de forté).

Je me suis levée à sept heures. Nous avons procédé de suite à arranger les truffes. C'est Louise et Augustine qui les ont lavées. Je suis sortie pour aller prendre des renseignements sur la manière d'arranger une dinde aux truffes. En sortant, j'ai commencé par aller chez Berthellemy savoir s'il viendrait ce soir, et m'en suis allée chez Mme Hyrment par le Pont des Arts. De chez elle, j'ai été chez le charcutier, et de chez lui j'ai été chez mon ancien épicier par le Pont-Royal pour voir les degrés du baissement de la rivière. J'ai rencontré la mère Le Cœur qui m'a annoncé la mort de la grand'mère d'Augustine, et m'en suis revenue vite à la maison où, après avoir déjeuné sans les petites ni la mère Pibaleau, je me suis mise à arranger la dinde et l'ai placée dans le salon. Ces dames sont arrivées pour dîner, puis nous avons fait nos préparations pour recevoir. La petite Herminie était venue ce matin, et quand on l'est venue chercher pour dîner, on m'a annoncé par une lettre que Mme Sarra ne viendrait pas ce soir. Gaule est venu nous prévenir que la lettre écrite avait été rendue à sa véritable adresse. Taunay est resté à la société. Il est venu ce matin m'emprunter 200 l. Cela m'a contrariée.

Les Peyron [1] sont venus ; Berthélemy, Naigeon [2], Vanloo, Girault, Le Mosnier. Moitte a été faire un tour avant que la société vînt. Gibelin est venu. Ces enfants ont dansé et fait de la musique. Il y a des caquetages des Peyron et des Perrin : cela m'ennuie. Mme Pibaleau a emmené ses filles ce soir tard. C'est Taunay qui les a reconduites.

Le temps s'est assez soutenu. Je me suis mise comme à l'ordinaire, et, pour recevoir, ma robe qui s'attache derrière. La rivière est à trois points sous le 6.

Déjeuner : Dindon, jambon. Dîner : Soupe aux choux et grasse, le bœuf à l'étouffée et aloyau froid, confiture et orange, vin Benchi, café. Ce soir, fromage, confiture.

Le maître de forté est venu donner sa 7ᵉ leçon. Ne lui ayant point parlé de venir ce soir, il n'est point venu.

5 *Pluviôse an* 14. *Samedi* 25 *janvier.* — (7ᵉ leçon de danse. 12ᵉ leçon de géographie). 2 pains. Fromage de Brie 10 s. Salade 10 s. Port d'une lettre que j'écris à Adélaïde, 2 l.

Je me suis levée à sept heures passées. J'ai fait mon tracas de robe. Je suis sortie pour aller chez la fruitière chercher fromage et salade. Mme Pibaleau est arrivée après-midi, apportant une cloyère d'huîtres. Elles n'ont point déjeuné et ne voulaient pas dîner, mais nous les avons sollicitées de venir

---

1. Peyron, peintre et graveur, auteur de la *Mort de Sénèque.*
2. Naigeon, peintre, on lui doit les deux grands bas-reliefs en grisaille, dans la galerie du Luxembourg.

prendre leur part des bonnes huîtres. J'ai travaillé à ma robe ainsi que Louise avec laquelle j'ai eu quelque altercation sur le peu de temps qu'elle se trouve pour étudier, comme moi sur l'impossibilité de me livrer à l'art de la peinture. Elle a travaillé fort. Elle a donné leçon aux petites qui ont aussi pris devant la mère leur leçon de danse. J'ai écrit à Adélaïde, afin qu'elle s'abouche avec Mme Pibaleau pour Charenton. Le maître de danse est venu donner sa 7e leçon. J'ai eu une grande querelle avec Herminie sur la journée d'hier, parce que, s'informant à Louise et Augustine si elles s'étaient amusées, sur ce qu'elles ont vanté la société et qu'elle a répondu : « Vous allez me faire des fagots ! ». J'ai fait la fâchée, et pourtant je me suis raccommodée avec elle, et elle mangera des huîtres. J'ai eu une altercation très-vive avec Moitte parce qu'il se plaignait d'un bandeau sur les yeux, et comme je lui observais que Mme Pibaleau commençait déjà son effet, il m'a brutalisée. Je me suis mise dans une telle colère qu'il a été effrayé et est devenu plus aimable. Mme Pibaleau est arrivée que j'étais encore dans mes crises, et nous avons été dîner. Taunay s'en est allé de suite après le dîner. Le maître de géographie est venu donner sa 12e leçon. C'est lui qui a conduit Mme Pibaleau et ses petites à son hôtel.

Le temps a été assez agréable. Il fait un peu de vent. Je me suis mise comme à l'ordinaire.

Déjeuner : Aloyau, fromage, huîtres. Dîner : Soupe grasse, hachis des restes de dindon, un peu d'aloyau bouilli, aloyau froid, salade, omelette. Ce soir : confiture, orange et fromage. Avant 11 heures nous étions couchées. Après le dîner, nous avons pris le café, et, Moitte parti, j'ai fait goûter, à Mme Pibaleau de l'eau de noyau et du scubac ainsi qu'à ces enfants et à M. Leblanc.

6 *Pluviôse an 14. Dimanche* 26 *janvier.* — 2 pains 1 l. 4 s. Viande, 8 l. Pot au feu, 7 l. Poulet, 1 l. 15 s. Foie, 6 s. Navets de Freneuse, 10 s. Racines, 2 s. Cresson, 6 bottes, 3 s. Il y a eu du lait par la portière.

Je me suis levée à sept heures 1/2. Après ma toilette faite, j'ai été à la provision, d'abord chez la fruitière, puis au marché, à la boucherie, chez la marchande de volaille ; au foie, et revenue. J'ai été chez ma fruitière et revenue. J'ai mis la marmite. Je me suis trouvée seule avec Louise, parce qu'on a envoyé chercher Augustine et que les petites ont couché chez leurs mères. Ces dames sont venues parce qu'elles croyaient qu'Adélaïde les attendait, mais elle n'a pas tardé, et elles sont parties pour Charenton. Pendant ce temps, nous nous sommes occupées de la cuisine. Louise a un peu étudié et moi j'ai commencé à écrire ma dépense. Les petites sont restées avec nous. Enfin, à quatre heures, Adélaïde est venue me dire que ces dames étaient à leur hôtel, qu'elles ne viendraient pas, pour éviter à la malade la fatigue. Adélaïde venait chercher les petites, c'est moi qui les ai conduites, pour voir Pibaleau. Elle paraît en bonne santé, mais indifférente. Je suis revenue, et Adélaïde a dîné avec nous.

Nous avons joué au brelan courant ; c'est Taunay qui a gagné la première poule. Franconville es venu, il a joué avec nous ; puis nous avons joué à l'as qui court. Louise a gagné deux poules. M. Veyre, architecte, est venu fort tard parler des dessin commandés. Nous avons soupé.

Le temps a été froid. Il avait plu la nuit en orage. Je me suis mise comme à l'ordinaire, puis j'ai mis ma petite redingote grise à manches brunes. Déjeuner : thé et lait, fromage et cervelas. Dîner : Soupe grasse, veau bouilli, haricots aux navets, fromage. Ce soir, fromage et confiture.

7 Pluviôse an 14. Lundi 27 janvier. — (8e leçon de forté). 1 pain 12 s.

Je me suis levée à sept heures 1/2. J'ai fait ma toilette avec le dessein de sortir pour changer un billet, et, Moitte parti, j'ai pris la résolution de sortir. J'ignorais qu'il pleuvait, j'allais rentrer n'ayant pas de parapluie et ayant mal aux dents ; la portière m'a offert un parapluie. Je suis ressortie, et, le vent m'ayant tourmentée, je suis rentrée pour ne plus sortir, et j'ai travaillé à ma douillette projetée. Moitte, en arrivant à déjeuner, m'a raconté que Caroline avait été insultée par un jeune homme de l'Académie, qu'il en était résulté un saisissement qui pourrait lui devenir dangereux. Le père est à la poursuite du drôle. Moitte nous a dit à dîner que le quidam était connu et qu'on allait dresser sa plainte. Taunay travaille ce soir à la maison aux dessins de la Légion d'honneur. Le maître de forté est venu donner sa huitième leçon.

Le temps est toujours affreux et il fait froid. Je me suis mise comme à l'ordinaire. Cela fait environ 92 fois que je mets ma douillette de Clémentine.

Déjeuner : Lait, reste de salade et d'omelette. aloyau froid, fromage. Dîner : Soupe grasse, reste de haricots d'hier, aloyau froid, fromage. Ce soir, fromage et confitures.

Ma douillette à collet de velours noir a été portée 10 fois.

8 *Pluviôse an* 14. *Mardi* 28 *janvier* — (8e leçon de danse. 1re leçon de géographie). Pain 12 s. Donné à Mme Michelli, pour moulage, à-compte 60 l. en écus de six constitutionnels 1. Donné à Moitte pour achat de terre 12 l. A la blanchisseuse, pour le blanchissage du 14 au 21 janvier, 8 l. 7 s. Commandé un plat de fricandeau à l'oseille.

Je me suis levée à sept heures. J'ai accommodé le linge et j'ai fait beaucoup de tracas, tant pour chercher du fil que j'avais perdu que du jus de ré-glisse dans un cornet de papier. J'ai écrit une lettre à Jean pour qu'il me débarrasse la malle des Pi-baleau et qu'il me monte du bois. J'ai chargé Laurent de cette lettre pour qu'il la remette à son adresse. J'ai donc pour cet effet rangé du bois dans l'armoire du côté du lit. Mme Sarra est venue. Je lui ai donné soixante francs en beaux écus consti-tutionnels; puis, après, j'ai travaillé à ma douillette projetée. Le maître de danse est venu. Les petites n'y étaient pas. Il a donné sa 8e leçon. Toutes les

1. Ecus à l'effigie de Louis XVI, portant au revers les mots : *Constitution* et *Règne de la loi.*

Pibaleau sont venues dîner. La pauvre ancienne ne me paraît pas bien du tout, elle conserve dans son âme un chagrin profond et je crois que la jalousie la ronge. Le maître de géographie est venu donner sa 1ʳᵉ leçon. Je lui dois les douze cachets échus. Mᵐᵉ Pibaleau n'est pas contente de la manière dont j'entretiens ses filles ; cela ne m'étonne nullement. Cette famille-là me fatigue cruellement.

Le temps est toujours épouvantable; je crois que la rivière a augmenté. Je me suis mise comme à l'ordinaire. Déjeuner : Jambon, cervelas, reste d'omelette et de hachis. Dîner : Soupe grasse, fricassée de bouilli, fricandeau et poulet rôti, confiture. Ce soir, très petit reste de fromage et confiture. J'ai écrit ma dépense ce soir et une lettre au cousin Thibaudier. Il est minuit trois quarts.

9 *Pluviôse an* 14. *Mercredi* 29 janvier.—(Point de leçon de forté). 1 pain 12 s. Fromage de Brie 10 s. Herbe 6 s. Changé un billet de 500 fr. : 1 l. 10 s. Acheté au *Masque de Fer* 10 aulnes de toile de Jouy pour les petites Pibaleau, 30 l. Niaiserie de peignes, d'étuis en tulipe 27 l. 15 s. Chez Mᵐᵉ Bari, ruban de perles 6 s. Pont des Arts 2 s. Payé Jean pour le montage du bois et l'arrangement du grenier 1 l. 10 s.

Je me suis levée à sept heures 1/4. Moitte murmurait d'aller en députation chez l'Empereur avec l'Institut. Je lui ai observé qu'étant fait pour éprouver des contrariétés, il fallait être homme comme un autre, et enfin s'accoutumer à prendre une contrariété pour mieux goûter les choses de bonne volonté. Je me suis arrangée pour sortir et aller changer un billet, puis j'ai été chez les Vanloo. Comme j'y ai trouvé du monde, je n'ai point demandé à déjeuner. Vanloo prend le rhume; il m'a promis de venir vendredi dîner s'il n'était pas pris de la grippe. J'ai vu chez lui une dame flamande, puis une cousine fort bien de figure, puis ensuite une dame très-grande et fort belle. J'ai été au *Masque de Fer* acheter une robe pour les petites. J'ai vu plusieurs autres choses qui ne m'ont pas tentée. De là, je suis retournée au Palais-Royal, où j'ai été chez Mme Bari acheter une parure pour Louise et chez une marchande de peignes en acheter pour les petites Pibaleau, et autres petites babioles pour toutes mes jeunes personnes, pour Pibaleau et sa mère. Je portais ces paquets avec mon argent changé, j'étais très fatiguée. Comme je rentrais, j'ai rencontré, près du pont des Arts, Mme Mariano et Caroline qui venaient chez nous. J'ai donné à Caroline mon paquet à porter, et, en arrivant à la maison, j'ai appris que Clémentine, Mme Muneret, était venue, avec sa sœur Magdelaine, m'apporter l'exposé de l'aventure de Caroline fait par Muneret. J'ai trouvé Adélaïde à la maison, j'ai fait la lecture de cet exposé. Alors j'ai recommencé la rédaction et j'ai signé pour Moitte, attestant la sagesse des filles de Mariano. J'ai demandé un morceau de pain que j'ai mangé en écrivant, et ces femmes parties, j'ai été chez Mme Pibaleau savoir si elle viendrait dîner et porter aux enfants leurs peignes et les petits bijoux que j'ai distribués entre la mère et les trois filles. Elles m'ont forcée à partager leur dîner. J'ai appris que l'Empereur devait aller chez Moitte. Cependant, quand ces messieurs sont arrivés pour dîner, j'ai appris qu'à la députation de l'Institut, l'Empereur les a très-bien reçus, et qu'il a parlé à plusieurs d'entre eux et à Moitte d'une manière fort gracieuse, et qu'il avait promis de l'aller voir à son atelier pour voir des choses dont il avait entendu faire de grands éloges. Adélaïde a dîné à la maison; moi je n'ai mangé que de la soupe, ayant été dérangée par mes mangeries partielles. J'ai pris du café et cela m'a fait bien. Gaule est venu ce soir, cela a retardé Taunay pour dessiner le soir. Enfin Moitte est sorti et l'a emmené. Berthellemy est venu ce soir parler de l'affaire Mariano; nous lui avons fait du thé.

Le temps a été un peu moins laid, aujourd'hui, mais plus froid. La rivière est beaucoup grossie cette nuit, et, dans le jour j'ai mis ma petite redingote de toile anglaise grise à manches brunes et mon schall bleu, mon voile brodé dernièrement par Louise.

Déjeuner : Reste de haricots aux navets, jambon, etc.

Dîner : Soupe aux herbes et aux jaunes d'œufs, les restes d'hier et du café. Ce soir, fromage et confiture.

10 *Pluviôse an* 14. *Jeudi* 3o *janvier*. — (9ᵉ leçon de danse).— 2 pains 1 l. 4 s. Viande 14 l. 1/2. Pot-au-feu, morceau de veau 8 l. Foie 6 s. Cresson, 12 bottes, 8 s. Racines 3 s. Dix saucisses 1 l. 1o s.

Beurre 2 l. 10 s. Salade de mâches 6 s. Lait 5 s. Betteraves 2 s. Épinards 12 s. Donné en avance au maître de danse 27 l.

Je me suis levée à sept heures. J'ai tracassé et ai rechangé le rangement du bois dans mon armoire. Moitte, qui attendait l'Empereur, a fait préparer notre déjeuner de bonne heure, puis j'ai fait ma toilette et je suis allée à la provision, ayant attendu qu'il cessât de pleuvoir. J'ai été à la boucherie, au foie, puis chez ma fruitière et ensuite à la maison. Le maître de danse y était et donnait sa 9ᵉ leçon ; il m'a demandé le mois d'avance. Nous avons épluché la salade. J'oubliais de dire qu'en quittant le marché j'ai été chez le charcutier prendre des saucisses. Après la salade épluchée, j'ai un peu travaillé à ma douillette projetée. Puis ces femmes Pibaleau sont venues. Louise a reçu en présent un fichu palatine bordé de cygne. Pibaleau conserve toujours son caractère indéfinissable ; elle est très-sombre et son visage est enflammé. Enfin ! Elles doivent partir après-demain ! Dieu les bénisse, mais elles ne sont pas parties.

Le temps est toujours affreux et la rivière a grossi. Je me suis mise comme à l'ordinaire. Déjeuner : Reste de fricandeau, bouilli, fromage et pain sec. Dîner : Soupe aux lentilles, aux herbes, saucisses, bouilli, rôti de veau, salade, lentilles, fromage et confiture. Ce soir, fromage et confiture. Moitte a reçu l'Empereur chez lui. Dejoux a eu aussi cet honneur.

11 *Pluviôse an* 14. *Vendredi* 31 *janvier.* — (9ᵉ le-

çon de forté). Pain 13 s. Petits choux flamands 1 l. 10 s. Chez Mme Hyrment, gâteau d'amande 2 l. 10 s. Six poires 1 l. 10 s. Six pommes 9 s. Miel rosat 2 l. 5 s. Lard gras 1 l. Lacet pour Louise 4 s. Fromage de Gruyère 1 l. 4 s. Pruneaux 17 s. Figues sèches 17 s. Rechangé un petit étui fait en gland pour un baril comme celui d'Émilie 1 l. 15 s.

Je me suis levée à sept heures. J'ai fait le feu, j'ai mis la marmite, et, assez mal à l'aise, je n'ai point mis de promptitude, et, à l'heure du déjeuner je n'étais point encore sortie, et la marmite ne faisait qu'écumer. Aussitôt après, j'ai d'abord été chez Berthélemy qui m'écrivait pour m'apprendre que Dumières m'amènerait Plantade. Je l'ai invité à venir manger sa part d'une dinde aux truffes. J'en ai promis à la mère Berthellemy. Je suis passée le pont des Arts et j'ai gagné le Pont-Royal, j'ai été chez Mme Hyrment acheter un gâteau aux amandes. Je le lui ai laissé et j'ai acheté une livre de petits choux flamands, puis j'ai été changer un petit bijou pour un autre chez celui où j'ai acheté tant de choses. J'ai été chez les mercières de Louise et chez mon ancien charcutier, puis retournée au Palais-Royal chez Mme Hyrment qui avait cassé une des petites bouteilles du miel rosat. Elle a envoyé son fils m'en acheter une autre et j'ai été chez l'apothicaire; puis, revenue prendre le paquet chez Mme Hyrment et gagné la rue Saint-Honoré. Je me suis arrêtée chez un épicier marchander des pruneaux et du raisin. Je n'ai point fait affaire et me suis acheminée vers la maison, passant le pont des Arts.

Je suis montée : Cracner, le maître de forté, était à la maison. J'ai épluché les petits choux et les ai mis tremper dans l'eau froide. J'ai préparé l'eau pour les faire cuire, et, le maître parti, j'ai été chez ma fruitière commander un fromage de Brie pour Mme Pibaleau. J'ai été chez l'épicier à côté prendre ce qui est marqué ci-dessus, et suis retournée chez la fruitière lui commander du sel, et revenue à la maison. J'ai travaillé au dîner, de manière que j'étais encore en souillon quand Mme Vanloo est venue et je me suis habillée en l'air. Vanloo et Berthélemy sont venus, puis Moitte avec Franconville et Taunay. Les petites étaient chez leur mère peu après notre dîner. Dumières a amené Plantade [1] et un de ses élèves. Après, Mme Campana et Girault sont venus. Dumont est venu ; Berthélemy, qui était sorti pour aller professer, est revenu, et alors on a fait de la musique. J'étais si fatiguée de mes courses et de mes travaux de cuisine, et si pressée des Pibaleau, que j'ai pris une légère part à la musique qui pourtant était fort belle. Les petites sont arrivées ; j'avais envoyé au-devant d'elles le portier. Enfin, j'espère n'avoir plus rien à démêler. Ce matin, Mariano est venu nous dire que le jeune homme qui a insulté Caroline ayant paru chez l'officier de police, a été confronté avec elle, a pâli et a été mis en prison.

Le temps est toujours froidasse, variable. J'ai mis, pour sortir comme à l'ordinaire, ma vieille douil-

---

1. Plantade, compositeur ; auteur de l'opéra-comique *Palma* ou le *Voyage de Grèce*.

lette, et pour recevoir, ma neuve, la onzième fois; mon voile neuf clair de la *Vielleuse*.

Déjeuner : veau froid, fromage, bouilli froid, lait, reste de salade. Dîner : soupe grasse, blanquette de veau, dinde aux truffes, salade, épinards, petits choux, gâteaux d'amande. Dessert : raisin, figues, pruneaux, poires, pommes, fromage de deux sortes, confiture, vin Mazois, café.

La petite Herminie est venue ce matin, toute arrangée pour rester la journée et coucher.

UN NOUVEAU PONTIFE [1]

Marc-Marie, désormais Glodéon, fondateur, et Françoise Antonia, fondatrice, à tous les peuples du monde, salut, paix, secours et consolation.

Peuples bien-aimés, qui couvrez
la surface de la terre,

Il est sorti, il y a quelques années, des profondeurs de la miséricorde de Dieu, un ordre aussi pénible pour nous que salutaire pour vous : celui de vous tailler enfin dans le limpide diamant de la

----

1. Reproduction d'une brochure imprimée en novembre 1883, en vente chez Louis Mas, 1, rue Vinaigre, à Toulouse, et au bureau du Trésor social, 13, rue Saint-Jean-Baptiste (Prix : 20 centimes), intitulée : « *Orbine et lettre de leurs Très-Hautes Majestés le Fondateur et la Fondatrice à tous les peuples et à tous les princes du Globe* ». En reproduisant intégralement l'Orbine (du latin *orbs* : univers), nous ne faisons que nous conformer à l'arrêté du directeur des messages administratifs de L.L. T.H. Majestés, qu'on trouvera à la fin.

justice et de la vérité ce magnifique Trône social universel, après lequel vous soupirez depuis si longtemps dans l'instinct de votre nature plus encore que dans les efforts de votre raison !

Mais le bloc était dans les abîmes ! Nous y sommes donc descendus ! Nous l'avons disputé avec acharnement aux entrailles de la terre, au milieu des horreurs les plus affreuses. Puis, à la faveur de la première aurore, l'ayant péniblement hissé à la surface du monde, nous avons été le cacher au large, sur l'océan des plus vastes douleurs, dans une barque de tribulation. C'est là que nous l'avons façonné au prix des plus durs travaux et des plus grands sacrifices, sans autre consolation que la lumière répandue par le ciel sur la surface du gouffre !

Et maintenant que l'ouvrage est achevé dans ce qu'il y a de plus essentiel, nous revenons vers les rivages que vous habitez et d'où plusieurs nous ont quelquefois aperçus sans intelligence.

Comme vous n'avez ni les mêmes sentiments ni les mêmes idées, quoique vous ayez tous les mêmes besoins de salut, de prospérité et de grandeur, notre devoir n'est pas, en atterrissant, de faire de longs discours, mais de déposer simplement, sur le rocher de la sagesse et du bon sens pratique, le trône inestimable que nous avons reçu la mission douloureuse, mais sublime et féconde, de vous apporter. C'est ce que nous faisons en promulguant aujourd'hui la *loi primordiale* qui suit, et à laquelle nous déclarons qu'il n'est permis à qui que ce soit de se soustraire-

Article premier. — Il existe, désormais, au-dessus de toutes les puissances de la terre, un pouvoir social suprême, dont le siège, actuellement à Toulouse, sera prochainement transféré à Avignon.

Art. 2. — Le dépositaire du pouvoir social suprême prend le titre absolu de Fondateur.

Art. 3. — Le monde entier lui doit un profond respect et une soumission absolue en matière purement sociale. Il a le droit de tout surveiller, et ses décisions sont sans appel.

Art. 4. — Le Fondateur régit toute l'humanité par l'intermédiaire des puissances, dont il garantit la souveraineté et l'indépendance propres. Ces puissances sont les *analogues* ou *cultes*, dans le domaine spirituel ; les *similaires* ou *Etats*, dans le domaine temporel, et les *identiques* ou *académies*, dans le domaine intellectuel.

Art. 5. — Le Fondateur est le chef suprême de toutes les armées. Aucune guerre offensive ne peut se faire sans son ordre.

Art. 6. — Il est créé, sous la surveillance et sous la direction du Pouvoir social suprême, un trésor public universel, pour pourvoir collectivement et individuellement, dans la mesure du possible, à tous les besoins de l'humanité. Tout le monde doit concourir selon ses ressources à la formation immédiate de ce trésor.

Art. 7. — La dignité de Fondateur est héréditaire. En cas de vacance du trône, un nouveau Fondateur est élu à la majorité des suffrages par tous les hauts dignitaires du monde dans les trois ordres.

Fait à Toulouse, en notre humble domicile et bureau du Busca, comme ce serait à Avignon dans la gloire, le cinquième jour du mois de novembre de l'an mil huit cent quatre-vingt-trois, la troisième année du Pouvoir social et la seconde du Trésor.

GLODÉON, fondateur.

F. ANTONIA, fondatrice.

Par ordre de leurs Très-Hautes Majestés.

Le Directeur des Messages administratifs,

M. ETIENNE.

LETTRE

De leurs Très-Hautes Majestés le Fondateur et la Fondatrice à tous les princes et à toutes les princesses du globe, ainsi qu'à tous ceux qui exercent une part quelconque de l'autorité du Tiers-Ordre.

A tous les princes et à toutes les princesses du globe, ainsi qu'à tous ceux qui exercent une part quelconque de l'autorité publique.

NOS TRÈS-CHERS FILS ET TRÈS-CHÈRES FILLES,

Assis sur le sublime trône social universel, que nous avons reçu d'en haut la douloureuse mission de fonder et dont nous vous faisons connaître aujourd'hui clairement l'existence, nous commençons l'exercice de notre charge suprême en vous accordant ces titres affectueux, parce qu'ils peuvent seuls vous faire comprendre, dès le principe, toute la grandeur des devoirs réciproques que nous inaugurons et toute l'étendue de notre sollicitude personnelle, non seulement pour vous, mais encore pour les peuples que vous avez l'honneur de régir, d'administrer, de présider ou de servir, quels que soient vos titres locaux et vos fonctions.

Lorsqu'un père et une mère s'élèvent, ce n'est point pour exercer sur leurs fils et sur leurs filles une vaine domination, mais uniquement pour accomplir un devoir essentiel, les préserver du mal ou les rendre encore plus grands et plus prospères. Il en est ainsi pour nous dans la majesté de nos obligations naissantes. Quelque extraordinaire que soit l'autorité qui nous est dévolue par la nature même des choses, ainsi que par tous les abîmes de douleur et de gloire qui l'ont enfantée, notre but ne peut pas être de vous abaisser, mais seulement de vous diriger tous ensemble avec un honneur immense dans les vastes plaines de l'union et de la paix où l'humanité tout entière veut aujourd'hui sagement s'engager. La plus belle armée de la terre marche à grand pas vers d'affreux désastres quand elle n'a que des chefs particuliers : il lui faut nécessairement une direction suprême, qui, sans humilier personne, sauvegarde tout le monde.

La constitution générale du globe étant aujourd'hui la chose qui a le moins progressé, est devenue relativement très défectueuse et par conséquent pleine de périls. Des aspirations profondes, énergiques, plus instinctives encore que raisonnées, appellent à grands cris une réforme fondamentale qui soit à la fois vraie, juste, sage et pratique. C'est pourquoi la suprême sagesse de Dieu nous a imposé des ordres auxquels il nous est impossible de nous soustraire. Notre devoir est de les accomplir comme c'est également le vôtre de les accepter. Souvenez-vous que vous n'existez que dans l'intérêt des peuples. En vous constituant rois, empereurs, ducs, ministres ou présidents de républiques, prêtres ou pontifes, instituteurs ou recteurs, le Très Haut et les nations ont voulu, avant tout, vous établir les premiers auteurs et les premiers gardiens de la justice, de la vertu, de la paix et de la concorde, grandes choses dont l'humanité a, aujourd'hui, besoin plus que jamais et qui ne peuvent plus subsister sûrement sans l'unité sociale du monde, sagement réalisée par l'apparition providentielle de notre trône sublime. Entourez-le donc, dès ce jour, du respect le plus profond et ne perdez jamais de vue la grandeur de vos devoirs vis-à-vis des peuples, dont nous devenons forcément le cœur, comme vous en êtes les bras, l'ornement et la splendeur. Soumettez-nous avec soin les affaires importantes. N'exigez des hommes, nos frères, que ce qu'ils vous doivent raisonnablement, et, loin de semer parmi eux des germes de divisions, favorisez toujours au contraire l'amitié et la concorde, Ce sont là vos plus essentiels devoirs, et nous vous prions tous instamment d'y être fidèles.

Fait en notre maison et bureau du Busca, à Toulouse, aussi légitimement que ce serait à Avignon, dans la gloire, le cinq novembre mil huit cent quatre-vingt-trois, la dix-septième année de l'universelle ou de l'élévation des puissances académi-

ques, la troisième du pouvoir social et la seconde
du Trésor:

GLODÉON, *ou premier souverain du roi* (sic).
F. ANTONIA, *fondatrice.*

Arrêté du Directeur des Messages administratifs

Nous, soussigné, directeur des messages administratifs du *Fondateur*,

Considérant, d'une part, que les deux documents qui précèdent clôturent les jours appelés *vélateurs ;*

Considérant, d'autre part, qu'il n'est pas possible à l'administration naissante du Trésor public universel d'adresser un exemplaire de ces mêmes documents à tous les habitants de la terre ;

ARRÊTONS :

ARTICLE PREMIER. — L'*Orbine* à tous les peuples et la *lettre* à tous les princes, datées de ce jour, seront considérées comme les premiers *actes* authentiques du *Fondateur*, tous les précédents qui ont pu exister étant retirés à cause du caractère des jours sous l'empire desquels ils ont pu paraître.

ART. 2. — Ces mêmes documents seront réputés reçus et connus de tous les hommes qui existent actuellement sur la terre, aussitôt que la présente brochure les contenant aura été publiée.

Fait à Toulouse, le 5 novembre 1883.

Le Directeur des messages administratifs attaché au Bureau dit de Création *du Trésor social universel, au Busca, rue Saint-Jean-Baptiste,* 14,

M. ETIENNE.

Invasion de 1870

JOURNAL INÉDIT DE M. BOYER, RÉGISSEUR DU PALAIS
DE FONTAINEBLEAU 1.

1870. 29 *Août*. J'étais très préoccupé de la marche
de l'ennemi, persuadé qu'en cas d'occupation par
les Prussiens, tout ce que contient de précieux le
Palais serait enlevé, détérioré ou perdu.

Livré à moi-même, ne recevant déjà plus d'instructions officielles, n'ayant que de très faibles
moyens d'exécution, je pris la détermination de
mettre en lieu sûr les richesses et les précieuses
collections confiées à ma garde.

Je fis d'abord emballer le Musée chinois, estimé
plus de dix huit cent mille francs sur l'inventaire :
J'employai à cette besogne tout mon personnel, en
disant que les voitures du mobilier de la Couronne
allaient venir et tout transporter à Paris. Mais,
une fois l'emballage terminé, je me servis des quatre
hommes qui me parurent les plus sûrs, les plus
honnêtes et les plus discrets pour transporter, la
nuit dans des cachettes choisies, cinquante caisses
contenant tout le musée, Ce travail terminé, je fis
courir le bruit que les voitures de l'administration
étaient venues nuitamment enlever la collection. On

---

1 Reproduction du manuscrit original qui a été donné à
un ami par M. Boyer, retiré aujourd'hui près d'Avon (Seine-
et-Marne). Sa lecture est recommandée aux Français trop
nombreux qui ne comprennent point le respect dû aux biens
de l'Etat. Ils trouveront ici unbel exemple à suivre.

Rev. rét. n 8.

ajoutait qu'elle devait être déjà près d'arriver à Paris. Mes dispositions furent si bien prises que tout le monde le crut.

Il me restait à prendre les mêmes précautions pour tous les objets de grande valeur répandus dans toutes les parties du Palais. A partir du 4 Septembre, je fis enlever, transporter et cacher dans le château : 1° Les tapisseries et tapis des Gobelins, de Beauvais et d'Aubusson ; 2° les vases de Sèvres, les pendules artistiques, tableaux, tentures, sièges et meubles historiques. Les tableaux des Chasses de Louis XV, par Oudry, n'ayant pu être enlevés à cause de leur dimension considérable, je fis coller sur la toile même un papier gris, laissant la bordure apparente. Le subterfuge réussit parfaitement ; les Prussiens crurent que ces cadres avaient contenu des tapisseries ou des tentures.

On mura les caves contenant trente mille bouteilles des meilleurs crus ; la partie appelée l'Échansonnerie fut seule laissée telle quelle ; j'y fis mettre de quatre à cinq cents bouteilles de qualités diverses que j'aurais sacrifiées au besoin pour sauver le reste. Si les Prussiens l'avaient découverte, j'aurais soutenu que c'était là toute la provision, par cette raison que la Cour n'était pas venue à Fontainebleau depuis deux ans et qu'il était d'usage de ne pourvoir les caves qu'au moment d'un séjour de l'Empereur.

Pendant le cours de ces travaux, se présentèrent MM. Geynet, inspecteur des finances, et Gaultry, notaire, munis d'instructions de M. Gambetta

ordonnant l'inventaire, l'emballage et l'expédition à
la délégation de Tours, de tous les objets précieux
du palais de Fontainebleau. Je fis observer à ces
messieurs que la plupart de ces objets étaient déjà
mis en lieu sûr, que pour les retirer, les inventorier
et les emballer, le temps nous manquerait certainement et qu'il était préférable de les laisser cachés
où ils étaient. Ces messieurs ayant reconnu que les
dispositions que j'avais prises étaient excellentes
et offraient les plus grandes garanties, en dressèrent
un procès-verbal qui doit être encore déposé dans
l'étude de M. Gaultry, notaire à Fontainebleau.

Je regarde comme une circonstance heureuse
d'avoir pu éviter l'obligation d'exécuter les ordres
d'expédition sur Tours, car les richesses artistiques
ne gagnent jamais à voyager en temps de guerre.

16 *Septembre*. Un officier prussien et trente
hussards de la mort sont arrivés à la mairie de
Fontainebleau, pensant être rejoints par leur corps
d'armée qui avait pris un autre chemin ; ils ont été
faits prisonniers et détenus dans le Palais, au rez-
de chaussée de la cour ovale. Cet officier, parti après
la bataille de Sedan, en éclaireur, et de vingt-quatre
heures en avance de son corps d'armée, avait reçu
l'ordre d'arriver à Fontainebleau le 16 septembre
où il serait rejoint le même jour. Effectivement, ce
corps de troupe fort de plus de trente mille hommes s'était présenté dans l'après-midi à Mulaines et
Samoreau, villages situés à une lieue de Fontainebleau. Ayant trouvé le pont sur la Seine rompu et
la rivière trop profonde pour la passer à gué, il fut

forcé de redescendre sur Melun, ce qui lui fit perdre du temps, pendant lequel l'officier et ses trente
soldats furent démontés, désarmés, puis dirigés sur
Nemours et ensuite sur Nevers.

L'officier prussien avait visité l'année précédente
le Palais et ses dépendances ; il me dit ces singulières paroles : *Dire que j'avais toujours rêvé et
espéré de venir en garnison à Fontainebleau !* Ce
qui veut à peu près dire que les Prussiens étaient
tellement sûrs de nous vaincre, que les officiers
avaient déjà fait choix dans leur esprit, de la ville
de France qui leur plairait le plus.

21 *Septembre*. A deux heures de l'après-midi,
une colonne forte de trois mille hommes d'infanterie, de cavalerie et d'artillerie, prit possession de
la cour du Cheval Blanc, et je fus requis de pourvoir au logement, dans l'intérieur du Palais, de toute
cette troupe (officiers et soldats). Comprenant le
danger que courrait le château s'il était occupé par
tant de monde, j'y mis le plus d'entraves possibles
en prétextant que je manquais complètement de
tous moyens d'installation, mais l'officier d'état-
major persistait à vouloir établir le casernement
répétant à chaque instant ces paroles : *Nous sommes
les maîtres, nous voulons !* ajoutant qu'il saurait bien
me faire trouver tout ce qui était nécessaire, parce
que je l'avais caché. Voyant que je ne pouvais le
détourner de son projet, je le quittai et me rendis
près du commandant en chef. Je répétai à cet officier supérieur (un colonel bavarois) que je n'avais
pas le matériel nécessaire pour organiser le campe-

ment de ses trois mille hommes, que plus des trois quarts seraient obligés de coucher sur le carreau, et que d'un autre côté il était à craindre que des soldats, admis dans l'intérieur, ne se livrassent à des actes regrettables pouvant compromettre la conservation et la sécurité d'un Palais si universellement connu, où les étrangers aussi bien que les Français venaient y admirer. et copier les œuvres d'art qu'il contenait.

Il se rendit à mes observations, et la cour du Cheval Blanc où ils étaient rangés en bataille fut immédiatement évacuée à l'exception d'une vingtaine d'hommes qui, établis en garde de police, occupèrent le corps de garde du château pendant quarante-huit heures. Après leur départ, la disparition de 21 matelas de corps de garde, de 6 couvertures et de 5 capotes de sentinelles fut constatée.

22 *Septembre*. Arrivée et campement pendant plusieurs heures, dans la même cour, d'un régiment de uhlans et de deux escadrons de cuirassiers blancs. En entrant, ils poussèrent des hourras formidables ; pendant cette halte, les officiers visitèrent le Palais, et les soldats se répandirent dans toutes ses parties en forçant les portes. On en fut quitte pour la disparition d'un flambeau en bronze doré, de plusieurs glands de sonnettes et 4 couvertures.

24 *Septembre*. Trois officiers prussiens, sur l'ordre de leur chef, sont venus m'enjoindre de leur livrer les caves du château. Je refusai, disant que, simple dépositaire des vins dont j'étais responsable, je n'avais pas le droit d'en disposer, que mon devoir

s'y opposait, que je ne pouvais par conséquent me rendre à leur désir, ni indiquer les caves, ni livrer les clefs. Insistance nouvelle de leur part et résistance de la mienne. Je fis observer qu'étant les plus forts, ils pouvaient me violenter, mais qu'ils n'obtiendraient rien et que, s'ils étaient à ma place, ils agiraient de même. Ce langage parut les frapper ; ils me dirent que dans tous les châteaux où ils étaient passés on leur avait toujours donné tout ce qu'ils avaient demandé et qu'ils ne comprenaient pas ma résistance ; puis, ils parlèrent de me faire prisonnier : « Faites-moi prisonnier si vous voulez, leur ai-je répondu, cela m'est égal, pourvu que ma responsabilité soit à couvert. »

Ils me conduisirent près du colonel, qui, parlant difficilement notre langue, me fit interroger par ses officiers. Une longue et vive discussion en allemand s'ensuivit ; je compris parfaitement que ces officiers cherchaient à décider leur chef à exiger la livraison des vins. Le mot *spectacle* (en allemand *vacarme*), fut prononcé par le colonel, et me persuada qu'il hésitait à se rendre à leur désir dans la crainte de produire un mauvais effet sur la population.

Comme j'opposais le même refus que précédemment, le colonel demanda si l'empereur donnait quelquefois de ses vins au mess des officiers de sa garde, et, sur ma réponse négative, il me renvoya en renonçant à sa réquisition.

3 *Novembre.* Arrivée d'un nouveau corps de troupes. Un escadron de cavalerie et une compagnie d'infanterie furent logés dans les bâtiments du

Carrousel. Sans chefs et livrés à eux-mêmes, les soldats se livrèrent au pillage ; des meubles furent brisés et brûlés, cent quatre-vingt-dix couvertures de laine furent volées ainsi que des matelas ; d'autres furent déchirées et lacérées exprès ; l'étoffe des sièges fut même enlevée ; quantité de menus objets (chandeliers, seaux, brocs de toilette) furent pris par les convoyeurs. La resserre des pompes à incendie fut forcée ; on prit une hache de sapeur et 28 seaux en toile. L'intérieur même du Palais fut envahi malgré mes protestations par une compagnie d'infanterie et huit officiers ; ils s'installèrent dans les chambres du rez-de-chaussée de l'aile Louis XV et du pavillon des Poëles. Le lendemain, après leur départ, on constata la disparition de 80 couvertures et de 5 flambeaux en bronze doré.

Ce même jour, à dix heures du soir, trois officiers de cavalerie, complètement ivres, me firent demander et m'intimèrent l'ordre d'illuminer *à giorno* les galeries du Palais qu'ils voulaient visiter, répétant à satiété à toutes mes observations, ces mots qu'ils nous ont si souvent jetés à la face pendant toute la durée de l'occupation : *Nous sommes les maîtres, nous voulons !* agrémentés naturellement de jurons, d'invectives et de menaces. J'eus une peine infinie à m'en débarrasser, et je fus heureux d'avoir pu éluder le caprice de gens que la moindre observation pouvait porter à d'autres excès.

Les officiers partis, je fus pris d'une nouvelle inquiétude au sujet d'un peloton de uhlans, campé dans la grande cour du Cheval-Blanc. Tous ces hommes, ivres comme les officiers, excitaient leurs chevaux qu'ils avaient lachés tout débridés, criant, hurlant et allant loqueter toutes les portes. Craignant qu'on ne mît le feu au Palais, je fis prévenir le chef de corps. A onze heures du soir, la cour fut évacuée à mon grand plaisir.

14 *Novembre*, Passage des troupes du prince de Hesse venant de Metz, et se dirigeant sur Orléans (environ quinze mille hommes). A leur arrivée, des sentinelles furent placées à toutes les grilles du Palais, et un officier d'infanterie à la tête d'hommes en armes vint m'inviter à l'accompagner dans une perquisition qu'il allait faire pour s'assurer s'il n'y avait pas des armes cachées dans le château comme on le leur avait assuré. Sur ma parole qu'il n'y en avait pas, la perquisition n'eut pas lieu, mais il m'invita à livrer tous les vins contenus dans les caves. Sur mon refus, il me fit conduire par un sous-officier et six soldats au carrefour de l'Obélisque, à l'entrée de la forêt. Là se tenait l'officier supérieur qui commandait les uhlans; sa physionomie couperosée et abrutie dénotait chez lui des habitudes d'ivrognerie. Il entra dans une violente colère, me mit la pointe de son sabre sous le nez en hurlant une foule de choses qui ne devaient pas être des gracieusetés. Puis, par l'intermédiaire d'un jeune officier, il me déclara prisonnier.

Conduit au quartier de cavalerie à la tête d'un peloton de uhlans, j'y fus détenu dans la cour pendant plusieurs heures, gardé par un uhlan pistolet au poing. Le froid était excessif. Je ne fus

remis en liberté que sur la pressante et bienveil-
lante intervention de M. Cerfberr, intendant militaire en retraite.

Si ma mémoire ne me fait défaut, c'est ce jour-là
qu'à huit heures du matin on m'annonça le général
d'artillerie de Plumthamer (?), grand et bel homme
fort poli. Il me présenta un journal français dont je
ne me rappelle plus le titre en me priant de lui
dire si le fait qui y était relaté était vrai. Je lus un
article où il était dit : « Que des officiers prussiens
« en parcourant le Palais de Fontainebleau ayant
« remarqué un tableau de fleurs de Van Spaendonck
« sur lequel est représenté un insecte impercep-
« tible, ils avaient parié plusieurs bouteilles de vin
« de Champagne à qui atteindrait le premier cette
« petite bête à l'épée, et qu'à ce jeu-là ils avaient
« lacéré et détruit complètement une toile remar-
« quable, si justement appréciée par les connais-
« seurs. »

Ce récit étant de pure invention, attendu que ce
tableau avait été caché par moi, je déclarai le récit
controuvé, et, sur la demande de ce général, je lui
en délivrai un certificat, ajoutant qu'aucun objet
d'art n'avait été détérioré par les Prussiens par la
raison toute simple qu'ils avaient été expédiés à
Paris avant l'invasion.

En sortant, le général me dit ces paroles : « Quel
« beau pays que la France ! quel beau climat !
« Pourquoi ne voulez-vous pas faire la paix ? Ah !
« si vous écoutez Gambetta le dictateur, cet avo-
« cassier vous mènera loin ! »

26 *Novembre*. Passage de cent cinquante prisonniers français de l'armée de la Loire. Ces malheureux, harassés de fatigue et de faim, furent parqués pour la nuit dans le Palais, corridor du rez-de-chaussée de l'aile Louis XV. Ils étaient durement traités par un officier à figure balafrée qui les conduisait. Je fis tout mon possible pour adoucir leur sort; des tapis-chemins furent étendus sur les dalles nues et humides qui leur servaient de coucher, je leur en donnai d'autres pour se couvrir en guise de couverture ; je fis allumer les calorifères chauffant ce corridor, et une quête faite à leur intention produisit une somme assez forte ; mais l'officier balafré, qui avait donné les ordres les plus sévères aux sentinelles, ne voulut pas en permettre la répartition. Heureusement, mon passe-partout me permit de pénétrer par un passage inconnu et par conséquent non gardé ; je pus remettre l'argent à un sous-officier qui promit de partager avec ses compagnons d'infortune, dans un moment plus propice. Beaucoup de ces prisonniers avaient des blessures ou les pieds enflés et écorchés ; les sœurs de charité se présentèrent pour les soigner, elles furent repoussées et ce n'est qu'après une longue insistance qu'elles purent obtenir l'autorisation de donner leurs soins.

Le passage de cette colonne me donna lieu de remarquer combien le sentiment de dignité et l'obéissance s'étaient maintenues chez nos soldats même après la défaite. Voici le fait :

A leur arrivée, les prisonniers furent mis en rang

à la position 'du repos dans la cour du Cheval-Blanc où une grande partie de la population s'était transportée pour les voir et leur apporter quelque soulagement L'un d'eux, harassé de fatigue et n'en pouvant plus, s'était assis par terre. Un caporal vint près de lui et dit doucement: « Militaire, ayez donc plus de dignité, levez-vous? » Celui-ci, sans dire une parole, obéit immédiatement. Cette obéissance immédiate et passive du subordonné à un chef très subalterne est d'autant plus remarquable que, dans une colonne de prisonniers, les grades sont pour ainsi dire effacés, il n'y a plus de hiérarchie sous le commandement du vainqueur.

8 Décembre. Passage de dix-huit cents prisonniers français qui furent cette fois-ci logés au quartier de cavalerie. Comme ils devaient coucher sur le plancher et sans couverture, je leur procurai encore des tapis-chemins pour leur servir de nattes et s'en couvrir.

9 Décembre. Treize cents prisonniers venant toujours de l'armée de la Loire ont encore fait étape ici, et ont été logés comme leurs prédécesseurs au quartier de cavalerie. Cette colonne n'étant accompagnée que de quelques uhlans et assez mal gardée, plusieurs prisonniers purent s'échapper. Je fus assez heureux, avec l'aide de mon personnel, pour en faire évader une douzaine; j'en recueillis six chez moi, et le reste fut hébergé par divers ménages du château. Le lendemain. après avoir été bien traités, pourvus de vivres et de vêtements ils reçurent chacun la somme de 4 francs provenant d'une petite collecte faite près des habitants du Palais, et furent conduits à travers la forêt jusqu'à Bourron et de là à Montargis. Ils étaient remis de distance en distance à des gens du pays connaissant les chemins détournés à prendre pour éviter les Prussiens.

3 *Janvier* 1871. Arrivée de la première colonne du corps des Poméraniens. On dit qu'ils viennent de Paris et se dirigent sur Orléans. Forte de huit à dix mille hommes, de cent cinquante cavaliers, avec des convoyeurs, elle s'installa dans la vènerie qui fut soumise à un pillage en règle. Les meubles furent brisés et brûlés ; tout ce que contenait la sellerie fut volé ; le portier fut maltraité, on lui prit son vin, ses effets de corps et sa montre. Prévenu de ces faits, je me rendis près du général commandant en chef qui précisément visitait à ce moment-là les galeries du Palais avec son nombreux état-major et je me plaignis de la conduite de ses soldats. Il me répondit : « C'est regrettable, mais il est difficile en campagne, vous devez le comprendre, de maintenir le soldat dans une stricte discipline. » Puis, il ajouta : « Quand les Français sont venus à Berlin sous le premier Empire, ils en ont fait bien d'autres. — Et vos francs-tireurs ! reprit avec une extrême violence un colonel, que ne font-ils pas ! ils volent, ils pillent et mettent toutes leurs infamies sur notre dos. »

Que pouvais-je répondre ? Rien ! Néanmoins, le général donna l'ordre à un de ses officiers de se rendre avec moi à la vènerie et de faire remettre tout en place, ce qui eut lieu ; mais le lendemain, de grand matin en partant, les soldats forcèrent de nouveau les portes et ne pillèrent que de plus belle, ne laissant pas même un fouet.

4 *Janvier*. Passage de la deuxième colonne, aussi nombreuse que la première. Deux cents cavaliers ont occupé la vénerie, et cent cinquante le **Carrou**-sel, qui fut à son tour saccagé.

5 *Janvier*. Passage de la troisième colonne. Plu-sieurs soldats furent logés dans l'intérieur du Palais. A leur départ, on constata la disparition de plu-sieurs mouvements de pendule dans des pièces dont les portes avaient été crochetées. L'opération leur était bien facile, car ils étaient presque tous munis d'un trousseau de fausses clefs ainsi que j'ai eu lieu de le remarquer souvent.

10 *Janvier*. Les soldats de la Landwher, en garni-son à Fontainebleau avaient été logés jusqu'à ce jour chez les habitants. Afin de décharger ces der-niers, une combinaison fut proposée. Elle consistait à caserner les Prussiens au quartier de cavalerie, en faisant fournir par le Palais la literie de linge et tous les objets mobiliers nécessaires à leur installa-tion. A cet effet, M. le vérificateur des Domaines, qui aurait dû le premier sauvegarder les intérêts de l'État, vint m'entretenir de la nécessité de délivrer ces objets. Je refusai d'entrer dans ses vues, lui fai-sant observer que ma responsabilité serait trop engagée.

11 *Janvier*. A dix heures et demie du matin, un adjoint au maire, un membre du Conseil municipal

et le vérificateur vinrent de nouveau me demander de mettre le matériel du Palais à la disposition des Prussiens. Comprenant que si je me rendais à leur désir je serais débordé, et qu'après ceci on me demanderait cela, je refusai. Ces messieurs se retirèrent fort mécontents en disant que j'aurais affaire au commandant prussien ; l'un d'eux eut même l'amabilité de me dire qu'ayant prévenu cet officier qu'on trouverait de la résistance chez moi, ce dernier avait répondu qu'il saurait bien me contraindre à donner ce dont on avait besoin. En effet, les Prussiens ne furent pas longs à paraître ; deux officiers se présentèrent pour faire la réquisition ; je refusai encore.

15 *Janvier*. Deux officiers vinrent réclamer la livraison immédiate de 352 couvertures, 352 paires de draps, et 704 serviettes.

Je persistai dans mon refus. Ils partirent furieux me menaçant de revenir avec des soldats pour procéder de force à la réquisition et faire perquisition dans tout le Palais.

Convaincu qu'ils étaient gens à mettre leurs menaces à exécution, jugeant que j'avais fait une resistance suffisante et voulant surtout éviter à tout prix des recherches qui pouvaient leur faire découvrir les objets précieux cachés un peu partout, je me préparai, dans l'éventualité de leur retour, à sacrifier en partie les objets qu'ils me demandaient (pour sauver le surplus et le meilleur); en conséquence, je pris immédiatement les dispositions suivantes : je fis retirer de la cachette où était le linge (envoyé en prévision d'un séjour de la Cour à Fontainebleau en 1870), quelques draps et serviettes des plus mauvais que je fis placer bien visiblement dans les armoires de la lingerie. Je fis mettre à jour également les couvertures les plus vieilles, les plus usées, et j'attendis.

16 *Janvier*. Un capitaine et un lieutenant accompagnés de soldats en armes se présentèrent pour faire la réquisition demandée la veille. Je m'exécutai, en protestant bien entendu, et je les conduisis à la lingerie : grande fut leur stupéfaction en y trouvant si peu de linge : « Ce n'est pas tout, me dirent-ils, vous avez caché le surplus. » Je soutins fermement le contraire, et ils partirent à moitié convaincus que c'était bien tout.

28 *Janvier*. A 8 heures du matin, un capitaine et un lieutenant acccompagnés d'une vingtaine d'hommes et d'un fourgon vinrent au Palais, me firent demander, et me donnèrent l'ordre de leur ouvrir l'intérieur des appartements pour les parcourir et enlever les meubles qui leur conviendraient. Sur mon refus, je fus conduit par des soldats armés au poste de la caserne qu'ils occupaient depuis peu, et quelques minutes après le capitaine vint de nouveau m'inviter à obtempérer à sa demande, ajoutant qu'en cas de refus, il ferait ouvrir les portes par un serrurier. Je persistai dans mon refus, lui disant que je le laissais libre de crocheter les portes si bon lui semblait. Il partit fort en colère, donnant l'ordre au sous-officier du poste de me conduire à la salle de police, pièce infecte précédant et formant pour

ainsi dire l'antichambre de la prison du quartier, où se trouvait enfermé un soldat Prussien.

A peine sous les verrous, le lieutenant, renvoyé par le capitaine, entra dans ma cellule accompagné de 5 hommes qu'il fit ranger en travers de la porte qui avait été repoussée au préalable. Il demanda mon passe-partout des appartements dont malheureusement je n'avais pu me défaire. Sur mon refus, il dit quelques mots en allemand aux soldats qui se ruèrent tous les cinq sur moi, et m'enlevèrent cette clef avec la quelle ils pénétrèrent dans le château. On y prit une grande quantité d'objets mobiliers et de gravures que je ne pus retrouver au complet, après leur départ de la caserne.

Pendant plusieurs jours, munis du passe-partout, ils parcoururent le Palais dans tous les sens, cherchant sans doute où j'avais pu cacher les objets précieux de cette résidence; ils passèrent souvent près des cachettes, mais elles étaient si bien choisies qu'il ne trouvèrent rien.

Je ne fus relâché qu'à la nuit sur les instances encore de M. l'Intendant Cerfberr et de M. Dumaine, maître de l'*Hôtel de France et d'Angleterre*, où les officiers Prussiens prenaient leurs repas. Ces messieurs, à mon insu, firent les demandes nécessaires et ne réussirent pas sans difficultés à ce qu'ils désiraient.

6 *Mars*. Le Prince Frédéric-Charles est arrivé au Palais à dix heures et demie du soir avec son état-major, composé d'environ 25 officiers. Dans la journée, un officier d'ordonnance était venu faire

préparer l'appartement de Maintenon, (affecté pendant les séjours de la cour à la princesse Anna Murat), que le Prince s'était spécialement réservé; mais il n'y passà qu'une nuit. Le lendemain, il transporta ses pénates dans le gros Pavillon, cour du Cheval Blanc où était logé tout son état-major. Ce brusque changement surprit tout le monde; chacun pensa que, l'appartement de Maintenon étant situé au centre du palais et éloigné de toute partie occupée par les Prussiens, le Prince prit peur de cet isolement. Le fait de nous avoir vaincus par le nombre n'établit pas pour cela la bravoure personnelle de l'Allemand, et si le courage des chefs doit se mesurer d'après celui des subordonnés, ce courage est ordinaire. J'ai vu des soldats qui se rendaient sous les murs d'Orléans, verser de grosses larmes en répétant d'un air navré: *Orléans, Capout! Capout Orléans!* tremblant de peur à 20 lieues du champ de bataille. On a vu maintes fois des militaires se refuser à occuper en nombre des maisons des faubourgs situés près de la lisière de la forêt de Fontainebleau, craignant d'être surpris dans une ville désarmée et occupée par dix mille des leurs. J'ai eu lieu de remarquer que jamais un offieier n'allait seul, et dans les fréquentes visites que je reçus d'eux, toujours ils étaient plusieurs. Ou, si un officier venait seul, il était infailliblement accompagné de deux soldats aux armes qui restaient en faction à la porte de l'appartement. Cet excès de précautions était sans doute appelé prudence, par eux, mais vraiment en pays vaincu et dans une ville paisible, éloignée de toute armée française comme l'était Fontainebleau, ces mesures prises même pendant l'Armistice étaient bien superflues.

7 *Mars*. Ecrit au prince Charles pour lui dire que les troupes allemandes de passage à Fontaine-bleau n'ont pas toujours respecté la propriété, que notamment elles avaient pillé la vénerie, le carrousel et un peu le Palais ; je le priais de vouloir bien donner des ordres pour que de pareils faits ne se renouvellent pas.

10 *Mars*. Ayant appris qu'un grand nombre de soldats prussiens pêchaient dans l'étang les carpes légendaires qui s'y trouvent, j'écrivis au prince que ces poissons étaient pour les étrangers qui viennent visiter le Palais un objet de divertissement et de curiosité. Il répondit à l'homme qui lui remit ma lettre : « Il faut bien que les soldats s'amusent. » Néanmoins, j'ai lieu de croire qu'il tînt compte de mes observations, car on me rapporta qu'il avait été vu examinant la pêche de ses soldats et leur faisant rejeter à l'eau les plus belles pièces. Ce qui me fait croire encore qu'il modéra l'ardeur des pêcheurs, c'est qu'après leur départ définitif de Fontainebleau, le nombre des carpes ne parut pas sensiblement diminué, et certainement il n'en fut pas resté une seule, ce poisson étant tellement familier qu'on pourrait le prendre presque à la main.

17 *Mars*. Le général prussien commandant le 3ᵉ corps d'armée allemande est descendu au Palais avec son état-major. Je lui écrivis aussitôt pour protester contre son installation, lui faisant observer

que, pendant l'amnistie, il n'avait plus le droit d'agir d'autorité, et qu'il devait être logé par les soins de la municipalité; que cependant, puisqu'il était installé, je ne voulais pas le déranger, mais que je verrais avec plaisir les officiers de sa suite aller loger en ville.

18 *Mars*. Le prince Frédéric-Charles et son état-major sont partis aujourd'hui. Le même jour, au moment où je déjeunais, le grand prévôt du 3ᵉ corps d'armée est venu m'inviter, de la part du général, à retirer la protestation adressée hier à l'occasion de son installation dans le château, ajoutant qu'en cas de refus de ma part, le général ferait loger dans le Palais les quelques milliers de soldats répandus dans la ville. Je lui répondis que je croyais ma protestation très juste, et que je la maintenais Il partit, emportant ma lettre qu'il avait entre les mains, et dont je n'entendis plus parler.

19 *Mars*. Le grand prévôt, accompagné d'un officier d'artillerie, est venu m'inviter à fournir le linge, l'argenterie et la vaisselle nécessaires pour le service de table du général. Après de longs pourparlers, où je m'efforçai de leur faire comprendre que je n'avais aucun des objets qu'ils me demandaient, ils partirent peu satisfaits en me disant : « Si ! vous les avez, mais vous les avez cachés. et nous les trouverons bien. — En ce cas, cherchez », répondis-je.

Je pensais en être débarrassé. Trois heures après, ces mêmes officiers revinrent à la charge en disant que le maire leur avait affirmé que j'avais du linge,

de la vaisselle et de l'argenterie, déjà mis à la disposition du prince Charles.

Cette affirmation étant fausse, je répondis que le
maire se trompait, les invitant à me suivre à la
mairie pour avoir une explication. Là, nous ne
trouvâmes que M. Pauthion, premier adjoint, qui
ne confirma pas les dires du maire et fit fournir par
la ville la réquisition qui m'était faite.

22 *Mars*. Installation au Palais de deux autres
généraux avec leur suite, ce qui porte le nombre à
44 officiers de tous grades et 88 hommes de leur
suite.

Le même jour, fête du roi Guillaume. A cette
occasion, messe dans la chapelle ; puis le soir,
banquet des généraux et officiers dans le salon
chinois, avec décharges d'artillerie pendant le repas (sur l'avenue du bord de l'eau dans le jardin
anglais), chants, musique et retraite dans la cour
du Cheval Blanc, le tout entremêlé de *hourras* formidables poussés par la troupe.

23 *mars*. Enfin tous les Prussiens sont partis ; il
ne reste plus qu'à désinfecter les parties du Palais
qu'ils ont occupées. Ils étaient, je crois, aussi fati-
gués de la guerre que nous. Je parle de la troupe,
car, comme je l'ai dit, j'en ai vu pleurer en se rendant sous Orléans. J'ai eu à loger un officier de
dragons qui, étant fermier, aurait bien voulu être
chez lui, ses terres restant incultes faute de bras.
J'ai gardé pendant quelque temps un sous-officier
de la Landwher désigné pour loger chez moi ;
il ne savait pas un mot de français, mais j'avais

un employé alsacien qui nous servait d'interprète.
Un beau jour je lui dis qu'on venait d'apprendre
que Paris avait fait une sortie, et que le Roi, le
Prince Royal et Bismarck étaient prisonniers.
« Tant mieux, répondit-il, je le voudrais bien, car
chaque jour d'absence de chez moi me coûte plus
de cent francs. »

LES ANGLAIS DANS L'ARSENAL DE TOULON

Extrait du rapport adressé, le 19 décembre 1793, par le
capitaine de vaisseau Sidney Smith à l'amiral Hood.
(V. Elias Regnault. *Histoire du gouvernement anglais*. Paris,
1841 p. 274)

Mylord, conformément à vos ordres, je me suis
rendu à l'arsenal de Toulon, et j'ai fait tous les
préparatifs nécessaires pour incendier les vaisseaux
et les approvisionnements..... Les galériens, au
nombre d'environ 600, nous regardaient faire d'un
air qui indiquait évidemment l'intention de s'opposer à nous. D'ailleurs ils étaient en partie dé-
chaînés, contre l'usage, ce qui nous mit dans la
nécessité de les observer avec beaucoup de vigi-
lance et de pointer les canons de nos chaloupes sur
eux, sur l r bagne, et sur toutes les parties d'où
ils auraient pu nous assaillir.

. . . .

Dans cette situation, nous attendions dans une
grande anxiété le moment convenu avec le gouvernement pour mettre le feu aux mêches Le lieute-

nant Tupper a été chargé de brûler le grand magasin et le magasin de poix, goudron, suif et huile;
il y réussit parfaitement. Le magasin à chanvre fut
enveloppé dans les mêmes flammes. Un temps très
calme en arrêta *malheureusement*, un moment, les
progrès; mais 250 *tonneaux de goudron, répandus
sur des bois de sapin*, propagèrent bientôt l'incendie avec une grande activité, dans tout le quartier
dont le lieutenant Tupper s'était chargé.

L'atelier des mâts a été aussi livré aux flammes
par le lieutenant Middleton..... Le lieutenant Pa-
ters bravait les flammes avec une intrépidité étonnante, *afin de compléter l'ouvrage dans les lieux où
le feu paraissait n'avoir pas bien pris.*

. . . .

Le feu de nos brûlots était des deux côtés dirigé
principalement vers les endroits où nous avions à
craindre l'approche de l'ennemi. Les cris de joie et
les chants républicains, que nous entendions très
distinctement, continuèrent jusqu'à ce qu'eux et
nous manquâmes d'être abîmés par l'explosion de
quelques milliers de barils de poudre, à bord de la
frégate l'*Iris*, qui était dans la rade intérieure, et à
laquelle des Espagnols mirent imprudemment le
feu, la faisant sauter au lieu de la couler bas, suivant l'ordre qu'ils en avaient reçu. La secousse
communiquée à l'air et la quantité de bois enflammé,
qui tombait de toutes parts, faillirent occasionner
notre destruction entière.....·
J'avais recommandé aux officiers espagnols d'incendier les vaisseaux du bassin devant la ville; mais

ils furent bientôt de retour, et nous firent part des obstacles qui avaient empêché l'exécution de ce projet. Nous en renouvelâmes la tentative.....

L'explosion d'un second vaisseau à poudre, également inattendue, et dont le choc fut encore plus violent , nous mit dans le plus grand danger.

Ayant alors mis le feu *à tous les objets qui se trouvèrent à notre portée, et après avoir épuisé nos matières combustibles et nos forces*, à un tel point que nos hommes tombaient de fatigue , nous dirigeâmes. notre route vers la flotte.....

Nous pouvons vous assurer que le feu a été mis à dix vaisseaux de ligne au moins. La perte du grand magasin, d'une grande quantité de poix, de goudron, de résine, de chanvre, de bois, de cordages et de poudre à canon, rendra très difficile l'équipement du peu de vaisseaux qui reste. *Je suis fâché d'avoir été obligé d'en épargner quelques-uns ; mais j'espère que votre seigneurie sera contente de ce que nous avons fait* [1].

Signé : SYDNEY-SMITH.

---

[1]. La presse anglaise s'étant indignée des agissements de notre marine dans son attaque de l'arsenal de Fou-Tcheou, il nous a paru bon de rappeler, d'après un document anglais la conduite tenue par l'amiral Hood dans le port de Toulon, qui l'avait reçu comme allié le 27 août 1793, et qu'il avait juré de protéger par une proclamation datée du 23 août. Au lieu de défendre la ville, il la livra aux vengeances de la République après avoir pillé méthodiquement l'arsenal et livré aux flammes ce qu'il ne put emporter. Comme on vient de le voir, ces exploits n'eurent pas même l'approbation des forçats qui n'étaient point gens difficiles en matière d'honneur.

LA GERMANISATION DE L'ARMÉE FRANÇAISE
JUGÉE PAR FRÉDÉRIC-LE-GRAND [1]

Extrait d'une conversation entre Frédéric-le-Grand et le prince de Ligne.

Le roi : « Vous parliez tantôt des François : font-ils des progrès? » — *Le prince* : « Ils sont capables de tout en temps de guerre, Sire ; mais, pendant la paix, on veut qu'ils ne soient pas ce qu'ils sont, et on veut qu'ils soient ce qu'ils ne peuvent pas être. » — *Le roi* : « Mais quoi, disciplinés ? Ils l'étoient du temps de M. de Turenne. » — *Le prince* : « Oh ! ce n'est pas cela, ils ne l'étoient pas du temps de M. de Vendôme, et n'en gagnoient pas moins de batailles ; mais on veut qu'ils soient vos singes et les nôtres, et cela ne leur va pas. » — *Le roi* : « C'est ce qui me semble ; j'ai déjà dit de leurs faiseurs qu'ils veulent chanter sans savoir la musique. » — *Le prince* : Oh ! cela est bien vrai ; mais qu'on leur laisse leurs dons naturels ; qu'on profite de leur valeur, de leur légèreté et de leurs défauts même ; je crois que leur confusion en pourrait mettre dans l'ennemi. »

1. Voir les *Mélanges et Lettres* de ce dernier, page 6, de l'édition Paschoud, Paris 1806. Parce que Frédéric nous avait battus à Rosbach, on voulait alors, comme aujourd'hui, calquer son organisation militaire ; ce qu'en disaient le roi et le prince est bon à retenir.

Nos petits prophètes [1].

L'UNITÉ DE L'ALLEMAGNE ET DE L'ITALIE
PRESSENTIE LE 30 MARS 1822.

Extrait des Souvenirs du général Lamarque. Paris, 1835.
Tome 2, page 3.

Blois, 31 mai 1822.

J'ai rencontré hier à Beaugency le comte de
B... ... B....... que je n'avais pas vu depuis qu'il
était en Catalogne commissaire de police impérial ;
il n'a pas changé de rôle, mais il est employé dans
les relations extérieures et il reçoit quinze mille
francs par mois du ministère, sans y comprendre
ses frais de voyage et ses dépenses extraordinaires.
On voit que ces messieurs sont mieux traités que
des militaires ; c'est juste, car on ne peut les payer
qu'avec de l'argent.

B....... se prétend exilé à quarante lieues de
Paris, et il ne peut pas en expliquer les motifs ; il
vient de parcourir l'Italie, la Carinthie, l'Autriche,
la Hongrie, la Moldavie, la Valachie et les bords
du Pruth. Il a trouvé le moyen de se faire recevoir
dans toutes les sociétés secrètes de l'Italie et de
l'Allemagne, et il prétend que ces sociétés minent

---

1. Cette série, qui pourra être continuée, est destinée à
prouver que la France n'a jamais manqué d'hommes ayant
le sens bon et la vue longue. Le malheur est qu'on daigne
rarement les remarquer.

Rev. rétr. n° 7.

tout le terrain sur lequel repose l'ordre social actuel. A l'entendre, *les carbonari parviendront à leur but qui est de réunir toute l'Italie en une seule puissance.* Ce désir d'union est aussi un des grands buts de la société teutonique en Allemagne et les nombres mystérieux de 37 et de 38 qu'elle a adoptés, signifient que *sur les 38 princes qui se partagent l'Allemagne, il n'en faut conserver qu'un* qui établira le régime constitutionnel et fondera la liberté. Quel est ce prince qui doit succéder à tant d'autres et ne faire qu'un état de tant d'états? Il n'est connu que des principaux adeptes du grand cercle directeur, dont il fait lui-même partie.

L'UNITÉ DE L'ALLEMAGNE ET LES DÉSASTRES DE 1870 ANNONCÉS PAR MARTIN-DOISY EN 1860.

Extrait de *l'Italie, l'Allemagne,* par Martin-Doisy 1.
Paris. Sempé, 1860, in-8.

Aix-la-Chapelle, 28 août 1859.

Avant d'entrer en Allemagne il faut se recueillir et se demander quel est ce pays où l'on va pénétrer. L'Allemagne est bien nommée, on a eu beau dire le contraire; c'est un composé d'hommes de toutes

---

(1) M. Martin-Doisy était un ancien inspecteur général du ministère de l'Intérieur. Les extraits que nous donnons montrent en lui un observateur de premier ordre. Son livre est cependant passé inaperçu, comme bien d'autres que a presse dédaigne trop. Notre presse ne comprend pas assez l'importance de la bibliographie.

races, mais la famille allemande n'est pas née par
hasard, elle s'est faite elle-même, elle s'est faite ce
qu'elle est. Nous voulons, disent-ils, constituer
désormais une nation allemande. Eux qui ont répété
pendant dix siècles : « Nous ne voulons pas de
maître » ; ils disent aujourd'hui : « Nous voulons
un maître » ; car le roi de Prusse en serait un. La
nation allemande est donc lasse d'être libre.

On comprend que les Italiens veuillent repousser
la domination autrichienne. L'Autriche pèse depuis
un demi-siècle sur eux, petits et grands États ; mais,
ni l'Autriche, ni personne ne pèse sur la nation
allemande. Elle est elle-même. Les petits États
allemands ne sont pas plus inféodés que les États
de l'Union américaine et les Cantons suisses. Il y a
des sujets en Allemagne, mais les petits États ne
sont les sujets de personne ; ils ont comme les Anglais leur *self government*. Les sujets de la nation
allemande sont les sujets de l'Autriche, de la Prusse,
de la Bavière, du Wurtemberg ; et les Allemands de
Francfort, de Hambourg, de Lubeck et de Brême,
ne sont les sujets de personne. Je comprends que
les états héréditaires de la Prusse ou de l'Autriche
aspirent à vivre de leur vie propre, que les villes
autrefois libres des bords du Rhin respirent moins
à l'aise dans les mains de la Prusse, que la Hongrie
s'agite de temps en temps pour son autonomie ;
elles sont possédées, elles sont sujettes, elles n'ont
pas d'action personnelle dans la confédération,
elles n'ont pas voix, comme on dit, au chapitre ;
mais les petits Etats (ils sont 28 dans la nation alle-

mande), ne sont pas dans ce cas-là. Ils ont leur part arithmétique d'influence dans la Diète et dans les grandes assemblées fédérales.

La nation allemande est une république de princes, de ducs et de villes libres. Pendant que l'Europe se travaillait pour conquérir des libertés communales, les États allemands, qui se trouvaient manquer de libertés politiques, en stipulaient, et ces libertés, ils les gardaient. Par un renversement d'idées inconcevable, les membres de la république allemande, aujourd'hui, souhaitent de perdre leur libre arbitre pour devenir les sujets du roi de Prusse ; c'est là ce qu'on appelle l'aspiration à l'unité, à la formation d'une nation allemande. (Page 126).

Coblentz, 7 septembre 1859.

On pense, sur les bords du Rhin, qu'un jour ou l'autre, Napoléon III entreprendra de donner à la France les bords du Rhin pour frontières. L'Allemagne, ce jour-là, se lèvera comme un seul homme. Elle voit en songe une nouvelle bataille de Leipsig. Elle met le pied sur le sol de la France ; elle est à Paris ; la France est humiliée, frappée d'impôts ; l'Allemagne encore une fois est vengée. J'ai tort de dire que cela est allemand : Non, cela est prussien. (Page 173).

En prenant le drapeau de la Prusse, la jeune Allemagne renie le catholicisme ; et c'est le catholicisme qui l'a enfantée ; il n'y a pas d'historien qui n'en convienne. Après le catholicisme, c'est Charlemagne qui l'a faite ce qu'elle est, c'est lui qui l'a pétrie de ses puissantes mains. La nation allemande le reconnaît et elle s'en fait gloire. Charlemagne a tous les honneurs sur ses places, dans ses galeries, dans ses municipalités, c'est le Romulus de la nation allemande. Charlemagne n'a pas aggloméré des hommes, il a relié des États : États libres, qui se choisissent des Empereurs, absolument comme l'église se choisit des papes. De ces États libres, la jeune Allemagne veut faire un seul État, sous le sceptre d'un roi héréditaire. (Page 127.)

La Prusse rêve le transfèrement du trône de Charlemagne à Berlin; c'est le vœu de la jeune Allemagne, qui aspire à la formation d'un Empire de 60 millions d'hommes, élevé sur les ruines de la maison d'Autriche.

L'église d'Aix-la-Chapelle ne possède pas seulement le trône de marbre blanc qu'elle montre aux touristes, elle a gardé la boîte osseuse du cerveau de celui qui gouvernait l'Europe, à laquelle la jeune Allemagne, forte de sa masse, ne demanderait pas mieux que de donner des lois. La Prusse ne possède pas eulement le trône et le crâne de Charlemagne, elle a aussi son bras; son bras pour agir, et son cor gigantesque pour appeler aux armes la nation allemande. (Page 157.)

Francfort, 12 septembre 1859.

Pour la jeunesse allemande; il n'y a qu'un vœu : unité allemande; qu'un mot : nationalité. Tout ce qui parle allemand appartient par l'esprit, par le cœur, par les espérances, à la nationalité allemande. Tous ces Etats, oiseaux-mouches parmi les Etats, voudraient voler du vol, non de l'aigle française, mais de l'aigle de Prusse.

L'INGRATITUDE DE LA PRUSSE ET DE L'ITALIE PRÉVUE EN 1756, PAR M. DE STAINVILLE

Extrait des Instructions du comte de Stainville, cité par M. Ed. Scherer, dans le *Temps* du 17 mai 1884.

En rendant trop puissants les rois de Sardaigne et de Prusse, nous n'avons fait de ces deux princes que des ingrats et des rivaux, grande et importante leçon qui doit nous avertir pour toujours de gouverner l'un et l'autre monarque plutôt par la crainte et l'espérance que par des augmentations de territoire.

LES SUCCÈS DE LA RÉPUBLIQUE ET DE L'EMPIRE PRÉVUS LE 29 MAI 1796, PAR MALLET DU PAN.

Extraits de sa *Correspondance*. Paris, Plon 1884.

J'ose le dire, tout ce qu'on projette à Paris s'effectuera, et l'Europe n'offrira que le spectacle d'Etats mutuellement détruits l'un après l'autre, victimes de leur politique discordante.

Ceux qui pensent que la République *impérissable* périra avec le temps ont certainement raison ; mais s'ils entendent que cette chute plus ou moins prochaine peut être un préservatif pour l'Europe, s'ils entendent que tout changerait du blanc au noir, ils se trompent ; car à la République d'aujour·d'hui peut succéder *une république monarchique ou dictatoriale*. Que sais-je? en vingt années, un peuple en mouvement peut donner cent formes diverses à une révolution semblable [1].

LA RÉVOLUTION DE 1848

PRESSENTIE PAR LE PRINCE DE JOINVILLE.

Extrait de sa lettre au duc de Nemours, datée du 7 novembre 1847, et publiée en 1848 par la *Revue Rétrospective*.

... Nous arrivons devant les Chambres avec une détestable situation intérieure ; et à l'extérieur, une situation qui n'est pas meilleure. Tout cela est l'œuvre du Roi seul, le résultat de la vieillesse d'un Roi qui veut gouverner, mais à qui les forces manquent pour prendre une résolution virile. Le pis est que je ne vois pas de remède ...

... Je me résume : En France, les finances délabrées ; au dehors, placés entre une amende honorable à Palmerston au sujet de l'Espagne, ou cause commune avec l'Autriche pour faire le gendarme

---

1. Mallet du Pan n'était pas le seul prophète en cette occasion. Dès 1790, le prince de Ligne, qui avait l'esprit trop français pour s'y tromper, écrivait ceci : « Que le ciel nous préserve d'une guerre où l'on donnerait à cette nation le temps de se reconnaître et de s'aguerrir. » (*Œuvres choisies* éd. Paschoud, p. 229.)

en Suisse, et lutter en Italie contre nos principes et nos alliés naturels. Tout cela rapporté au Roi, au Roi seul, qui a faussé nos institutions constitutionnelles. Je trouve tout cela très sérieux parce que je crains que les questions de ministre et de portefeuille ne soient laissées de côté, et c'est un grave danger, quand, en face d'une mauvaise situation, une assemblée populaire se met à discuter des questions de principes...

LA RÉVOLUTION DE 1848, PRÉDITE PAR LAMENNAIS
Extrait de sa Correspondance.

Paris, 10 septembre 1847.

Vous voyez par les journaux où en est la politique de notre cabinet, mais vous ne la voyez qu'imparfaitement si vous ne lisez pas les feuilles des différentes oppositions. L -Ph .. trouve partout Palmerston devant lui. Les conseils succèdent aux conseils : assemblée de médecins près du lit d'un agonisant. Car non-seulement on marche d'échecs en échecs au dehors, mais un mouvement sérieux commence à l'intérieur. Le peuple s'irrite de plus en plus et la bourgeoisie n'est pas moins mécontente. Dans les banquets réformistes que le pouvoir n'ose ni ne peut empêcher, on parle hautement de révolution. L'armée même, seul appui réel qui reste au gouvernement, ressent l'influence de l'esprit public. En un mot, tout, tout se prépare pour des événements graves. Non que je croie à une catastrophe immédiate, mais telle circonstance imprévue peut l'amener presque à chaque moment.

***

LES CAUSES SECRÈTES DE L'EXPÉDITION DU MEXIQUE ANNONCÉES EN 1838.

Extrait d'un rapport adressé le 26 décembre 1838, par le lieutenant de vaisseau Maissin, aide-de-camp de l'amiral Baudin, en mission à Anton-Lizardo..

***

. Après avoir accepté la constitution fédérale et passablement libérale votée par entraînement après la chute d'Iturbide, le parti clérico-espagnol a préparé lentement les voies pour reculer. Il s'est assuré de Santa Anna et de quelques autres : par leurs soins, il a obtenu la constitution actuelle qui a fait succéder le centralisme au fédéralisme. Ç'a été un pas en arrière. Il prépare d'autres changements et ramène à son insu le Mexique vers une monarchie.

On sait aujourd'hui que c'est à ce parti surtout qu'il faut attribuer les différends survenus entre la France et le Mexique. Ce parti a poussé à la guerre contre nous, parce qu'il y a entrevu un moyen d'arriver à son but. Depuis l'expédition d'Alger, on nous croit assez disposés aux lointaines expéditions et aux conquêtes ; on ne sait pas qu'Alger même nous a dégoûtés de ce métier de dupes ; on le sait moins au Mexique qu'ailleurs. Le parti-prêtre pensait qu'à force d'injustices, d'insultes et d'outrages, il amènerait la France à entreprendre la conquête de la République mexicaine ; qu'on pourrait établir alors une monarchie. La France convenait mieux que toute autre nation pour accomplir ce dessein. Elle a l'humeur belliqueuse, elle est impatiente des injures, dût-elle perdre à les venger.... [1].

UNE ENTREVUE DU ROI DE PRUSSE ET DE L'EMPEREUR D'AUTRICHE EN 1770.

Extrait de la correspondance du prince de Ligne. *Mélanges et lettres.* Paris 1806, p. 16 à 18. [2]

Le Roi étoit quelquefois trop cérémonieux ; cela ennuyoit l'Empereur. Par exemple, je ne sais si c'étoit pour se montrer un électeur discipliné, mais quand l'Empereur mettoit le pied dans son étrier, le roi prenoit son cheval par la bride ; et quand l'Empereur passoit sa jambe pour entrer en selle, le Roi mettoit le pied dans son étrier ; ainsi du reste. L'Empereur avoit l'air de meilleure foi, en

---

1 On peut retrouver ce rapport dans *don Juan de Uloa*, par P. Blanchard et A. Dauzats, avec des notes et documents par E. Maissin. Paris. Gide, 1839, in-4°.

2 Ce n'est pas d'aujourd'hui que les souverains se rencontrent. Lors d'une récente entrevue de l'empereur d'Autriche et du roi de Prusse, un de nos chroniqueurs s'est fort étonné de les voir revêtus d'uniformes qui n'étaient point ceux de leurs armées. Ces galanteries de tenue ne sont pas nouvelles et ne signifient rien, comme le prouve ce récit charmant de finesse et d'ironie.

lui témoignant beaucoup d'égards, comme un jeune Prince à un vieux Roi, et un jeune militaire au plus grand des généraux. Un jour de confiance ils parlèrent politique ensemble : « Tout le monde ne peut pas avoir la même politique, disoit le Roi ; elle dépend de la situation, de la circonstance, et de la puissance des Etats. Ce qui peut m'aller n'iroit pas à Votre Majesté : j'ai risqué quelquefois un mensonge politique.

— Qu'est-ce que c'est que cela ? dit l'Empereur en riant.

— C'est, par exemple, reprit le Roi, aussi fort gaiement, d'imaginer une nouvelle que je savois bien devoir être reconnue fausse au bout de vingt-quatre heures ; mais n'importe, avant qu'on s'en fût aperçu, elle avoit déjà fait son effet. »

Quelquefois il y avoit des apparences de cordialité entre les deux souverains. On voyoit que Frédéric II aimoit Joseph II, mais que la prépondérance de l'Empire et le voisinage de la Bohême et de la Silésie arrêtoient le sentiment du Roi pour l'Empereur. Vous vous ressouvenez, Sire, de leurs lettres au sujet de la Bavière, de leurs complimens, de l'explication qu'ils eurent sur leurs intentions ; explication qui se faisoit avec politesse, et que de politesse en politesse le Roi entra en Bohême.

Le Roi, par galanterie, s'étoit mis en blanc, ains que sa suite, pour ne pas nous apporter ce bleu que nous avions tant vu à la guerre ; il avoit l'air d'être de notre armée et de la suite de l'Empereur. Il y eut, je crois, dans cette visite, de part et d'autre,

un peu de personnalité, quelque méfiance, peut-
être un commencement d'aigreur : ce qui arrive
toujours, dit Philippe de Commines, aux entrevues
des Souverains.

Excentricités biographiques.

MEMBRE DE QUINZE CENT SOIXANTE-CINQ SOCIÉTÉS

Reproduction littérale d'une brochure intitulée : *Biographie du comte Alexandre de Lubawsky*, le Pitaval 1 russe savant, sauveteur, membre de 1,565 Sociétés. Issoudun, typographie Eugène Motte. 1882, in-32.

Le comte de Lubawsky est un des hommes les
plus célèbres dans le monde scientifique : académies,
corps savants, sociétés, clubs, tiennent à l'honneur
de l'avoir soit à la présidence, soit comme membre
honoraire. Depuis que la Russie existe, de Lubawsky est le premier qui ait créé la littérature des
Causes célèbres Russes ou procès criminels remar-
quables, IV tomes, 2435 pages, racontés en forme
de romans ou de contes. C'est son plus beau titre,
pour que son nom parvienne à la postérité ; il est
le *Pitaval russe.*

De Lubawsky est né le 9 mars 1840 à Morschansk,
ville de Russie. Son père noble, Dymitri de Lu-

---

1 Pitaval était un jurisconsulte français du 18ᵉ siècle. Il
publia en 1734 un recueil de *Causes célèbres.*

Cette brochure semble avoir été tirée à grand nombre pour
être distribuée gratuitement.

bawsky, était membre du tribunal de 1re instance de Viazma, poète lyrique. La mère du comte, Euphrasie, était de la noble famille des Poutiata, dont parlent les chroniques russes du XIe siècle de Nestor, où il est dit : « Dobrinia baptisa les païens « russes à Novgorod avec le feu, et *Poutiata avec le* « *glaive* ». Par alliance, le comte de Lubawsky est parent des comtes Kamiensky et des princes Chovansky.

En 1855, de Lubawsky, à l'âge de 13 ans, fut placé à Saint-Pétersbourg, à l'école impériale de Droit (dans laquelle, selon la loi, peuvent être élevés seulement les enfants des gentilshommes qui ont plus de 200 ans de noblesse). Dans cette école, de Lubawsky eut le bonheur d'écouter le cours de droit criminel du professeur Kalmikoff avec le membre de la famille *Impériale* russe, Son Altesse le prince Nicolas d'Oldenbourg ; à cause de cela, il imprima ce cours dans un livre de 535 pages. Le comte finit à l'Ecole ses études avec la première médaille d'argent, en tout égal au premier élève, baron Iviskul von Hildenbandt. Plus loin, nous énumérerons les fonctions que Lubawsky occupa au service de la Russie.

De Lubawsky est polyglotte, connaît 8 langues ; il a fait imprimer la brochure *Calembours français*, qui commence ainsi : Les Français sont le premier peuple du monde, car ils sont gouvernés non-seulement par le *Code* civil, mais aussi par le *Code* de l'honneur.

. La *biographie* de Lubawsky a été publiée dans

le journal *le Biographe* à Bordeaux (vol. IV, 1880, pages 128-131), où il est dit de lui : « Sauveteur lui- « même, il a accompli plusieurs actes de courage. « Dans le terrible incendie de Toula en 1871, *il sauva* « *toute une famille*, réfugiée dans les mansardes que « les flammes envahissaient. Dix minutes après ce « sauvetage, la maison s'écroulait dans le brasier... »

La biographie du comte fut aussi imprimée dans le journal *Diogène* Palermo. Numi 10 Marzo 1881 : « Siccomo politico de Lubawsky e si, presenta « autore del grandiozo progetto, che l'Italia puo « rediventare *impero Romano*, con Roma Capitale « ed annettare al suo dominio Tripoli ed il Sahara, « o parte dell' Egitto e dell' Asia Minore. »

Le comte est auteur des projets, que si la France veut se relever des désastres de la dernière guerre, elle doit s'annexer : 1º le Sahara *occidental*, enclavé entre l'Algérie et la Sénégambie. 2º Toute la péninsule *orientale* de l'Inde (Cochinchine, Tonkin, Siam, Annam, Birmanie). La France aura alors 70 millions d'habitants et 80.000 lieues carrées (elle a 10.000 lieues carrées en Europe).

Voici les titres honorifiques du Comte Alexandre de LUBAWSKY : il est Chevalier et comte du Saint-Siège apostolique à Rome, Baron et comte de Thessalie, duc de Nicotera (en Italie), Vicomte d'Araucanie et Patagonie, décoré de 782 *médailles*, *membre de* 1565 *Sociétés et corps savants*, Acadé· micien, docteur en droit.

En Russie, Alexandre de Lubawsky est Conseiller de Cour de l'Empire russe (Hofrath, Consigliere

di Corte), Membre effectif de la diète des Gentilshommes à Viazma (avec uniforme); il a occupé
jadis les fonctions au-dessus de Sous-Préfet (avec
un traitement annuel de 10.800 francs); fut attaché
à la Chancellerie impériale à Saint-Pétersbourg et
au Ministère de la Justice; de Lubawsky est ancien
homme d'Etat, politique, législateur, magistrat. Il
a été : rédacteur des *Codes de procédure du 20 novembre 1864 pour la Russie* (4.000 articles de lois)
et des Codes de Procédure du 19 février 1875 pour
le royaume de Pologne, — Ancien substitut du
procureur, — Conseiller titulaire, — Assesseur de
collège et Secrétaire du troisième département judi-
ciaire à Saint-Pétersbourg. De Lubawsky fut :
membre de la commission juridique (annexée au
comité constituant, dont les ministres étaient les
membres), membre de plusieurs commissions
législatives. Ancien secrétaire « des biens confisqués
à Saint-Pétersbourg (expédition de liquidation) aux
criminels politiques. » Le comte de Lubawsky est
grand Croix ou grand officier des plaques : Guade-
loupe et Aigle mexicaine du Mexique (depuis 1867),
Santa Rosa de Honduras (depuis 1869), Ordre
Etoile du Sud et Ordre Couronne d'Acier (Araucanie et Patagonie), Ordre Saint-Marin, Real orden
espanola de Carlos III, Orden de Isabel la Catolica.
De Lubawsky est chevalier de l'ordre impérial
russe de Sainte-Anne (depuis 1863), du Nichan
Iftichar du Bey de Tunis, de la croix Corona
d'Italia, Ordre de Takova, de Serbie, Ordre du
Libérateur de Vénézuéla, Légion d'honneur à la

boutonnière de Haïti. De Lubawsky est décoré des croix et médailles des Sociétés de Sauveteurs : à Paris (4), Nice (3), Carcassonne, Bordeaux, Lyon (3), Marseille (5), Lille, Angoulême, Belfort, Reims, Nantes, Rennes et Quimper, Alger (3), Tours, Montpellier, Elbeuf, Chauny, Cognac, Luzy (Nièvre), Gaeta et Rome en Italie, Vienne (Autriche), Bruxelles, Palerme, Versailles, Toulouse, Havre (3).

De Lubawsky est aussi membre d'honneur correspondant du *Prisme* pour la Russie.

Voici les noms des livres dont de Lubawsky est auteur : 1º la brochure françaises *Calembours français* ; 2º *les Causeries célèbres russes, IV tomes, 2435 pages, le Pitaval russe* ; 3º *les Monographies et études juridiques*, VII tomes, plus de 2.000 pages, avec le portrait et le blason de l'auteur ; 4º le cours de Kalmikoff, 535 pages. De Lubawsky est éditeur des *Poésies lyriques* de son père, Dymitri de Lubawsky, 1 volume, et rédacteur du journal russe *Chronique des Sociétés savantes et de bienfaisance en Russie et à l'étranger.*

Nous ajouterons que de Lubawsky a travaillé dans son cabinet avec le ministre russe Miloutine (travaux législatifs), et est Noble gentilhomme Russe héréditaire du 6ᵐᵉ livre, avec un blason qui représente une main armée d'un glaive et clouant à terre un serpent (le serpent rappelle les imposteurs, contre lesquels, avant 1613, ont combattu ses ancêtres).

Amours de Microbes.

Extrait des *Études sur les animalcules des infusio.s végétales*
par M. Paul Laurent. Nancy. 1854.

Les détritus d'une tige de cucurbita-peto, placés
au milieu d'*une goutte d'eau* de l'infusion, entre les
verres du porte-objet, avaient par hasard renfermé
entre eux un espace triangulaire, et dans ce petit
espace étaient comme parqués une vorticelle ₁
attachée par sa tige à un des fragments végétaux
qui formaient un des côtés du triangle, et un infusoire garni de cils puissants qui annonçaient sa robuste et mâle constitution. Il tournait autour de la
vorticelle en cherchant à la caresser avec ses cils,
tantôt sur un point et tantôt sur un autre, mais
plus particulièrement vers sa partie antérieure,
c'est à dire sur sa bouche; et chaque fois qu'il en
arrivait là, une répulsion, une très-forte émotion,
une frayeur vive se manifestait chez la vorticelle
par des contractions rapides de sa queue en tire-
bourre, et la cloche elle-même se raccourcissait
soudain, en même temps qu'elle s'éloignait des
attouchements trop vifs dont elle était l'objet.

₁ On appelle *vorticelle* un animalcule ayant la forme
d'une clochette, d'une corolle de campanule, attachée à un
pédoncule, d'où son autre nom de *fleur animée*. Son parte-
naire, l'infusoire, est aussi appelé *utricule*, à cause de sa
forme ovoïde, dans laquelle se remarquent trois ouvertures
garnies de cils. — Jamais on n'a tant parlé de microbes. Cet
extrait, déjà vieux de trente ans, est digne d'être cité comme
un monument de notre passion pour l'étude des infiniments
petits, dans tous les genres.

Quant à celui qui se sentait si bien attiré vers elle, il ne se décourageait pourtant pas pour cela, car avant même que l'hélice de la queue de la vorticelle ne se fût de nouveau étendue, il avait nagé timidement vers la cloche fugitive, dont il suivait le sillage. Il revenait donc, mais en hésitant, vers elle, faisait vibrer ses cils et nageait à ses côtés avec des précautions toutes particulières. Ainsi, par exemple, quand ses antennes, je veux dire les cils de sa bouche, venaient à effleurer la cloche vivante, on pourrait dire la fleur animée, s'il s'apercevait qu'il existait chez elle quelques nouveaux frémissements, on le voyait reculer aussitôt avec vivacité, mais pour se rapprocher bientôt de celle qu'une poursuite trop vive aurait effarouchée ; si bien qu'au bout d'un certain temps, mieux appris et plus prudent, il parvint à ne plus provoquer chez elle ces fuites rapides comme l'éclair et au moyen desquelles elle lui échappait tout-à-coup.

Mais alors, un nouveau manège de la part de la vorticelle succéda à ces vifs témoignages de répulsion.

Moins craintive, et toutefois ne voulant pas céder aux instances dont elle était entourée, elle appuyait doucement un des points de sa cloche contre le corps de l'agresseur et le repoussait avec toute la grâce d'un lis penché sur sa tige.

Son poursuivant se laissait ainsi éconduire sans résistance jusqu'à l'un des angles opposés de l'espace triangulaire où ils étaient renfermés tous deux. On ne peut croire tout ce qu'il vait de

soumission, de laisser-aller dans cet être évidemment plus robuste que la cloche-fleur. Repoussé
ainsi et après cela abandonné dans son coin, il y
restait pendant quelques secondes sans bouger;
puis, comme la vorticelle s'était empressée de se
retirer à l'autre bout de leur champ-clos, il suivait
sournoisement ses traces pour venir encore, papil-
lonnant autour d'elle, recommencer ses instances.

Cependant, les refus de la fleur animée devin-
rent insensiblement moins sévères; une sorte d'in-
timité commença à s'établir entre ces deux êtres
faits pour s'unir, et la fleur timide, la nymphe coquette, la Célimène des eaux, finit, comme tant
d'autres, par céder à la grande loi naturelle.

Ainsi, (ajoute M. Laurent), j'avais lu par hasard
un roman d'une heure dans la *millième partie d'une
goutte d'eau*. Et comment, après cela, aurais-je pu
douter de la sensibilité de ces êtres tellement petits que, sans le secours du microscope, on ne
soupçonnerait pas leur existence?

Un manuscrit de Napoléon Ier. — « Mardi 29
janvier, Dentu devait publier un manuscrit portant
pour titre *Ma vie privée*. Ce manuscrit, entièrement de la main de l'Empereur Ier, a été présenté
dimanche dernier à l'empereur Napoléon III qu
l'a gardé; la publication n'aura donc pas lieu. »
Vielcastel. *Mémoires* T. VI, p. 100).

Un acte de divorce

Département
de
l'Hérault
—
Canton
de
Saint-Gervais

LIBERTÉ, JUSTICE, ÉGALITÉ

Extrait des registres des actes de divorse de l'administration municipale du canton de Saint-Gervais, du département de l'Hérault.

L'an huit de la République française une et indivisible et le dix-sept nivôse, devant moy Laurent Granier, agent municipal de la commune de Saint-Gervais, ville, département de l'Hérault, chargé par la loy de recevoir les actes de naissance, divorse et décès dans la maison commune.

Est comparu le citoyen Emmanuel-Gervais Serviès, général de brigade réformé, domicilié sur la présente commune, depuis environ sept mois, assisté des citoyens Barthélemy Moulinier, commissaire du gouvernement, près l'administration de ce canton ; Joseph Martin, propriétaire foncier ; Pierre Farret, ci-devant receveur du droit d'enregistrement, et Joachim Crassous, boucher, tous domiciliés sur la présente commune et majeurs, qui m'a exhibé l'extrait de l'acte de notoriété qui luy a été délivré par l'administration municipale du présent canton, en date du sept vendémiaire dernier, duement enregistrée au bureau de Bédarrieux. Le d. acte portant attestation de six témoins domiciliés sur la présente commune que le d. Serviès, conjoint, par mariage, à la citoyenne Treillard, s'en est séparé pendant plusieurs années, et m'a requis de prononcer à la dissolution de son contrat de mariage avec ladite Treillard et a signé Serviès.

Vu par moy, agent municipal, l'extrait de l'acte de notoriété remis par le d. Serviès, par moy paraphé, ay, en présence des d. témoins et du d. Serviès, déclaré à haute et intelligible voix que le contrat de mariage dudit Serviès avec ladite dame Treillard est dissoud et ont les d. Serviès et témoins signé avec moy, Serviès, Martin, Farret, Moulinier, Crassous, Granier, ayent signé à la minute.

VOLTAIRE PATRIOTE

Voltaire aima son pays, et il l'a prouvé en termes pleins de bon sens. Dans une lettre du 18 février 1760, il écrivait : « J'aime encore mieux avoir des rentes sur la France que sur la Prusse. Notre destinée est de faire toujours des sottises et de nous relever. Nous ne manquons presque jamais une occasion de nous ruiner et de nous faire battre; mais, au bout de quelques années, il n'y paraît pas. L'industrie de la nation répare les balourdises du ministère. »

En un autre moment où l'on croyait tout perdu, il écrivait encore : « J'admire les gens qui disent : « La France ne pourra résister... » Eh ! Messieurs, un archiduc vous a pris Amiens; Charles-Quint a été à Compiègne, Henri V d'Angleterre a été couronné à Paris. Allez ! allez ! on revient de loin... »

Puis, condamnant les systèmes diplomatiques arrêtés d'avance, Voltaire ajoutait : « Quoi ! point de système ?... Je n'en connais qu'un, c'est d'être bien chez soi. Alors tout le monde vous respecte. »

LA FORTUNE PUBLIQUE DE LA FRANCE

Extrait de *la Durée des générations et de ses applications statistiques*, par M. le D᙮ Léon Vacher. — Nancy, Berger-Levrault, 1882.

Le problème de la détermination de la fortune de la France est de ceux qu'on ne résout que par approximations successives. En l'abordant pour la première fois en 1878, j'employai la méthode suivie par Lavoisier en 1789, c'est-à-dire que j'évaluai directement chacune des branches du revenu national, et, par des taux de capitalisation convenablement choisis, j'étais arrivé au chiffre de 240 milliards. Le procédé de vérification que je viens de développer nous conduit au chiffre de 225 milliards, en sorte qu'on peut, je crois, fixer approximativement à 230 milliards le capital national, ou plutôt l'ensemble des fortunes particulières transmissibles par héritage.

Pourquoi Emile de Girardin soutint l'élection de Louis Napoléon, comme Président de la République. — Il ne s'était mis du côté du prince que pour faire pièce au général Cavaignac qui l'avait incarcéré en Juin, et qui lui avait donné la peur d'une exécution.

sommaire. Je lui ai entendu raconter sur cela une anecdote fort curieuse.

Incarcéré, mis brutalement au secret en juin 1848, il n'avait ni linge ni habit de rechange. Il en fit demander. Madame de Girardin, se méprenant sur le sens de sa missive, fit parvenir à son mari un habillement de soirée, sans doute pour qu'il tombât avec dignité, et une lettre dans laquelle elle lu adressait un suprême adieu. M. de Girardin, qui ne savait pas ce qui se passait au dehors, crut pendant quelque temps à sa mort prochaine. Il ne l'a jamais pardonné au général Cavaignac. (Jules Richard. *Comment on a restauré l'Empire*, Paris, Dentu, 1884).

CHATEAUBRIAND RÉGICIDE

Extrait des *Mémoires d'Outre-Tombe*, éd. Kribbe, t. 2, p. 288

En osant quitter Bonaparte, je m'étais placé à son niveau... Antipathiques sous beaucoup de rapports, nos deux natures reparaissaient, et, s'il m'eût fait fusiller volontiers, en le tuant je n'aurais pas senti beaucoup de peine...

MARAT ROYALISTE

Extrait d'un catalogue d'autographes d'E. Charavay.

---

30. Marat (J.-P.), fameux publiciste et conventionnel, dit *l'Ami du peuple*, assassiné par Charlotte Corday en 1793.

L. a s. à M. de Saint-Laurent, à Madrid ;
Paris, 6 nov. 1783, 2 p. 1/2 in-18.

Très-curieuse lettre sur une affaire qu'il poursui-
vait à la cour d'Espagne.

« J'ai mis mon bonheur à porter les sciences
exactes et utiles au plus haut point qu'elles peuvent atteindre. J'ai besoin, pour réussir, de la pro
tection d'un grand Roy et je serois au comble de
mes vœux si je puis consacrer mes talens au bien
d'une nation que j'aime et respecte. »

LA DIRECTION DES BALLONS EN 1785

Extrait de la *Correspondance secrète* d'Imbert de Bourdeaux.
Tome XVIII, page 395.

4 septembre 1785.

Pendant qu'on dansoit au Ranelagh du Bois de
Boulogne, samedi dernier, le ballon du Moulin de
Javelle, conduit par cinq voyageurs, se dirigea sur
Passi, quoique le vent lui fût contraire ; les rames
ou les ailes bien employées avoient vaincu la difficulté, et les voyageurs alloient planer sur le Ranelagh, lorsqu'une de leurs ailes ayant cassé, la direction du vent les a ramenés à Javelle, d'où ils
étoient partis. Cette expérience confirme les espérances déjà conçues sur les moyens de direction
maginés par MM. Valette et Alban, moyens que
l'intelligence des aéronautes qui s'élèvent avec eux
perfectionne de jour en jour.

Campagne du Tonkin

JOURNAL ET CORRESPONDANCE D'UN SOLDAT

Voilà tout ce que j'ai vu dans mon voyage de Versailles au Tonkin [1]

17 janvier 1884. — Parti de Versailles à sept heures du soir, à la gare des Matelots. Arrivé à Paris à dix heures et demie et parti pour Toulon à onze heures du soir. Passé à Dijon et Mâcon. Arrivé à Lyon le 18, à quatre heures du soir. Resté une heure. Avoir déjeuné place Perrache. Vu les rues Saint-Joseph et Condé. Parti pour Marseille à cinq heures du soir. Passé à Avignon, à Vienne. Arrivé à Marseille à quatre heures du matin, le 19. Resté deux heures. Déjeuné boulevard de la Gare. Visité le port et reparti à six heures du matin pour Toulon. Arrivé le 19 à neuf heures et demie du matin. Embarqué sur le *Shamrock* le 19 janvier à dix heures du matin. Parti pour le Tonkin le 20 à trois heures et demie du soir. Le 21, longé les côtes de la Corse ; l'on voit que des montagnes. Toute la journée est très-belle. Aperçu dans la journée plusieurs poissons, soi-disant des marsouins.

Le 22, il fait un soleil magnifique. L'on se promène sur le pont. Fait une partie de piquet, et l'on voyait l'eau de tous côtés. Le 22, à trois heures

---

1. Ce document est publié tel quel, et sa naïveté même peut être considérée comme la meilleure garantie de sa sincérité.

Rev. rétr. n° 10.

après-midi, passé au pied du volcan le *Stromboli*.
L'on voyait une fumée épaisse sortant de l'extré-
mité, et le derrière du volcan est habité. Sur la
droite, l'on voit d'immenses rochers d'une hauteur
étonnante, dont on en voit plusieurs qu'il sort de
la fumée. Le 22 au soir, passé le détroit de Messine
qui est entre la Sicile et l'Italie. L'on aperçoit à
droite et à gauche deux grandes villes étant illu-
minées d'une manière vraiment jolie et paraissant
d'une grandeur immense. Le 23, à six heures du
matin, grand roulis du bateau dont il y en a beaucoup qui ont eu le mal de mer, et ils ont tendu
toutes les voiles. Après midi, mer un peu calmée.
Il fait un soleil magnifique, et l'on sort tous sur le
pont. Passé à côté de la mer Adriatique. Tous les
soirs, prière à bord six à heures.

Le 24, matinée très-belle. A onze heures du matin, aperçu sur la droite l'île de Candie qui est d'une
grandeur immense, et l'on voit plusieurs montagnes
vraiment hautes. Il fait une chaleur insupportable,
comme dans le mois de juillet en France.

26. Arrivé à Port-Saïd à huit heures du matin. Il
fait un temps magnifique. Le port est très-joli. L'on
voit l'hôtel du Louvre, les ateliers de construction de
navires, et l'on voit beaucoup de soldats anglais
restés pour prendre du charbon.

Le 27 au matin, entré dans le canal de Suez. L'on
voit des oies sauvages par milliers et l'on entre
dans le désert de Sahara. Sur les rives du fleuve, il
y a des enfants ainsi que des hommes et femmes
qui suivent quelquefois deux heures pour avoir un

bout de biscuit. C'est vraiment drôle ; ils sont presque tout nus.

28. Aperçu une caravane. Il y avait environ 115 chameaux. Ils sont chargés de sable en grande partie. Ça n'est que des enfants qui conduisent les chameaux. L'on rencontre des hommes qui pêchent avec des éperviers faits comme les nôtres, et ils ne vivent que de leur pêche. Le désert n'est que sable et l'on voit des touffes de bruyère de temps en temps ainsi que des montagnes de sable.

28. A huit heures du soir, échoué sur un banc de sable à 71 kilomètres. L'on a essayé de se dégager, mais l'on n'a pas pu réussir.

29 au matin, il est arrivé un remorqueur qui nous a aidés à nous retirer. Après 7 heures de travail pénible, l'on s'est remis en route et l'on a perdu une ancre. L'on a fait attendre trois navires allant à Port-Saïd, et deux autres venant de notre côté, dont il y avait la *Sarthe*, qui a échoué à 100 mètres de nous. Ils ont resté 24 heures. Le canal de Suez a 86 kilomètres de long. L'on ne marche que dans le jour, et l'on ne fait que 6 kilomètres à l'heure. La largeur que l'on peut passer n'est que de 25 à 28 mètres ; le courant est assez rapide et va de la mer Rouge à la Méditerranée. L'on traverse plusieurs grands lacs dont je ne sais les noms.

Arrivé à Suez à 5 heures du soir. La ville paraît assez grande et l'on aperçoit plusieurs clochers. Passé la nuit dans le port.

30. Passé dans la mer Rouge à 6 heures du matin. Il fait un grand vent. L'on voit sur la droite de

grandes montagnes. Depuis Suez jusqu'à Saïgon, l'on a du café deux fois par jour. Après midi, il fait toujours du vent d'une force que ça enlève de l'eau jusque sur le pont qui est environ six mètres de l'eau.

31. Au matin, il fait toujours du vent. Après midi, le soleil s'est montré, mais le bateau balance beaucoup ; l'on ne voit que le ciel et l'eau. Aperçu un navire à 5 heures du soir.

1er *Février*. Deux journées très-belles, mais il fait une chaleur étouffante. Rien que le ciel et l'eau.

3. Dimanche. Matinée très belle. A onze heures, l'on a vu des montagnés de différentes couleurs et on les voit jusqu'à 2 heures après midi.

4. Arrivé à Aden à huit heures du matin. L'on ne voit pas la ville, l'on ne voit que quelques maisons. Il y a des petits enfants qui arrivent dans des petites barques ; on leur jette un sou : alors ils plongent dans la mer pour aller chercher le sou, et chaque fois ils le rapportent. Ils nagent absolument comme des poissons. Ils sont tous vraiment gentils Ils paraissent avoir de 8 à 9 ans. Resté une journée pour prendre charbon.

4. Parti à huit heures du soir ; passé dans la mer des Indes.

5. Journée très-belle. On ne voit que le ciel et l'eau.

6. Matinée très-belle. A midi, passé à côté du *La Galissonnière* qui est un bâtiment de guerre, et il y avait l'amiral Conrad. On l'a salué par onze coups de canon. Il nous a répondu par trois coups

de canon, et comme il a une fanfare, ils ont joué la *Marseillaise* et un autre morceau de musique, ce qui était vraiment joli d'entendre cela en pleine mer. Nous sommes passés si près l'un de l'autre que notre commandant causait avec l'amiral. Ensuite, nous sommes repartis, parce que notre bateau va beaucoup plus vite. Restant de la journée très beau, mais très chaud. On ne voit que le ciel et l'eau.

7. Matinée très-belle, mais il fait toujours un peu de vent. Après-midi idem. Ciel et eau.

8. Journée très-belle, avec un soleil magnifique. L'on voit beaucoup de poissons volants. Ils sont gros comme des harengs, et l'on dirait des hirondelles. Ils sont tous par volées de quarante ou cinquante. Ciel et eau.

9. Journée très-belle. La mer se calme de plus en plus. Soleil très chaud. Il fait jusqu'à 35 degrés. Ciel et eau.

10. Journée très-belle avec un soleil magnifique. Ciel et eau. Le soir, sur l'avant du bateau, grand concert, et, sur l'arrière, grand bal à grand orchestre : piston, flûte et accordéon ; enfin l'on ne s'ennuie pas.

11. Journée *idem*. Ciel et eau.

12. Idem. *Idem. Idem.*

13. Matinée très-belle. Arrivé à *Colombo* à trois heures après-midi. Arrêté une heure pour donner les lettres. Il y a des noirs dans des barques qui n'ont pas plus de 0^{m}40 de large et longues de trois ou quatre mètres, avec un gros morceau de bois qui est à trois mètres sur le côté, attaché par deux

autres allant de la barque audit bout de bois, ce qui empêche la barque de chavirer. Les hommes qui sont dedans sont obligés de se tenir debout et sur le côté. L'on n'aperçoit que très-peu de maisons. Il y a des montagnes d'une hauteur qui vont jusque dans les nuages. A côté il y a une grande forêt.

14 Journée très-belle. Ciel et eau.

15. Il a tombé de l'eau d'un force étonnante; il y avait des éclairs et le tonnerre a grondé pendant une heure et demie environ. A une heure après-midi, il est tombé de l'eau. Pendant qu'il pleut, la machine fait entendre son sifflet toutes les dix minutes parce que l'on ne voit pas à vingt mètres devant soi.

16. Journée très belle. On ne voit que le ciel et l'eau.

17. Matinée très-belle. A deux heures du soir, passé le détroit de *Malacca*. Il y a des montagnes immenses. Elles sont si couvertes d'arbres, que l'on ne voit pas une parcelle de terre. On les a longées jusqu'au soir. C'est un joli aspect.

18. Longé l'île de *Sumatra*, mais assez loin des bords; elle est couverte d'arbres. C'est une terre basse.

19. Longé des côtes toute la journée.

20. Arrivé à *Singapoure* à huit heures du matin. Port très-joli. Il y a des maisons construites comme en France. Elles se trouvent dans des petits bouquets de bois, toujours en verdure. Resté pour prendre du charbon. Ce sont des Chinois qui font le chargement; ils sont à deux. Ils n'arrêtent ja-

mais de courir. Il y a des voitures qui sont traînées par des Chinois, et ils courent comme des chevaux; ça fait que les personnes se font traîner par eux. La ville se trouve à 6 kilomètres du port.

21. Parti à dix heures du matin. Après-midi, soleil très-chaud. Ciel et eau.

22. Il a fait un vent d'une force épatante. Le bateau piquait de l'avant à l'arrière, qu'il fallait un appui pour se tenir debout. Il y en a beaucoup qui ont eu le mal de mer. Ciel et eau.

23. Mer très-mauvaise. Il fait des flots que ça enlève l'eau jusque sur le pont. Impossible de se tenir debout. A six heures du soir, passé auprès de l'île *Mongodon*; il y a un détachement d'infanterie de marine et une prison de détenus Chinois. L'île est assez grande.

24. La mer est toujours mauvaise. A dix heures du matin, arrivé au cap Saint-James. Entré dans la rivière pour aller à *Saïgon*. La rivière est très-large. De chaque côté, ce n'est que des bois, et l'on voit quelques maisons de temps en temps. Arrivé à Saïgon à deux heures après-midi. L'on a été obligé de mouiller parce que la mer était trop mauvaise.

26. Longé des côtes toute la journée.

27. Journée très belle. Longé des montagnes. — 28, *idem*. — 29, *idem*.

1er *Mars*. — Arrivé à la baie d'Allon, qui dépend du Tonkin, à dix heures du matin. La baie n'est que rochers l'un sur l'autre; l'on dirait absolument une forêt.

2. Débarqué du *Shamrock* et embarqué sur le *Par-*

seval, qui est une canonnière. Parti pour Haï-Phong. L'on passe dans une rivière assez large et l'on ne marche que dans des rochers pendant dix heures.

3. Arrivé à Haï-Phong à onze heures du matin. Débarqué. L'on nous a conduits dans une espèce de caserne : c'est une grange avec des planches disposées en lit de camp. La ville est assez grande, mais les maisons sont en bois et boue. Il y a plusieurs monuments français. Les habitants sont presque tout nus. Il n'y a pas beaucoup de distinction entre les hommes et femmes, et toujours pieds nus. L'on paie les poulets à o fr. 75 la pièce ; il y a choux, navets, carottes et pommes de terre comme en France.

4. A deux heures après-midi, parti pour Hanoï. L'on nous a embarqués sur un petit vapeur. De chaque côté, il y a un petit bateau en jonc, et c'est là-dessus que l'on nous met : à peine si l'on peut se remuer.

6. Arrivé à Hanoï à 2 heures après midi. La ville est plus jolie et plus grande que Haï-Phong. Les maisons sont pareilles, mais il y a la ville chinoise qui est très-jolie. Ça n'est que maisons en briques et plâtre. Il y a de très *chics* magasins, ainsi que des bazars. L'on est logé dans la citadelle qui se trouve à 4 kilomètres de la rivière. La citadelle est curieuse à voir et fortifiée que c'est quelque chose d'incroyable. Nous sommes dans des baraques en planches et l'on n'est pas trop mal. Les poulets, canards et oies coûtent o fr. 5o le kilo ; enfin, l'on fait des repas épatants.

Le 8, parti pour la prise de *Bac-Ninh*. Embarqués sur un petit vapeur, nous avons suivi le fleuve Rouge et ensuite le fleuve des Rapides.

9. Arrivé à *Sept-Pagodes*, l'on voyait l'ennemi à 3 kilomètres; ils étaient dans les montagnes. On les voyait planter leurs drapeaux. Il y avait une canonnière à côté de nous qui a tiré deux coups de canon sur eux. Ils ont répondu par quelques coups de fusil, mais il n'y a eu personne de touché, et l'ennemi s'est retiré. De là, nous sommes repartis à trois heures de marche plus loin, où les pontonniers ont fait un pont pour passer la colonne du général Millot. Ça a duré une journée, et ça s'est très-bien passé. La colonne avait un ballon avec elle. Nous sommes repartis le lendemain et l'on est arrivé à un endroit où les Annamites avaient barré le canal, et que ça était vraiment bien arrangé: d'un côté du canal il y avait au moins deux cents mètres de fortification. Enfin, la veille, les canonnières avaient pris tout cela sans difficulté, mais nous avons été quatre heures pour passer. Enfin nous sommes arrivés. Il y avait douze heures que Bac-Ninh était pris, sans que nous ayions seulement tiré un coup de fusil, et ça m'embêtait beaucoup, car j'avais encore demandé pour y aller.

La ville a été prise sans trop de mal. Il y a eu soixante-dix blessés et deux tués, un peu avant d'arriver à la ville. Tout près de Bac-Ninh, dans le canal, l'on a vu environ trente cadavres annamites qui étaient couchés sur les rives, dont plusieurs avaient la tête coupée. Là, nous avons des cendu à terre pendant trois heures ; nous avons visité plusieurs pagodes ou maisons : il y avait de très-belles choses, mais c'est beaucoup trop gros pour les prendre. Nous avons rapporté deux beaux petits cochons.

Après, nous sommes repartis pour Hanoï. La ville de Bac-Ninh est bien triste : ce ne sont que des maisons en paille et de la terre, absolument comme la maison à Brind'amour, et encore ça serait une belle [1].

Haï-Phong est à peu près pareil. Hanoï est beaucoup plus beau, parce que ce sont les Français qui ont arrangé, et maintenant il y a de très-belles maisons, comme en France. Ce sont des maisons servant pour l'année.

Nous sommes revenus à Hanoï le 19 mars ; ça faisait que, depuis le 17 janvier jusqu'au 19 mars, j'ai couché trois nuits à terre. Le lendemain, nous avons travaillé au parc d'artillerie. Nous travaillons sous des hangars qui se trouvent dans la citadelle, et nous sommes assez bien. L'on commence à six heures 1/2 jusqu'à dix heures 1/2, et de une heure jusqu'à cinq heures du soir. La nourriture, voilà ce que l'on a : le matin le café avec la goutte ; à onze heures, la soupe avec des choux, des œufs et du poulet ou de l'oie qui coûte o fr. 40 le kilo. Le soir, l'on a le bœuf avec du poisson ou d'autre viande. Café après chaque repas et thé après

---

1 Brind'amour est probablement le plus pauvre propriétaire du village de notre héros.

midi, et un quart de vin à chaque repas : ainsi vous voyez que l'on est vraiment mieux qu'en France, et ça ne coûte pas cher.

Je mange toujours comme quatre. Mais si l'on veut boire un litre, ça coûte 1 fr 5o et les liqueurs o fr. 40 le verre, ça fait que l'on y va rarement.

Quant au climat, il est absolument comme en France, mais, d'ici peu, les chaleurs vont arriver. Et puis, nous sommes vêtus à la mode. Nous avons : 1⁰ ceinture de flanelle, chemise de flanelle, une ceinture bleue en coton de quatre mètres de long sur o m. 40 de large. Pour se coucher, nous avons un moustiquaire qui est très-drôle : ça est suspendu et ça retombe de tous côtés. Quand on est couché, l'on se croirait dans une petite chapelle.

Ce qu'il y a d'embêtant, au Tonkin, ce sont les moustiques : il n'y a que cela. Et puis, nous avons des casques en liége : l'on ressemble aux Cosaques [1].

Enfin l'on ne peut pas être mieux qu'au Tonkin. Donc, chers parents, je vous prie de ne pas vous tourmenter pour moi ; je suis toujours en bonne santé et j'espère que vous êtes de même.

. . . .

Je vais écrire dans trois ou quatre jours, car je n'ai plus de papier, et il coûte très-cher, car l'on a une enveloppe et une feuille de papier pour deux

---

1 *Cosaque* se dit, à l'armée, de tout soldat mal accoutré, de disgracieux aspect.

sous : jusqu'à présent, je n'ai pas pu avoir d'encre [1].

1er *Avril*. Pour le moment, nous travaillons dimanches et fêtes, et ça fait que je n'ai pas le temps de faire ce que je veux, parce que tout ce que j'ai vu est inscrit sur mon calepin (et j'en ferai un petit livre [2] que je vous enverrai). Et puis, chers parents, il est question que nous allons ·rester un an au Tonkin, ça fait que ça serait très-chic. Pour le moment, il n'y a plus qu'une ville à prendre, c'est la ville d'Hong-Hoa qui se trouve sur les frontières de la Chine. Quand vous recevrez ma lettre, la ville sera prise.

L'on a amené hier cinquante prisonniers à Hanoï, et la colonne part demain pour Hong-Hoa. De la manière que ça va, la guerre va bientôt être finie.

Nous avons chacun un domestique, ce sont des petits de dix à quinze ans, et ils sont vraiment aimables envers nous : ils nous lavent notre linge et nous servent à table. Si l'on va en ville et que l'on ait quelque chose à porter, l'on prend le premier venu, et il porte ce que l'on a ; il nous suit comme un chien. S'il ne va pas assez vite, on lui donne un coup de bâton : enfin, c'est malheureux de voir ça. Et puis ce sont eux qui portent les munitions de guerre. Quelquefois ils sont un mille à porter et les soldats les conduisent avec le fusil sur

---

1 C'est en effet au crayon qu'est écrit l'original.

2 Il s'agit du journal publié plus haut (17 janvier au 19 mars).

l'épaule. Tous les prisonniers, on leur attache les mains ainsi que les pieds, et ce sont des *coolies* ou Annamites qui les portent sur l'épaule. Quelquefois ils les portent une journée comme ça, et les *coolies* eux-mêmes les frappent aussi : ils les appellent « les pirates », et, quand ils sont rendus à domicile, on les fusille ou on en garde quelques-uns comme espions. Ils nous font souffrir quand ils prennent des prisonniers, on leur rend la pareille, et c'est le seul moyen de parvenir à les dresser. Les femmes travaillent beaucoup plus que les hommes, et il n'y a pas beaucoup de distinction (entre les deux). Nous sommes logés dans la citadelle ; il y a des Turcos, de l'infanterie de marine, des marins, des chasseurs d'Afrique, des lignards : enfin, l'on est environ six mille hommes dans la citadelle. Vous pensez que c'est grand.

. . . .

Informez-vous si vous pourriez m'envoyer ma paire de bottines, ou si vous vouliez me faire une paire de souliers et que vous puissiez me l'envoyer, ça me ferait plaisir, parce que l'on touche des *godillots* [1], et il faut que ça fasse six mois ; ça fait qu'à la fin l'on marche sur le dernier quartier, et une paire de chaussures coûte 40 francs.

15 *Avril*. Je vous envoie tous les détails de ce que j'ai vu : j'ai profité d'une journée de repos

---

[1] C'est à dire : on reçoit des souliers fabriqués par les fournisseurs de l'armée. Godillot est le nom de celui qui fut protégé surtout par le second Empire.

(parce que l'on est de planton chacun son tour pour garder ce qu'il y a dans la chambre). Nous avons fait un bon déjeuner le jour de Pâques ; nous étions six ; l'on a été au marché et l'on a acheté du porc et plusieurs choses, et nous avons fait à manger vraiment à la mode. Après, l'on a chanté sa petite chanson, et la fête s'est très-bien passée ; car, au moment où je vous écris, il y a quinze hommes de chez nous qui sont partis pour la prise de Hong-Hoa, et voilà pourquoi que nous étions que six. Et puis je vous dirai que la ville est prise depuis trois jours ; l'ennemi n'a fait aucune résistance ; il rentre presque sans tirer de coups de fusil : vaut mieux ça que de voir beaucoup de morts. Quand les autres reviendront, nous ferons encore une petite fête, mais sans excès.

Sur ma dernière lettre, je vous demandais mes bottines : eh bien, si vous ne me les avez pas envoyées, ne les mettez pas à la poste. Maintenant, il y a un cordonnier avec nous, et il répare nos *godillots*. Mais, envoyez-moi toujours des journaux, parce que ça me distraira de savoir ce que l'on dit en France. . . . .

A la prochaine paye, qui sera du 10 au 15 mai, j'achèterai un tapis que je vous enverrai, car l'on ne peut rien avoir sans argent, et ça coûte cher. Je préfère mettre mon argent comme ça, et ça sert quelque chose de chouette......

Je vous prie de ne pas vous tourmenter pour moi, car nous sommes très-heureux et l'on ne s'ennuie pas trop.

1er *Mai*. — Je suis toujours en bonne santé et je ne m'embête pas du tout parce que nous sommes beaucoup mieux qu'en France. Jamais l'on ne passe de revue et l'on est presque son maître. Maintenant l'on commence à travailler à six heures du matin jusqu'à dix heures et demie et l'on a trois heures et demie pour déjeuner parce qu'il fait trop chaud, et c'est expressément défendu de sortir. Enfin ça fait que l'on sort. L'on recommence à travailler à deux heures jusqu'à cinq heures et demie du soir, et l'on travaille toujours les dimanches.

Chers parents, maintenant que Hong-Hoa est pris, il y a encore deux autres villes à prendre, et il faut attendre jusqu'au mois d'octobre parce qu'il tombe beaucoup d'eau, et c'est loin. Il y a trente jours de marche de Hanoï, et puis il fait trop chaud. Ça fait que, après les deux villes prises, l'on pense que l'on s'en retournera en France parce que l'on est tant que les ouvriers de marine et nous, nous sommes quatre-vingts, et il n'y aura jamais assez d'ouvrage pour tous. Heureusement, nous sommes tous bien logés et très-bien pour travailler. Et puis, il fait des orages, quelque chose d'effrayant : jamais je n'ai entendu tonner si fort que ça. C'est le Chim-Chim Bouddha qui fait cela. Le Chim-Chim Bouddha, c'est le bon Dieu des Annamites.

Et puis l'on commence à s'habituer avec les gens du pays. Quand l'on peut sortir, l'on va se promener dans la ville chez les marchands de vin chinois, parce que les marchands français ne sont pas si aimables que les Chinois, et plus voleurs. Dans la ville, l'on voit beaucoup de choses curieuses, mais c'est comme en France, l'on n'a rien pour rien, et ca coûte encore assez cher. Enfin, à la paye prochaine j'achèterai plusieurs choses que je vous enverrai.....

16 *Mai*. — Hier, le 15, notre lieutenant nous a dit que l'on allait changer de garnison. Donc, maintenant, l'on ne sait à quel endroit que l'on va aller.

Quant à moi je suis toujours en bonne santé, et, plus ça va, plus je me plais au Tonkin, parce que l'on gagne le double qu'en France ; ainsi les journées sont : de 3e classe, 1 fr. 20 ; 2e, 1 fr. 30 et 1re, 1 fr. 50, et il n'y a que huit heures de travail par jour. Voilà qu'il commence à faire chaud ; il fait de 35 à 40 degrés de chaleur, et quand on n'est pas habitué, ça semble un peu dur. Mais ça ne fait rien, l'on est pas mal.....

Sur une de mes lettres, je vous disais que je vous enverrais quelque chose du Tonkin, mais l'on n'a pas encore fait la paye. Patientez : je vous promets que vous recevrez quelque chose, et peut être deux mois après que vous aurez reçu ma lettre, (et ce sera une grande surprise).....

15 *Juin*. — Il y en a quatre de chez nous qui sont partis sur les frontières de la Chine pour faire des ponts sur plusieurs rivières. Ça va durer plusieurs mois. Et maintenant l'on ne sait au juste à quelle époque l'on va partir. Enfin, j'espère être toujours en France pour le jour de l'an. Ne vous ennuyez pas, car nous sommes très bien au Tonkin.

Nous avons touché ¹ des matelas il y a huit jours,
et ça semble bon parce que je n'avais pas couché
sur un lit depuis que j'étais parti de France. L'on
était sur des bambous coupés en deux, c'est-à-dire
sur des bouts de bois ronds. Vous comprenez que
ça n'était pas si doux que la plume. A vingt ans,
l'on supporte tout. Pour la température, ça ne varie
plus beaucoup; il fait toujours très-chaud. A l'ombre, il y a 45 à 50 degrés. Voilà qu'on n'y fait plus
attention.

Le 23ᵉ de ligne doit partir à la fin du mois. Il y
a un qui m'a promis que s'il était rentré avant moi,
il ira vous voir, parce que nous sommes camarades.
Et s'il vient, je vous prie de lui payer à déjeuner,
car c'est un bon garçon; il vous racontera plusieurs
choses, et je crois que ça vous fera plaisir.

Je vous prie de ne pas faire attention si mon
papier est taché, car j'ai renversé mon encrier, et
un enerier de deux sous en France coûte douze
sous au Tonkin. Enfin, chers parents, je ne vois
plus rien à vous dire. C'est aujourd'hui dimanche,
et la journée va se terminer, tandis que vous, vous
allez la commencer. Par moments, je ne peux me
figurer être si loin de vous. Il n'y a que 3,500 lieues
qui nous séparent.....

1ᵉʳ *Juillet.* — A l'heure où je vous écris, l'on devrait être parti pour la France; les armes mêmes
étaient emballées. Mais vous devez savoir ce qui est
arrivé à la colonne qui était partie sur les frontières

---

1. *Touché* est, dans l'armée. synonyme de *reçu.*

de Chine ; il y a beaucoup de tués et blessés. De cette manière, ça fait que ça recule notre départ, mais j'espère que ça ne sera pas de beaucoup. Enfin, chers parents, avec la patience, ça arrivera. Et puis nous sommes très-bien : l'on s'enfile [1] toujours du poulet. Mais ce que je réclame, c'est que vous me gardiez un bon et beau lapin, parce qu'il n'y en a pas, et c'est cela que j'envie. Et je me charge de le manger à moi tout seul.

Tous les soirs, l'on entend tirer le canon dans les fortins aux environs, mais les pirates ne viennent pas jusqu'à nous, malheureusement.....

18 *Juillet.* — Un mot sur le 14 juillet ! *Primo*, le 13, à cinq heures, toutes les troupes de Hanoï ont défilé devant le général Millot. Il y avait la fanfare de la compagnie de discipline, et peut-être cinquante tambours et autant de clairons, ce qui était vraiment joli. Le 14, toute la ville était illuminée, l'on a tiré quarante coups de canon. Le soir, grand feu d'artifice et plusieurs comédies annamites, ce qui était très curieux. Enfin, pour finir, nous avons passé un 14 assez amusant. Mais cela ne vaut pas la France, quoique nous ne soyions pas malheureux.

Chers parents, vous me recommandez de ne pas manger de fruits ni de boire d'alcool : soyez sans crainte, car vous comprenez que, dans un pays comme je suis, l'on ne fait pas d'excès. Je préfère conserver cela pour dans mon vieux pays que je réclame souvent. Pour le moment, chers parents,

---

1 *S'enfiler* (par le gosier) veut dire *manger*.

je vous prie de ne pas vous tourmenter pour moi, parce que nous sommes toujours très-bien, et je crois que ça va continuer.....

10 *Août*. — Hier on nous a lu au rapport que les troupes chinoises venaient pour envahir le Tonkin, Alors, vous comprenez que ça n'est pas près d'être terminé et que je ne suis pas en France. Enfin, ça m'est égal parce que je ne m'ennuie pas du tout. J'ai toujours un appétit d'ogre, et j'espère que ça continuera.

Je mets (dans cette lettre) une fleur de notre jardin. Maintenant, nous avons un jardinier à l'année; c'est un Annamite. On le paie à raison de o fr. 20 par jour, et nourri, et il se trouve heureux. Vous voyez, l'on ne se prive plus de rien. Il est même question d'avoir un potager, et ensuite notre lieutenant va nous acheter du vin, pour que l'on ait sa chopine le soir aussi, et il nous reviendra à o fr. 5o la chopine. L'on est plus heureux que des princes.

12 *Août*. Vous me demandez quel amusement qu'il y a au Tonkin. Eh bien! le voilà : 1° travail, toute la semaine, de six heures du matin jusqu'à dix heures 1/2 et de deux heures à cinq heures 1/2. Ensuite, l'on dîne et l'on se couche. 2° Le dimanche, l'on va en ville et l'on va boire un coup chez les Chinois, à raison de 1 fr. 5o le litre de vin, et du mauvais. Et puis, toutes liqueurs, o fr. 40. Vous comprenez que l'on ne peut sortir sans dépenser une piastre, et, comme il y a des cantines dans la citadelle, l'on n'est pas sans boire un verre

en dînant, car l'on boit double en déjeunant, et, de cette manière, c'est très-difficile de faire des économies au prix que la boisson est. Enfin, chers parents, c'est pour vous dire que l'on ne se prive pas de ce que l'on peut avoir ; et puis, quelquefois, l'on achète des conserves de toutes sortes, et la boîte coûte au moins 4 fr. 5o Je ne vous ai pas encore parlé du tabac : l'on a un paquet de cinquante grammes pour trois sous, et c'est du tabac qui est très-bon. C'est du tabac que les *cougals* vendent, et il sort de France.

Aujourd'hui, nous sommes levés à trois heures du matin pour aller défiler devant deux soldats qui ont été fusillés : ce sont deux qui ont déserté ; ce sont des soldats de la Légion étrangère. Vous dire ce que ça m'a fait, il m'est impossible de vous en faire la description : ce sont des choses que je conserverai. Je ne suis pas pour eux, mais ça fait quelque chose de voir tout ça. ......

PRÉLIMINAIRES DE L'EXPULSION DES JÉSUITES
(1772)

Extrait du *Cardinal de Bernis depuis son ministère*, par Frédéric Masson (Paris, Plon, 1884).

Le 16 septembre, le Pape suspend provisionnellement le séminaire et le pensionnat du Collége Romain, et, en même temps, enlève aux Jésuites l'administration du collége des Hibernois. Il paraît qu'au Collége Romain, les cardinaux chargés de la visite avaient découvert des abus inouïs et des dettes pour plus de deux millions. C'était une carte de plus dans le jeu des Couronnes.

A Madrid, cependant, on s'impatientait : Charles III, assuré par Monino que ce n'était point Bernis qui entravait la négociation, cherchait quel motif pouvait encore arrêter la Cour de Rome. Il se prit à penser que l'on comptait, autour du Pape, sur l'irrésolution de Louis XV. Il écrivit donc au Roi, son cousin, pour lui demander d'envoyer à Bernis l'ordre de travailler « par tous les moyens possibles et équitables à obtenir l'extinction des Jésuites » . .

Voici cette lettre : « Monsieur mon frère et cousin, le comte de Fuentès aura rendu compte à Votre Majesté des premières démarches de mon Ministre à Rome, pour obtenir l'exécution des Jésuites que le Saint-Père nous a promis tant de fois. J'ai ordonné que l'on communique également au ministère de Votre Majesté toutes les dépêches et conventions de M. de Monino. Mais comme il paraît que le système qu'on a adopté à Rome sur cette affaire est de nous traîner avec de bonnes paroles sans rien conclure, j'espère que Votre Majesté voudra bien faire renouveler les mêmes ordres qu'elle avait déjà donnés au cardinal de Bernis, afin que ce Ministre travaille de concert avec le mien, emploie tous les moyens possibles et équitables pour parvenir à ce but. Ce qui me détermine à désirer avec autant d'empressement l'extinction du susdit Ordre religieux, ce n'est pas que je veuille aucun mal à leurs individus : au contraire, je vou-

drais contribuer à leur bien-être ; mais la connaissance que j'ai, et dont je fais l'expérience, du désordre que peut causer dans un État l'esprit de
parti et de division, me persuade que tant que cet
Ordre existera, quoique hors de nos royaumes,
nous ne parviendrons pas à éteindre cet esprit de
parti et de division qui trouble et inquiète ; d'ailleurs le Pape lui-même nous a déclaré à plusieurs
reprises que cela convenait au bien de la Religion
et des États catholiques que cet Ordre n'existât
plus. Je profite, etc. — Saint-Ildefonse, 21 septembre 1772. » (Aff. Étr.)

Voici la réponse du Roi ; la minute est de l'abbé
de la Ville, mais le Roi y a fait quelques correc-
tions.

« 3 octobre 1772.

« Monsieur mon frère et cousin, *depuis que je
me suis conformé aux désirs de Votre Majesté, qui
demandait* au Pape l'extinction des Jésuites, j'ai
cru devoir laisser aux lumières et à la prudence de
Votre Majeste le soin de diriger cette négociation,
mais j'ai constamment donné au cardinal de Bernis
les ordres les plus précis de concourir en mon nom
à toutes les démarches que Votre Majesté prescri-
rait à ses Ministres relativement à cet objet. Son
premier devoir a été d'en prévenir le sieur de Monino, qui en a sans doute rendu compte à Votre
Majesté. Ce Cardinal est trop instruit de mes sentiments pour ne pas se conduire dans cette affaire
conformément aux désirs de Votre Majesté. Elle
sait que je regarde ses intérêts comme les miens, et

elle doit compter sur le concours le plus entier et
le plus constant de ma part à ses intentions et à ses
vues. Ces dispositions seront toujours dans mon
cœur une suite nécessaire du tendre et inviolable
attachement avec lequel, etc. »

DÉSINTÉRESSEMENT DU GÉNÉRAL JOUBERT [1]

Extrait du *Général Joubert d'après sa correspondance*,
par Edmond Chevrier. (Paris, Fischbacher, 1884.)

« Trente, le 6 ventôse an V de la République
(24 février 1797).

« J'ai reçu votre lettre ; vous m'y supposez bien
des qualités que je n'ai pas. Pour être homme de
pouvoir, il faut de l'ambition, et je n'en ai pas. Pour
désirer des places, il faut une science approfondie
du cœur humain, et une conduite politique à l'ave-
nant ; je dédaigne tant de prudence. Malgré tout ce
que vous m'en dites, je suis décidé à quitter une
carrière dont je ne voulais parcourir que les degrés
moyens et où je me trouve au faîte, sans l'avoir désiré. Je n'ai accepté avec plaisir que le grade d'ad-
judant-général chef de brigade, et c'était là ma
place. J'ai été porté plus haut contre mon gré. A
présent j'ai trois divisions sur les bras, et je suis
décidé à les quitter. *J'aime rendre des services ;* qui
ne serait sensible à la joie d'en rendre ? Mais je
préfère un poste, une position où l'homme jouit de

---

1 Cette belle lettre de Joubert répond aux incitations de
son père qui désirait pour lui un rôle politique.

lui-même, à l'éclat d'une grande place où l'on ne vit jamais pour soi. D'ailleurs ce qu'on appelle réputation dépend toujours des événements, et encore une fois je serais un fou de courir de nouvelles chances sans ambition.

.« Je finirai la guerre, si l'on veut me placer secondairement comme d'autres le sont. Si l'on veut que je marque, je vire de bord, et je trouverai une autre carrière... c'est une résolution prise. D'ailleurs mille motifs particuliers, et qui me regardent personnellement, m'obligent à cela, et, pour le bien public, il vaut mieux que quelqu'un, qui servira à ma place avec goût, l'occupe, que si je la conservais moi-même avec répugnance. Un avocat plaide toujours avec mauvaise grâce une bonne cause, quand on le force à employer des moyens qui répugnent à sa raison.

« Mes fatigues sont excessives, et ce défaut de santé est pour beaucoup dans ma nouvelle résolution. Vous n'en serez sûrement pas fâché. »

La modestie de Châteaubriand. — A Milan, la vexation pour les passe-ports est aussi stupide que brutale. Je ne traversai pas Vérone sans émotion : c'était là qu'avait réellement commencé ma carrière politique et active. Ce que le monde aurait pu devenir si cette carrière n'eût été interrompue par une misérable jalousie, se présentait à mon esprit !... (*Mémoires d'Outre-Tombe*), édit. Krabbe, t. vi, p. 62.

Les Élections de l'Académie

Période de 1820 à 1830 [1]

1820. Mis *de Pastoret* (Marseillais, 64 ans, érudit, jurisconsulte)..

Il avait professé le droit au Collège de France et la philosophie à la Sorbonne ; c'était un sénateur de 1809 et un pair de 1814. Membre de l'Académie des inscriptions depuis 1785.

1821. *Villemain* (Parisien, 31 ans, historien).

Il n'avait encore fait que son *Histoire de Cromwell*, mais il était fort goûté à la Sorbonne comme professeur d'éloquence. L'Académie l'avait couronné à l'âge de vingt-deux ans. Deux années après, son *Discours sur les avantages et les inconvénients de la critique* était jugé digne de la même distinction.

Toutefois, Hoffmann, le critique des *Débats*, aurait bien pu passer avant lui, s'il faut en croire les *Mémoires* d'Alissan de Chazet (tome ii) : « Je voulus, dit Chazet, que notre premier corps littéraire s'honorât lui-même en lui ouvrant ses portes. — A

---

1 On s'est toujours fort occupé des choix faits par les membres de l'Académie. M. Albert Rouxel, qui vient de publier la *Correspondance du commissaire Dubuisson*, prépare une histoire générale de ces élections ; il nous a permis de faire, parmi les matériaux qu'il n'a pas encore mis en œuvre, un choix de notes que la petitesse de notre cadre a malheureusement trop restreint, mais il donnera du moins une idée de ce curieux travail.

Rev. rétr. n° 11

deux battants, me dit M. Raynouard, le jour où je lui en parlai ; je connais les intentions de mes collègues, et puisque vous êtes lié avec Hoffmann, vous pouvez lui annoncer qu'il serait reçu au premier tour de scrutin. — Je me rendis bien vite rue de Provence, avec l'espérance de remporter une seconde victoire, mais hélas ! je fus complètement battu. J'eus beau dire à l'auteur d'*Euphrosine* que je lui apportais *vingt-deux voix* ; « quand vous m'en apporteriez trente-neuf, me dit-il durement, je ne les accepterais pas, je ne serai jamais de l'Académie. » — Ce fut la seule réponse que je pus obtenir de lui ; il ne me dit pas pourquoi il refusait ; ce n'était pas par fierté, personne n'avait plus de droits et moins de prétentions que lui ; ce n'était pas par mépris, il aimait et estimait plusieurs académiciens ; c'était tout simplement par sauvagerie. »

Le nom de Villemain n'est point prononcé dans ce récit, mais son élection est la seule qui ait été faite en l'année 1821, à laquelle se rapporte le récit de Chazet. Puis, il était de ces royalistes libéraux qui ne devaient pas convenir à tout le monde.

1822. *Frayssinous* (Aveyronnais, 57 ans, prédicateur).

Grand maître de l'Université et prédicateur du Roi. Le fauteuil de l'abbé Sicard étant vacant, un prélat devait naturellement s'y asseoir. Celui-ci n'avait pas travaillé pour les sourds et les aveugles, comme le respectable Sicard ; depuis 1803, ses conférences à Saint-Sulpice avaient eu un retentisse-

ment tel que l'Académie, ayant besoin d'un pané-
gyriste, l'avait choisi pour prononcer l'éloge de
Saint-Louis dans sa séance du 25 août 1817. C'était
un premier gage.

On lit dans l'*Annuaire* de Lesur : « Au premier
tour de scrutin, M. Frayssinous a réuni 18 suffrages ; M. Casimir Delavigne, 7 ; M. d'Avrigny, 4 ;
M. Lebrun, 3, et M. Viennet, 1. »

1823. *Dacier* (Normand, 81 ans, érudit).

Son grand âge et son titre de secrétaire perpétuel
durent aider beaucoup à son élection. A trente ans,
il était membre de l'Académie des Inscriptions ; à
quarante, il en devenait le secrétaire perpétuel.
Présenté par Foncemagne en 1772, chargé de l'éducation du fils du secrétaire de cette Académie, puis
époux de la fille dudit secrétaire, il avait suppléé
tout naturellement le beau-père pendant sa dernière
maladie, ce qui l'avait fait élire ensuite à sa place.
On voit que c'était un habitué de la maison.

M. Dacier ne fut élu qu'au troisième tour de
scrutin par 28 voix contre 14 données à Casimir
Delavigne.

1824. *Soumet* (Languedocien, 36 ans, poëte, auteur
dramatique).

Il n'avait encore fait que deux tragédies : *Saül* et
Clytemnestre. Mais il avait rimé contre le fanatisme
en 1808, contre l'incrédulité en 1810. En 1815, il
avait chanté la *Découverte de la Vaccine* et les *Derniers moments de Bayard*.

Premier scrutin. — M. Soumet, 16 voix ; M. Casimir Delavigne, 15 ; M. Pouqueville, 1. — *Deuxième scrutin.* — M. Soumet, 18 voix ; M. Casimir Delavigne, 14. C'était le quatrième échec de ce dernier candidat.

Les démarches nécessaires durent lui coûter, s'il faut juger de son caractère par le trait que rapporte le Dr Véron dans ses *Mémoires* : « Soumet était de l'Académie. Sa voix fut plus d'une fois sollicitée par plusieurs candidats pour une seule place vacante : souvent il comptait des candidats pour amis ; mais souvent aussi les titres de ses amis étaient primés par des titres plus sérieux. Sa conscience et son cœur avaient des délicatesses infinies, et, pour tranquilliser son cœur et sa conscience, voici ce qu'il imagina pour une élection académique très-disputée. Une seule place était vacante, trois candidats lui semblaient avoir des droits égaux devant sa justice comme devant son affection ; il écrivit leurs noms sur trois bulletins, en prit un au hasard, et le déposa dans l'urne, sans l'avoir regardé. »

1824. Cte *de Quelen* (Parisien, 46 ans).

Archevêque et pair de France. Il reconnut lui-même dans son discours de réception, que, ne devant sa nomination à aucun titre académique, il la considérait comme un hommage rendu à la religion.

Nombre de votants : 32. M. l'archevêque de Paris, 22 voix ; M Lebrun, 5 ; M. Casimir Delavigne, 5 ; M. Pouqueville, 1.

1824. *Droz*. (Franc-Comtois, 51 ans, philosophe).

L'Académie lui avait donné déjà une mention honorable pour son *Éloge de Montaigne* et un prix Monthyon pour sa *Philosophie morale*, mais son grand titre était l'appui de Picard avec lequel il avait fait un roman en collaboration, et Picard était adroit, car, à la fois acteur et auteur, il avait su conquérir le fauteuil que n'a point eu Molière.

Une grêle d'épigrammes tomba sur l'Académie qui préférait Droz à Lamartine, déjà célèbre.

Dans son *Essai sur l'art d'être heureux*, Droz avait déclaré très haut que le repos, le calme et l'obscurité peuvent seuls donner le bonheur. Sans les visites de rigueur qui ne permettent pas de supposer qu'on vous nomme malgré vous, on eût été autorisé à croire que l'Institut voulait mettre sa théorie à l'épreuve. Jamais contradiction ne fut plus douce.

1825. Duc *de Montmorency* (Parisien, 60 ans).

Maréchal de camp, ministre d'État, membre du Conseil privé, il était l'ami de Louis XVIII, de Mme de Staël, et surtout de Mme Récamier, une puissance à l'Académie.

Il fut élu d'emblée par dix-huit voix ; de Pongerville en eût neuf ; Ancelot, sept ; Viennet, une seule. Vrai grand seigneur, M. de Montmorency n'abusa point de son succès, et se posa simplement en *bon élève*, dans son discours de réception :

« Peut-être, dit-il, l'indulgence de l'Académie a

bien voulu me tenir compte des bonnes études que j'ai eu le bonheur de faire dans l'ancienne Université de Paris ».

1824. *Casimir Delavigne* (Normand, 32 ans, poète, auteur dramatique).

Nous savons qu'il avait échoué plusieurs fois. On lui avait préféré M. l'évêque d'Hermopolis, et M. l'archevêque de Paris. Quelque temps après, ses amis l'engageant à faire une nouvelle tentative, il leur répondit gaiement : « Ce serait inutile, on m'opposerait le pape ».

A ses yeux, le plus sûr moyen de conquérir enfin les suffrages qui lui avaient été refusés, était de se présenter avec un titre nouveau. Les sociétaires du Théâtre-Français, regrettant de l'avoir éloigné de leur scène, (il avait porté ses *Vêpres siciliennes* à l'Odéon), firent une démarche auprès de lui ; Casimir se prêta volontiers à une réconciliation dont l'*Ecole des vieillards* fut le gage. La comédie eut un grand succès, et l'Académie parut vouloir le dédommager de l'attente par l'éclat de son élection : il obtint 27 voix sur 28 votants.

1826. *L'abbé de Féletz*. (Limousin, 59 ans, journaliste).

Il était depuis 1801 rédacteur des *Débats*. Villemain, qui le connaissait, avoue que sa notoriété était restreinte :

« M. de Féletz, dit-il, dès longtemps si distingué *par la pureté et le naturel du goût en littérature,* était entré à l'Académie française. Le jour de sa réception, en regardant autour de lui, il aurait pu, comme un poëte célèbre, se féliciter d'être appelé dans une compagnie, d'où plusieurs raisons particulières semblaient l'écarter ; mais lorsqu'il fut bien connu de tous ses confrères, il n'y en avait aucun qui n'eût voté pour lui. » (Souvenirs. Tome i, page 485).

L'élection fut laborieuse et nécessita cinq tours de scrutin : 1er tour : MM. Féletz, 13 voix ; Say, 7 : Lebrun, 9 ; Guillon, 4 ; Azaïs, 1. — 2e tour : MM. Féletz, 17 ; Say, 5 ; Lebrun, 10 ; Guillon, 1. — 3e tour : MM. Féletz, 17 ; Say, 3 ; Lebrun, 12 ; Guillon, 2. — 4e tour : MM. Féletz, 17 ; Lebrun, ... ; Say, ... — 5e tour : MM. Féletz, 19 ; Lebrun, 13 ; Say, 2. — (Lesur).

Féletz était principal rédacteur des *Débats* et directeur de la Bibliothèque Mazarine. Il est à remarquer que M. Ustazade de Sacy avait également ce double titre lorsqu'il fut, en 1854, nommé académicien. Pour compléter la ressemblance, tous deux firent paraître, après leur nomination, un choix de leurs articles sous forme de volume.

S'il faut en croire les *Portraits littéraires* (tome i) de Sainte-Beuve, l'abbé de Féletz, « si distingué par le goût en littérature », n'était pas aussi pur en matière grammaticale. Voici l'anecdote, d'ailleurs inoffensive :

« Nodier lisait, dans une séance de l'Académie, l'article *abolition*, du Dictionnaire :

« Abolition, substantif féminin ; prononcez *aboli-*

cion. — Votre dernière remarque me paraît inutile, dit un académicien présent, car on sait que l'*i* devant le *t* prend le son du *c*. — Mon cher confrère, ayez *picié* de mon ignorance, répond Nodier en appuyant sur chaque mot, et faites-moi l'*amicié* de me répéter la *moicié* de ce que vous venez de me dire. » L'académicien réfuté était M. de Féletz. »

Les concurrents abondèrent en 1826. Parmi eux figuraient Quatremère, ainsi que deux abbés (Guillon et Guyon) et trois docteurs (Alibert, Dupuytren et Pariset), ce qui fit courir un peu partout ces petits vers :

> Trois docteurs de la faculté
> Se présentent, dit-on, à notre Académie.
> — Elle est donc bien malade ? — On craint tout pour sa
> Deux ministres de Dieu, déjà, par charité,   [vie.
> A son guichet frappent de compagnie.
> — L'Académie est à l'extrémité.

1826. *'Guiraud*. (Languedocien, 38 ans, auteur dramatique).

Soumet, son ancien ami de collège, aida beaucoup à son élection qui réussit au deuxième tour de scrutin. Au premier tour, Firmin Didot eut 8 voix ; Lebrun, 11 ; Guiraud, 13. Au deuxième tour, Firmin Didot eut 2 voix ; Lebrun, 13 et Guiraud, 16.

Le Dr Véron caractérise ainsi Guiraud dans ses *Mémoires d'un bourgeois* :

« Inconnu, et sans aucune des séductions sympathiques qui attirent, Alexandre Guiraud tombe un jour au milieu de Paris ; en moins de deux années il fait représenter deux tragédies à l'Odéon, publie un volume de poésies, se fait nommer chevalier de la Légion d'honneur, membre de l'Académie française et baron. Guiraud n'était qu'un pâle reflet de Soumet ; il ne copiait que le poëte. Soumet avait une passion instinctive pour le bien et pour le beau ; Guiraud aimait aussi le bien et le beau, mais il se montrait homme d'affaires ; il savait tirer parti de tout, de ses relations, de ses amitiés, de ses vers, de ses élégies, de ses tragédies, de ses sentiments religieux, de sa tendresse poétique pour les petits ramoneurs : *Un petit sou leur rend la vie.* »

1826. *Brifaut* (Bourguignon, 45 ans, poëte).

Dans son *Discours de réception*, Jules Sandeau, qui le remplaça, constate que son élection eut un caractère tout aristocratique. Il s'était retiré courtoisement devant le duc Mathieu de Montmorency ; aux amis qui le pressaient de maintenir sa candidature, il avait répondu qu'il ne convenait pas qu'un Montmorency *levât le siège.*

Si Brifaut n'avait commis que ce détestable jeu de mots, son actif eût été médiocre, mais on lui devait *Ninus II*! tragédie oubliée aujourd'hui, célèbre jadis, à tel point que : « les salons se disputaient sa présence ; on le suivait dans les promenades. »

Il faut ajouter que la politique avait contribué au succès de *Ninus.* Alexandre Dumas conte ainsi la chose dans ses *Mémoires* :

« M. Brifaut avait fait en 1809 ou en 1810, je ne sais sous quel titre, une pièce dont la scène se passait en Espagne. La censure arrêta cette pièce. Un ami de M. Brifaut en appela à Napoléon de la décision de ses censeurs. Napoléon lut la pièce ; il y avait des vers à la louange des Espagnols : « La censure a bien fait, dit-il. Il ne me va point qu'on fasse l'éloge d'un peuple avec lequel je suis en guerre ! — Mais, Sire, que voulez vous que devienne l'auteur ? — Eh bien ! qu'au lieu de faire passer son action en Espagne, il la fasse passer en Assyrie ; qu'au lieu de s'appeler Pélage, son héros s'appelle Ninus et j'autorise. »

Ce n'était pas une pareille condition qui pût arrêter M. Brifaut ; d'abord il appela sa pièce *Ninus II;* puis, partout où il y avait *Espagnols*, il mit *Assyriens;* partout où il y avait *Burgos*, il mit *Babylone;* cela le gêna un peu pour les rimes, mais pour les rimes seulement ; et la pièce fut autorisée, et la pièce fut jouée. »

1827. *Royer-Collard*. (Champenois, 64 ans, philosophe).

Il avait rempli les fonctions de conseiller d'Etat et de président de la Commission de l'instruction publique. Député depuis 1815, et chef de l'école dite *doctrinaire*, il était l'orateur de l'opposition le plus écouté. Son élection fut un triomphe nouveau. Les autres candidats (MM. Lebrun, Viennet, Pongerville, Ancelot et Charles Dupin) se retirèrent en apprenant que M. Royer-Collard s'était mis sur les rangs. Vingt-six votants se trouvaient à cette séance.

1828. Bon *de Barante*. (Auvergnat, 46 ans, historien).

Pair de France et directeur général des contributions indirectes. Il venait d'achever son *Histoire des ducs de Bourgogne*, il avait traduit Schiller en 1821, et fait, en 1808, le *Tableau de la littérature française* au xviiie *siècle*. M. de Pongerville, son concurrent, ne fut cependant battu que d'une voix ; en avait obtenu seize contre dix sept.

1828. *Pierre-Antoine Lebrun*. (Parisien, 43 ans, poète et auteur dramatique).

Lauréat de l'Académie en 1817. Il était à peine adolescent qu'il composait des tragédies. En 1820, il continuait par une *Marie-Stuart* considérée comme le premier succès de l'école romantique. Poète, il avait célébré le régime impérial auquel le rattachait une légitime reconnaissance, et cela lui avait nui. Sainte-Beuve le constate dans la *Revue des Deux-Mondes* du 15 janvier 1841 :

« M. Lebrun allait être de l'Académie. Depuis son succès de 1820, sa place y semblait marquée avec certitude ; seulement son poème sur la mort de Napoléon l'avait fort retardé. Sous le ministère Villèle, l'Académie française avait pris, comme toutes choses, une couleur politique ; de très-légitimes choix y purent se faire sans doute sous la faveur royaliste, mais il y avait exclusion d'autres choix non moins légitimes, plus populaires, et c'était fâcheux pour l'Académie, ajoutons aussi pour la constitution sociale des lettres. M. Royer-Collard, le premier, força la porte, et les *libéraux* purent entrer. M. Lebrun fut reçu aussitôt après M. Royer-Collard. On jouait ce jour-là *La Princesse Aurélie* à la Comédie-Française. La princesse, en entrant, aperçoit quelque homme de lettres de la cour et lui dit :

> Ah ! votre Académie a fait un fort bon choix,
> Le public avec vous a nommé, cette fois.

Et le parterre d'applaudir très-vivement. »

Il obtint 18 voix au premier tour de scrutin, M. Ancelot, 13, M. de Pongerville, 2, M. Casimir Bonjour, 1.

1827. *Fourier*. (Bourguignon, 59 ans, physicien, mathématicien).

Il était l'âme de cet Institut qui fut une des gloires de l'expédition d'Egypte. Secrétaire perpétuel de l'Académie des sciences, il avait sa place marquée à l'Académie française, et son élection à l'Académie des sciences avait été doublement glorieuse, car Louis XVIII ayant cassé son élection en 1816 (Fourier était préfet de Grenoble en 1815), les Académiciens l'élurent encore en 1817.

La *Théorie annalytique de la chaleur*, publiée en 1822, venait de faire grande sensation.

« Fourier n'a pas seulement perfectionné une science, il en a inventé une, dit Cousin. Et il n'avait pas devant lui plusieurs générations d'hommes supérieurs, Newton à leur tête ; il est en quelque sorte le Newton de cette importante partie du système du monde. »

Dans son *Histoire des quarante fauteuils*, Tyrtée Tastet ajoute : « Il nous paraît curieux de raconter quelle fut peut-être l'origine des admirables recherches de Fourier sur la chaleur. Que de fois le génie a dû ses plus sublimes inspirations à la souffrance ! Fourier avait contracté de son séjour en Egypte un degré surprenant de sensibilité au froid, sensibilité qui dégénérait en une véritable maladie. Au plus fort de l'été, il fallait que le thermomètre marquât plus de vingt degrés Réaumur pour qu'il ne sentît pas le frisson. Constamment cuirassé d'un habit et d'un surtout, il se faisait, en outre, toujours suivre d'un domestique chargé de lui donner ou de lui retirer son manteau. Tout ce qu'il savait de physique, il le mettait en œuvre pour obtenir et conserver invariablement dans son appartement une température de ver-à-soie. A cette douleureuse impressionnabilité, il joignait une autre cause terrible de souffrance. Dans sa jeunesse il avait ressenti déjà une certaine difficulté de respiration. Cette difficulté, accrue avec l'âge, était devenue un asthme formidable. Il était contraint de dormir dans une position pour ainsi dire verticale. Sur la fin de sa vie, il s'emprisonnait, pour écrire et pour parler, dans une sorte d'étui, qui ne laissait de liberté qu'à ses bras et à sa tête, où le moindre effort ui faisait courir le risque d'être étouffé, mais qui n'admettait pas la possibilité d'une déviation pour son corps. »

1829. *Antoine-Vincent Arnault.* (Parisien, 63 ans, auteur dramatique).

Membre de l'Institut depuis 1799, mais rayé par la Restauration, en 1816. Ses tragédies républicaines avaient commencé sa réputation ; il avait été ensuite gouverneur des îles Ioniennes et conseiller de l'Université. Il avait accompagné Bonaparte comme bibliothécaire lorsqu'il partit pour l'Egypte. On trouve dans ses *Souvenirs* (tome IV, page 509, Paris, 1834), un récit intéressant de sa première élection :

« La création de l'Institut avait remis en honneur es sociétés savantes et littéraires. Au premier rang de celles que la mode fit éclore est la *Société philotechnique*, association libre où les arts, les sciences et les lettres ont aussi leurs représentants. Plusieurs membres de la Société-Modèle, tels que Lacépède et Sélis, y étaient affiliés. Se mettre en rapport avec eux était pour moi d'un double avantage...

Le plus parfait accord régnait entre les membres, que ne divisait aucune prétention, et qui, bien que l'égalité de mérite n'existât pas plus chez eux qu'ailleurs, vivaient entre eux sur le pied d'une égalité qu'un banquet fraternel restaurait tous les mois [1].

---

1. Ce passage semble donner quelque consistance aux bruits accrédités par Balzac et Gozlan (Voir le petit livre de Gozlan sur Balzac) qui prêtaient à une société de dineurs dite *Compagnie de la fourchette* une influence marquée sur les choix académiques. Une fois élu, chaque convive s'engageait à soutenir ses commensaux. Il faut cependant avouer que le dîner ne jouait qu'un rôle accessoire dans la Société philo-

Arriva enfin le moment où les liaisons que je formai là devaient me devenir utiles dans des intérêts plus graves que ceux du plaisir, et servir ma plus haute ou plutôt ma seule ambition.

Guillet le Blanc vint à mourir. Il laissait une place vacante à l'Institut dans la section de poésie. Porté par cette section au nombre de trois candidats entre lesquels le corps entier devait choisir, mes confrères de la Société philotechnique ne me furent pas inutiles pour l'élection définitive. Le bon Sélis, surtout, qui m'avait pris en gré sans me connaître, et peut-être parce qu'il ne me connaissait pas, avait commencé la première conversation que nous eûmes, en me disant : *Je veux que vous soyez des nôtres :* il me tint ou plutôt il se tint parole. Je fus nommé. Je dus m'estimer doublement heureux, car j'avais Parny et Lemercier pour concurrens. Je désirais cet honneur plus que je ne l'espérais. »

1829. *Prat de Lamartine* (Mâconnais, 39 ans, poëte).

Depuis neuf ans, ses *Méditations poétiques*,

---

technique dont parle Arnault. Sa mission était autrement généreuse comme elle l'a prouvé depuis.

Plus tard, et seulement en ce qui concerne l'Académie des Inscriptions, on répandit le bruit que Lenormant père et ses amis soutenaient les candidats qui s'engageaient d'avance à voter ensuite avec eux. Mais la fourchette ne jouait aucun rôle. De tout temps, du reste, il y eut des chefs de groupes qui pouvaient passer pour de grands électeurs. M. Pasquier en fut un ; on l'appelait familièrement le *directeur des consciences littéraires de l'Académie.*

vendues à quarante-cinq mille exemplaires, l'avaient mis au premier rang de nos poètes lyriques. Ses *Harmonies* venaient de paraître. L'*Annuaire* de Lesur rend ainsi compte de l'élection :

« En remplacement de M. Daru, quatre candidats ont été présentés ; MM. de Lamartine, le général Philippe de Ségur, David, auteur de l'*Alexandrëide* et *Azaïs*. MM. Viennet, de Pongerville, de Salvandy s'étaient retirés. Il y avait 33 votants. Au premier tour de scrutin, M. de Lamartine a obtenu 19 voix et M. de Ségur, 14. M. de Lamartine a été proclamé.

Avant d'aller aux voix, M. Andrieux, secrétaire perpétuel, annonça que le duc de Bassano (avec lequel il était uni par une amitié qui date de leur jeunesse), extrêmement touché de la disposition où étaient plusieurs de ses amis de le rappeler dans le sein de l'Institut comme MM. Arnault et Etienne, ne croyait pas devoir se présenter aux suffrages de l'Académie ; qu'il comprenait très-bien que le rappel successif des anciens membres de l'Institut pouvait exciter la juste impatience de plusieurs candidats que leur mérite et leurs titres littéraires désignaient au choix de l'Académie. »

Andrieux n'annonçait le désistement de M. de Bassano, qu'en désespoir de cause. Sainte-Beûve nous apprend qu'il se croyait *encanaillé*, d'avoir pour confrère Lamartine : « Nous l'avons échappé belle aujourd'hui, monsieur, disait-il à M. Patin qui le visitait le soir d'un jour où Lamartine avait failli être élu membre de l'Académie française.

Est-ce assez de misères ? » (*Causeries du lundi*, éd. de 1857, tome II, page 177).

Encanaillé doit se prendre ici au figuré, car un brillant diplomate doublait alors en Lamartine l'homme de lettres ; il avait été secrétaire d'ambassade à Naples et à Londres ; il était devenu notre chargé d'affaires en Toscane, ce qui ne l'empêchait point de jouer la naïveté sur le terrain académique. On le voit par cet extrait de lettre, publié dans l'*Amateur d'autographes*. Le destinataire est malheureusement inconnu :

« ... Je suis ici depuis hier, prétendant à l'Académie et manœuvrant, en conséquence, comme je sais manœuvrer, c'est-à-dire pitoyablement. Pouvez-vous me servir près de quelque membre honorable, ou non ?...»

Les trois derniers mots n'auraient pas fait la fortune du candidat s'ils avaient été connus. Bien qu'il ne fût pas encore de l'Académie, Victor Hugo y cherchait depuis longtemps des appuis pour Lamartine. Cette lettre en est une preuve touchante ; elle est adressée à l'académicien Villars :

Le dimanche 14 novembre (1824). — Depuis deux ans presque toujours absent de Paris, je n'ai pas eu l'occasion de cultiver autant que je l'aurais voulu l'agréable et utile commerce de M. Villars. Je suis enchanté aujourd'hui qu'une circonstance fortuite me ramène chez lui et me mette à même de renouer une connaissance qui m'est si précieuse. M. de Lamartine, mon ami, est un des candidats à la place vacante dans l'Académie française, et avant de se présenter chez M. Villars, il a désiré que je le prévinsse. Je lui ai dit que la bienveillance dont M. Villars m'avait donné tant de preuves ne suffirait pas seule pour fixer son choix ; mais je ne doute pas que le mérite éminent et l'admirable talent de M. de Lamartine ne soient des recommandations toutes puissantes près

de M. Villars. MM. de Chateaubriand et l'évêque d'Hermopolis s'intéressent vivement à la nomination de M. de Lamartine. M. de Villars se plaira sans doute à joindre son suffrage
au leur et à aplanir à ce beau talent l'entrée de l'Académie
où M. Villars occupe une place si distinguée. Je serai personnellement heureux et flatté d'avoir attiré son attention
sur M. de Lamartine ; et la nomination de ce poète ajoutera
une nouvelle obligation à toutes celles que j'ai déjà à mon
ancien et respectable ami M. Villars. J'aurai l'honneur de
revenir. — VICTOR HUGO. — *Rue de Vaugirard*, 90.

1829. *Étienne* (Champenois, 51 ans, auteur dramatique).

L'Annuaire de Lesur constate que sur vingt-cinq
académiciens présents, il eut vingt-quatre voix.
« C'est un fait à remarquer par la supériorité qu'elle
assure au parti libéral. »

Étienne avait été éliminé de l'Institut en 1816.
Un ami, Alexandre Duval, voulait qu'on revînt sur
cette injustice, mais il fallait, paraît-il, que le
proscrit fît quelques avances. Il s'en défendit dans
une lettre remarquable écrite en 1825 au docteur
Louyer Willermoy. En voici le début :

« Mon cher docteur, ce qu'on désire que je dise, je l'ai vingt
fois imprimé sans aucune arrière-pensée. S'il étoit possible
que ce fût aujourd'hui la condition d'une grâce, on me fer-
meroit à jamais la bouche, parce que la louange n'auroit plus
que l'air d'un calcul.

Ce n'est point aux victimes d'une injustice à en acheter la
réparation, c'est à ses auteurs à la faire oublier en la recon-
naissant. Il est, monsieur et honorable ami, des places qu'on
perd sans regret, mais où, à certaines conditions, on ne ren-
treroit pas sans remords. L'estime de soi-même et l'estime
d'autrui sont le fauteuil où l'on trouve à la fois le plus
d'honneur et le plus de repos. »

Le Théâtre de l'Opéra (1725-1732.)

Documents inédits, conservés à la bibliothèque de l'Arsenal
et communiqués par M. Edouard Thierry. 1

DÉTAIL DE L'OPÉRA

Recette.

Les mois d'octobre, novembre, décembre, janvier,
février et mars, à quatre représentations par semaines font cent-quatre représentations qui produisent chacune plus de deux mil livres. En les regardant sur ce pied qui est au plus bas, cela com-
pose la some de 20,800 l.

Les autres six mois ne sont composez que de
vingt-trois semaines en déduisant les trois semaines de vacances de Pasques, lesquelles, à
trois représentations par semaines sur le pied
de mil livres au moins forment ensemble la some
de 69.000 l.

En représentations	277.000 l.
20 à 25 bals évalués l'un dans l'autre à 1,500 l. au moins	37.500 l.
Le concert spirituel idem	37.500 l.
	352.000 l.

1 Les pourparlers que vient d'entraîner la situation actuelle de l'Opéra double l'intérêt de ces documents. On y
trouve matière à plus d'un rapprochement curieux, en fait
de chiffres.

Dépense

1º Apointements d'acteurs et actrices   112.000 l.
2º Gratifications annuelles.........   12.000 l.
3º Gratifications extraordinaires.....   6.000 l.
4º Pain, vin et chaussure des premiers
     acteurs......................   1.000 l.
5º Apointements des commis........   6.000 l.
6º Marchez à l'année.......... ....   4.000 l.
7º Pensions sur l'Opéra...... . ... .   26.000 l.
8º Pensions des acteurs et actrices .   22.500 l.
9º Luminaire... ....   24.000 l.
10º La garde.... ....   4.000 l.
11º Les ouvriers, tailleurs d'habits et
     décorations ....   60.000 l.
                                  277.500 l.

Recette journalière.......... .. ....   352.000 l.
Dépense journalière................   277.500 l.
                                  74.500 l.
Quart des pauvres des représentations, cy   69.250 l.
                                  5.250 l.
Ajoutés les loges louées à l'année, de cy   70.000 l.
                                  75.250 l.

     La direction nouvelle diminûra, sans déranger le spectacle, la dépense journalière de plus de 30,000 l. par an; ne voulant pas, comme les précédents directeurs, se laisser conduire par autruy ny tomber dans les prodigualitez qui ont occasionné leur chute.

Nota qu'on ne parle pas de bien d'autres casuels.

Nota qu'on ne parle point du produit annuel de la nouvelle salle qui raportera au moins plus de 60,000 l.

REQUÊTE DES CRÉANCIERS DE L'OPÉRA

Le Sr Guynet qui avoit traité du privilège de l'Opéra avec les Srs de Francine [1] et Dumont qui en estoient propriétaires, mourut au mois d'Aoust 1712 sans autre bien que ce privilége pour les huit années qui en restaient à expirer, et laissant ce spectacle dans le plus grand désordre et obéré de dettes outre 730,000 l.; d'autres dettes pour affaires particulières.

Les créanciers espérant trouver par l'exercice de ce privilége de quoy se payer d'une partie de ce qui leur estoit dû, firent un nouveau traité avec le Sr Francine et Dumont pour s'en mettre en possession et, par lettres patentes du 8 janvier 1713 qui confirmèrent ce traité, le Roy accorda en leur faveur une prolongation de ce privilége pour douze années qui devoient finir au mois de Mars 1732, et sa Majesté y establit le Sr Destouches en qualité d'Inspecteur.

Dans cet estat, les créanciers de feu Sr Guynet nommèrent leurs sindics au nombre de six pour régir l'Opéra. Ils accordèrent au Sr Francine 8,000 l.

---

1 Francini, dit Francine, était gendre de Lulli.

par an pour les ayder de ses conseils indépendam-
ment des 12,000 l. dont il devoit jouir par le traité,
et firent une avance en argent comptant de 73,000 l.
qui estoit le dixième de leur créance, qui furent employées au payement des acteurs et ouvriers auxquels il estoit dû plusieurs mois d'appointemens, et
à satisfaire les marchands et fournisseurs.

La régie de ce spectacle fut assez tranquile pendant les premiers mois, mais, dans la suite, la dé-
sunion entre les Srs de Francine et Destouches,
d'une part, et les sindics des créanciers de feu Guynet de l'autre, fut si grande, que ce spectacle estant
encore une fois sur le point de tomber, le Roy fut
obligé de nommer un commissaire du conseil pour
entendre les parties, et sur son avis intervint un
arrest de règlement en 1714 qui, entre autres choses, defendit au Sr Francine de s'immiscer dans la
régie de l'Opéra, renferma dans de certaines bornes
l'inspection du Sr Destouches, chargea deux des
sindics des créanciers de Guynet seulement de la
régie de ce spectacle, l'un pour le théâtre et la salle,
et l'autre pour le magazin et la caisse, et enjoignit
audit commissaire du conseil de tenir la main à
l'exécution de cet arrest.

Le calme et l'ordre qui fut aussi tost rétabli dans
cette régie par cet arrangement continua jusqu'à la
mort du Roy, que le Sr de Francine fit tous ses
efforts pour rentrer dans l'administration de l'O-
péra, mais, n'ayant pu y parvenir, la régie se continua conformément aux dispositions de l'arrest de
1614, jusqu'au mois de février 1721 que le commis-

saire du conseil demanda à estre déchargé de sa commission.

Pendant ces huit années que les créanciers de Guynet joüirent du privilége de l'Opéra, ce spectacle fut magnifiquement orné, tous les sujets qui le composaient et tous les ouvriers furent payez régulièrement à la fin de chaque mois, et les marchands et fournisseurs dans les termes convenus, les pensions dont ils estoient chargez et les différentes dettes qu'ils s'estoient obligez de payer dans les dix premières années de leur privilége furent acquitées ponctuellement à leur échéance ; ils establirent une école pour élever des sujets pour ce spectacle.

Ils achetèrent une place ruë Saint-Nicaise, où ils firent bastir une grande maison pour leur servir d'attelier et de magasin ; ils remplirent ce magazin de plus de 2,000 habits et de 50 décorations : ils le fournirent de meubles, de lustres et de toutes les marchandises nécessaires pour le service et l'utilité de ce spectacle, les dépenses des Opéra qui devoient estre représentez estoient faites à l'avance afin que rien n'empeschât de les mettre au théâtre dans les temps convenables. L'argent qui estoit en caisse au mois de Février 1721 avec les bons effets se montoit à plus de 100,000 l. Il ne restoit plus à acquiter de de tous leurs engagemens qu'environ pareille somme pour le payement de laquelle ils avoient encore deux ans de terme, et enfin ils avoient, pendant la régie de leurs deux sindics, bonifié ce spectacle de plus de 600,000 l. ainsi qu'il estoit justifié par les comptes et inventaire, en sorte que, sur le produit

des douze dernières années du privilége de l'Opéra
qui se trouverait libéré de toute dette, et dont ils
devoient encore joüir en exécution de leur traité et
des lettres patentes du 8 janvier 1713, ils estoient
certains de trouver de quoi se payer de ce qui leur
estoit dû par le feu Guinet.

Cependant le 18 février 1721, le Sr de Francine
surprit, à l'insçu de ces créanciers, un arrest du
conseil qui le nomma directeur général de l'Opéra,
avec la clause, néanmoins, que cette nomination
ne pourroit leur nuire ni préjudicier, et pour divi-
ser entr'eux les sindics de ces créanciers, et les
empescher, par conséquent, de former opposition
à l'exécution de cet arrest, il surprit encore un
ordre du Roy qui révoqua les deux sindics que sa
Majesté avoit establi, l'un pour la régie du théâtre,
et l'autre pour la régie du magazin et de la caisse,
et qui nomma en leur place les quatre autres sindics, qui, pour simplifier cette régie, en avoient
esté exclus en 1714.

Peu de temps après, le Sr de Francine, dont l'objet estoit de s'emparer de toute l'administration de
l'Opéra et d'obliger les créanciers à en abandonner
le privilége qu'il voyoit presqu'entièrement libéré,
surprit un second ordre du Roy pour oster la caisse
de l'Opéra à celuy que les créanciers y avoient pré-
posé, il la fit donner à un homme à luy et fit insé-
rer dans cet ordre qu'au cas que les deniers de
cette caisse et de la recette de l'Opéra ne fussent
pas suffisans pour la dépense de sa régie, ces créanciers seraient contraints d'en fournir de nouveaux,

et, pour les expulser du magazin qu'ils avoient fait bastir, il y fut loger avec toute sa nombreuse famille.

Le prétexte dont le Sr de Francine se servit pour obtenir cet ordre fut que ces créanciers de Guynet vouloient disposer de la recette de l'Opéra et ne payoient pas exactement sa pension. Il estoit vray qu'ils vouloient sçavoir l'employ de ces derniers, et qu'il ne recevoit sur sa pension que 5oo l. par mois, et ses enfans 100 l., parce que, dépensant tousjours, suivant sa coustume, beaucoup plus qu'il n'avait de revenu, il avoit esté obligé, ne trouvant plus de crédit, de déléguer à plusieurs marchands et fournisseurs qui luy refusoient sa subsistance, le surplus de sa pension, délégations qui avoient esté enregistrées à la caisse et qui estoient payées régulièrement chaque mois.

Ce dernier coup et le produit du bal qui fut donné, dans ce temps-là, à l'ambassadeur turc, dont il s'empara sans que ces créanciers pussent en obtenir raison ni justice, les dégousta si fort qu'ils présentèrent la requeste au Roy par laquelle ils demandèrent la resiliation de leur traité, la restitution des 73,000 l. d'avance qu'ils avoient faite en entrant dans l'exercice du privilége de l'Opéra, et 400,000 l. de dommages et intérêts pour la non-jouissance des 12 années qui en restoient à expirer et de laquelle le Sr Francine s'estoit injustement emparé.

Le Sr Francine fit tous ses efforts pour éloigner le jugement de cette requeste, mais enfin il intervint arrest du conseil le 31 aoust 1723 qui accorda à ces créanciers de Guynet la résiliation de leur traité, ordonna qu'ils seroient remboursez de leurs 73,000 l. d'avances sur ce qui estoit dû à l'Opéra du temps de leur régie, et qu'au cas que ce fond ne fût pas suffisant, il seraient payez du surplus sur la caisse de l'Opéra en quatre payemens égaux, dont le premier commenceroit à Pasques 1724. A l'égard de la demande des 400 m. l. de dommages et intérests, il ne fut rien statué.

Mais le désordre, pour ne pas se servir de termes plus forts, avoit esté si grand dans la régie du Sr de Francine, et continua de manière que, quelque diligence qu'ils ayent faite, ils n'ont jamais pu obtenir le payement de la moindre partie des 73,000 l. qui avoit esté ordonné par cet arrest du 31 aoust 1722, et que le Sr Francine, après avoir consommé tous les fonds et effets qu'il avoit trouvé en caisse et dans le magazin au mois de février 1721 et endetté l'Opéra de plus de 200 m. l., quoy que les recettes en ayent esté aussy considérables et mesme plus que pendant le temps qu'ils l'avaient bonifié de plus de 600 m. l., a esté forcé luy-mesme de demander à se retirer avec une pension, ce spectacle estant pour la troisième fois sur le point de tomber par le défaut de payement des ouvriers, marchands et fournisseurs.

Dans cet état, le Sr Destouches, qui avoit toujours conservé l'inspection qui luy avoit esté donnée sur l'Opéra par les lettres patentes du mois de janvier 1713, fut chargé de cette régie : c'est le but qu'il s'estoit proposé de tous les temps, en cherchant tousjours à brouiller le Sr de Francine avec ceux aux quels il avoit cédé son privilège, en laissant en dernier lieu, le Sr de Francine agir comme il le jugeoit à propos, sans veiller ou donner avis comme il le devoit, en qualité d'inspecteur, de tout le désordre qu'il voyoit tous les jours sous ses yeux, prévoyant bien que les créanciers de Guynet expulsez et dégoutez du privilége et de la régie de l'Opéra, on serait obligé d'en dépouiller bientost le Sr de Francine, ce que l'on rendroit totalement le maistre.

La régie et administration de l'Opéra s'est donc faite depuis ce temps-là, et continue de se faire sous les ordres du Sr Destouches ; et, comme il avoüe luy-mesme qu'il n'est nullement au fait de la caisse et du détail du magazin, et que, d'ailleurs, quand il le seroit, son service de six mois à la Cour, en qualité de sur-intendant de la musique du Roy, ne lui permettroit pas de s'en mesler, il a fait charger la demoiselle Berthelin de la caisse et du magazin sans ancun controlle, et il signe tous les estats de dépense qu'elle luy présente sans s'y connoistre ni pouvoir les examiner.

Les créanciers de Guynet ont présenté, dez le mois de mars 1725, une requeste au conseil pour se plaindre de l'inexécution de l'arrest du 31 aoust 1723 et donné, depuis, une infinité de mémoires pour demander justice, n'ayant pas voulu, par respect pour les ordres du ministre, et pour ne pas faire tomber entièrement l'Opéra, faire saisir les deniers et les fonds de ce spectacle comme ils estoient en droit de le faire, pour le payement des 73,000 l. de leur avance.

Ils ont fait plus, ils ont cherché une compagnie qui voulût se charger de ce privilége, en prenant des arrangemens avec eux pour les rembourser de ce qui leur est si légitimement dû depuis près de 18 ans. Malgré l'exemple de ce qui leur estoit arrivé, ils avoient esté assez heureux pour la former, les propositions avoient mesme esté agréées par le ministre, mais comme cette compagnie, en se chargeant de ce privilége, et prenant de gros engagemens à ce sujet, vouloit en estre entièrement la maîtresse, sans estre sous l'inspection du Sr Destouches, ces propositions, par cette raison seule, furent rejettées.

Ces créanciers ont enfin demandé, par un dernier mémoire, qu'il soit nommé un ou plusieurs commissaires pour faire rendre le compte de la régie de ce spectacle, pour y establir l'ordre, faire les changemens nécessaires pour le soustenir, et qu'il soit ordonné que tous ceux qui se prétendront créanciers de l'Opéra seront tenus de rapporter par devant lesd. commissaires leurs titres de créances pour en estre dressé procez verbal, et en estre faite la liquidation, et ensuite pourvû à leur payement tant sur les effets appartenant à l'Opéra, et sur la maison servant de magazin, que sur ce qui se trouvera en caisse, les dépenses nécessaires prélevées à la fin dud. privilége qui, comme on l'a dit, doit expirer au mois de mars 1732.

Telle est la situation actuelle de l'Opéra, et le triste estat où sont réduits les créanciers de Guynet qui se voyent à la veille, si le conseil n'a la bonté

d'y remédier, de perdre non seulement les 730,000 l.
qui leur estoient dûës par Guynet, pour raison de
quoy le feu Roy avoit accordé en leur faveur la
prolongation du privilége pour 12 années, mais encore les 73,000 l. d'avance qu'ils ont faites depuis
près de 18 ans, en entrant en jouïssanee de ce privilége, pour le soutien de ce spectacle qui, comme
tout le public le sçait, estoit entièrement tombé
sans ce secours.

Pourquoi le maréchal de Mac-Mahon marcha sur Sedan [1]

1 Extrait de *Bazeilles-Sedan*, par le général Lebrun. Paris,
Dentu, 1884, Prix : 6 francs.

Pour quelle raison le maréchal de Mac-Mahon
s'était-il déterminé, le 20, à porter le lendemain
son armée sur Reims? C'est que, pour le malheur
de nos armées, ce n'était déjà plus les généraux qui
allaient décider de leurs opérations militaires.
C'était la politique qui devait à l'avenir leur dicter
sa volonté, en leur imposant la direction qu'ils auraient à donner à ces opérations.

Le gouvernement de la Régence, pour obéir au
mouvement d'opinion qui se manifestait dans la
capitale, avait exigé du ministre de la guerre qu'il
ne permît pas au maréchal de Mac-Mahon de se
porter directement sur Paris, et cela, parce que
l'Empereur était près du maréchal et qu'on avait

1. Voir la première des dépêches qui suivent cet extrait.

jugé que la rentrée à Paris du souverain y soulève-
rait la population qui ne lui pardonnait pas d'avoir
été malheureux jusque-là.

Le ministre de la guerre, le général de Palikao,
avait donc fait connaître au commandant en chef
de l'armée de Chalons qu'il ne devait pas songer
à marcher sur Paris, mais qu'il devait se diriger
sur Metz pour aller y joindre ses forces à celles du
maréchal Bazaine. Contraint à renoncer au plan
d'opérations qu'il avait conçu, le maréchal de Mac-
Mahon avait alors porté son armée sous Reims.
Il l'y fit séjourner le 22. Pendant ce dernier jour,
le maréchal qui, déjà, pendant qu'il était au camp
de Châlons, avait, à plusieurs reprises, adressé au
ministre de la guerre des observations tendant à
lui démontrer combien sa marche sur Metz serait
entourée de dangers, insista de nouveau près du
ministre, dans l'espoir que celui-ci reviendrait sur
sa décision.

Il lui représenta que son armée, étant de formation très récente et son organisation encore fort
incomplète, il ne pouvait pas absolument compter
sur elle, s'il arrivait que, dans l'opération qu'on
voulait lui faire entreprendre, elle eût à surmonter
de grandes difficultés. — Qu'adviendrait-il, si, dans
sa marche sur Metz et sur sa ligne d'opération, elle
se trouvait en face de forces allemandes trop supérieures ? Ce serait la perte de cette armée, et la perte
d'une armée, dans les circonstances où l'on se trouvait, porterait un coup mortel à la défense nationale.

En portant, au contraire, l'armée de Chalons
sous Paris, on donnait à cette armée le temps de se
compléter, de s'affermir, et l'on pouvait, en quinze
ours ou trois semaines, élever le chiffre de ses
combattants dans des proportions considérables.

Comme on le voit, le maréchal de Mac-Mahon
avait conscience de l'énorme faute militaire qu'on
voulait lui faire commettre. Mais qu'il eût réussi
ou non à convaincre le général de Palikao, celui-ci
ne lui réitéra pas moins l'ordre qu'il lui avait donné
de marcher sur Metz, pour aller prêter le secours
de son armée à celle du maréchal Bazaine. Le gouvernement de la Régence dépêcha même M. Rouher
près de l'Empereur et du maréchal, pour obtenir
de ce dernier qu'il ne fît point opposition au plan
d'opérations que le ministre de la guerre lui pres-
crivait d'exécuter.

M. Rouher était à Reims le 22; il remplit exactement la mission dont il avait été chargé. Mais le
maréchal de Mac-Mahon, ne se tenant pas pour
battu, lui réitéra les objections sérieuses qui s'op-
posaient à ce que son armée fût dirigée sur Metz.
Il finit par ramener à son opinion l'éminent homme
d'État qui, bien que n'étant point un soldat, mais
homme d'intelligence, jugea mieux que n'avait fait
le ministre de la guerre la question militaire capitale dont il s'agissait.

D'un commun accord, entre l'Empereur, M. Rouher et le maréchal de Mac-Mahon, il fut alors arrêté que l'armée de Châlons allait se porter sur
Paris. M. Rouher se chargea de rédiger immédiate-

ment la proclamation que l'Empereur adresserait au peuple français pour lui faire connaître cette décision.

Mais pendant que ceci se passait dans le cabinet de l'Empereur, le maréchal de Mac-Mahon, dans son incessant désir de ramener à ses idées le ministre de la guerre, comme il y avait ramené M. Rouher, avait fait une dernière tentative près du ministre. Il lui avait adressé une dépêche dans laquelle il lui disait : « Comment puis-je me porter vers le maréchal Bazaine, quand j'ignore absolument dans quelle situation il se trouve, quand je ne sais rien de ses projets ? » Mais alors, ô fatalité! à peine le maréchal de Mac-Mahon avait-il expédié cette dépêche, qu'il arrivait à Reims un télégramme du maréchal Bazaine aussi vague que laconique et ne contenant que ces quelques mots : *Je compte toujours me retirer par les places du Nord.* La mauvaise fortune qui, depuis le commencement de la guerre, s'était acharnée après nos armées, voulait cette fois la perte de celle de Châlons, comme si déjà elle ne nous avait pas suffisamment accablés.

En effet, aussitôt qu'il eut pris connaissance du télégramme du maréchal Bazaine [1], le maréchal de

---

1 Une autre raison dut influer davantage encore. Nous voulons parler des dépêches n⁰ˢ II et III (27 et 28 août) que nous donnons ci-après ; elles prouvent que le maréchal de Mac-Mahon était subordonné à l'Empereur, et que celui-ci dut céder devant les menaces télégraphiées de Paris. Jusqu'à quel point le conseil de Régence croyait-il à une révolution ? C'est ce qui reste à prouver. Mais ce qui est certain, c'est qu'on ne voulait pas le voir rentrer à Paris et reprendre la direction des affaires.

Mac-Mahon décida que son armée se dirigerait immédiatement sur Metz. Le motif qui lui dictait cette résolution, c'était la ferme volonté qu'il avait qu'on ne pût jamais l'accuser de n'avoir pas voulu courir au secours du maréchal Bazaine. Sa détermination, à ne la considérer qu'à ce point de vue platonique, fut véritablement héroïque ; au point de vue purement militaire et stratégique, elle devait décider de la perte de l'armée qu'il commandait. J'ai entendu bien des gens du métier formuler devant moi cette opinion que, puisque le maréchal de Mac-Mahon n'avait pas la moindre confiance dans le plan d'opérations que le ministre de la guerre lui avait imposé, il aurait dû se démettre de son commandement en le priant de lui donner un remplaçant, ou de venir le remplacer, puisque lui, ministre, y avait la plus entière confiance. Ceux qui en jugeaient ainsi, se méprenaient singulièrement sur le caractère du maréchal, caractère qu'on peut définir en deux mots : *Obéissance d'abord, puis advienne que pourra pour celui qui a obéi.*

DÉPÊCHES DU MINISTRE DE LA GUERRE A L'EMPEREUR.

(Extraits des *Papiers et correspondances de la famille impériale.*)

1. *Guerre à S. M. l'Empereur. — Camp de Châlons.*

Paris, le 17 août 1870, 10 h. 27 m., soir.

L'Impératrice me communique la lettre par laquelle l'Empereur annonce qu'il veut ramener l'armée de Châlons sur Paris. Je supplie l'Empereur de renoncer à cette idée, qui paraîtrait l'abandon de l'armée de Metz, qui ne peut faire en ce moment sa jonction à Verdun. L'armée de Châlons sera avant trois jours de 85,000 hommes, sans compter le corps de Douay, qui rejoindra dans trois jours et qui est de 18,000 hommes. Ne peut-on pas faire une puissante diversion sur les corps prussiens, déjà épuisés par plusieurs combats?

L'Impératrice partage mon opinion.

Je prie l'Empereur d'agréer mes respectueux hommages.

II. — *Guerre à Empereur. — Quartier impérial.*

Paris, 27 août 1870, 11 h. soir.

Si vous abandonnez Bazaine, la révolution est dans Paris et vous serez attaqué vous-même par toutes les forces de l'ennemi. Contre le dehors Paris se gardera. Les fortifications sont terminées. Il me paraît urgent que vous puissiez parvenir rapidement jusqu'à Bazaine.

III. — *Guerre à maréchal Mac-Mahon. — Au quartier général.*
(Urgent. — Faire suivre.)

Paris, 28 août 1870, 1 h. 30 m. soir

Au nom du conseil des ministres et du conseil privé, je vous demande de porter secours à Bazaine en profitant des trente heures d'avance que vous avez sur le prince royal de Prusse. Je fais porter corps Vinoy sur Reims.

EXTRAIT D'UNE LETTRE DE NAPOLÉON III A SIR JOHN
BURGOYNE.

Wilhemshœhe, le 29 octobre 1870. — ..... Revenu à Châlons, j'ai voulu conduire la dernière armée qui nous restait à Paris. Mais, là encore, des considérations politiques nous ont forcés à faire la marche la plus imprudente et la moins stratégique qui a fini par le désastre de Sedan.....

NAPOLÉON.

Les volontaires Strasbourgeois de 1793.

Extrait de la correspondance de Mme Schweighœuser, publiée par Rabany. (*Les Schweighœuser*. Paris. Berger-Levrault, 1884) 1.

Strasbourg, 2 janvier, 1793.

Cher enfant, je ne puis laisser passer ce jour, celui de ta naissance, sans t'écrire; si tu étais ici, je te serrerais contre mon cœur.....

Le Strasbourgeois est indigné contre une demi-douzaine d'agitateurs et de fous du club et du département et n'en est pas moins patriote. Le parti que nous avons embrassé est celui d'un gouvernement libre, du système républicain; quelques hommes pervers peuvent nous nuire par leurs affi-

---

1. Digne compagne du savant helléniste Schweighœuser, l'auteur de ces lettres se révèle ici comme une seconde Mme Roland. « On croirait voir de la lave figée », dit fort bien M. Rabany en parlant des correspondances de ce temps. Il est difficile, en effet, que l'amour de la patrie puisse exalter davantage un cœur féminin. La preuve en est d'autant plus touchante qu'elle vient de Strasbourg.

liations avec les scélérats qui veulent tout renverser, mais nous tenons au bon parti de la Convention. Si elle pouvait succomber, bientôt les départements joindraient leurs efforts aux nôtres pour écraser toute espèce de tyrans et de tyrannie. C'est le Rolandisme qu'on nous reproche.....

8 septembre, 1793.

Mon cher enfant..... Vous verrez bientôt arriver un superbe bataillon ; tous vos jeunes concitoyens marchent, ils se sont formés hier. L'honneur et la patrie ont enfin étouffé les méfiances. Leur refus les aurait livrés à nos cruels détracteurs.

Le bon génie des Strasbourgeois a fait tomber le plan. Les représentants sont contents de la conduite des citoyens et les loups se contenteront d'aboyer.

Les sections promirent le soir pour les jeunes gens ; le lendemain ceux-ci se présentèrent en foule, prêts à marcher. Les vieux étaient plus en peine de la tranquillité et de la sûreté de la ville que de leur départ ; mais les députés ont promis de surveiller les propriétés, la vie et la sûreté des citoyens ; ils connaissent très-bien nos dangers. Les présidents amenèrent leurs bandes au comité réuni aux représentants et au général. Le vieux Sparre les embrassa, et leur dit qu'on passera plutôt sur son corps avant qu'il ne souffre qu'on attente à la sûreté et aux propriétés des citoyens en leur absence. C'est seulement après leur détermination libre que la réquisition des représentants est arrivée.

Hier ils se sont formés. Tous, depuis dix-huit ans jusqu'à vingt-cinq ans, partent. Les imprimeurs sont exceptés par le décret : les canonniers tirent au sort. Remp désire en être.

Cette réquisition a un effet moral nécessaire pour former l'esprit public : c'est de forcer l'égoïsme dans ses derniers retranchements ; on aime la cause pour laquelle on a exposé sa vie.....

Le 11 septembre, 1793.

... Votre frère Charles a pleuré toute la nuit pendant que le tocsin sonnait, pour obtenir de partir avec les jeunes gens. Il en aurait été mal vu, c'est encore un enfant, mais s'il insiste pour marcher avec les citoyens aujourd'hui, nous sommes décidés à éprouver son courage et à le laisser partir.

Les hommes qui ne savent point manier les armes et sont vieux comme papa, garderont la ville ; ils auront des piques. Papa s'apprête à monter la garde : sa vue basse l'empêche d'exercer. Hier, j'ai vu partir la belle troupe de nos jeunes gens. Une musique vive les précédait, la municipalité les accompagnait et pas de femmes qui pleuraient. Ils marchaient d'un pas résolu.....

Le 1ᵉʳ octobre, 1793.

Cher enfant, je suis toujours exaltée et pleine de courage à souffrir par cette révolution pour laquelle j'étais et je suis encore si passionnée. Elle engloutit ma fortune, notre état est très triste, mais je me sens tellement confondue dans la masse, j'existe tellement dans le grand tout, que j'ai peine à revenir à moi-même.

Le spectacle de la dissolution de toute espèce de pouvoirs est si imposant, et remplit l'âme de la plus grande attente.

Tandis que la Convention elle-même a peine à se défendre de s'humilier devant les individus qui étendent au plus haut point possible leurs droits, leurs libertés et leurs prétentions, et qui en même temps soumettent le plus souverainement ce qui paraît s'opposer à leur domination, le résultat de cette fermentation m'intéresse autant que ma propre situation, elle absorbe mes sentiments et les détourne de mes malheurs.

Je te joins, mon cher, un billet de papa qui te montre son existence actuelle et son vénérable caractère. Ceux qui l'ont fait arrêter conviennent aujourd'hui, l'un après l'autre, qu'il est innocent, mais que sa femme est dangereuse. Ils ont fait un arrêté que je t'ai communiqué, d'après lequel je risque d'être enfermée pour avoir été voir les représentants en faveur de mon mari! Mon courage leur paraît digne de soupçon et je suis menacée pour avoir fait courageusement mon devoir.

Mon enfant, quelle gloire pour moi, si papa est libre et moi détenue à sa place pour obtenir sa liberté! C'est ce que j'ai voulu, cher enfant.

Si tu quittes ta place, pense que c'est augmenter les maux de la famille, mais fais ton devoir, et sacrifions tout à la patrie.

Charlotte Schweighœuser

LA CRIMINALITÉ PARISIENNE EN 1880

(Extrait du *Service de la Sûreté*, par G. Macé. Paris, Charpentier, 1884, in-12, 3 fr. 50.)

Depuis la rentrée des amnistiés de l'insurrection de 1871, un en moyenne, par jour, se trouve arrêté pour délits de droit commun.

L'année 1880 a été, plus que les précédentes, féconde en assassinats, meurtres et tentatives. On compte 28 homicides et 27 tentatives, soit un total de 55 crimes, presque le double des années 1877, 1878, et 1879, qui en ont eu chacune 33 seulement. Pour ces 55 crimes, on a arrêté 59 individus, auteurs directs ou complices; trois des assassins se sont suicidés; un seul est resté inconnu.

Plusieurs des crimes précités sont le résultat de rixes nocturnes qui se produisent généralement à la fermeture des débits de boissons, c'est-à-dire vers deux heures du matin.

Ceci m'amène naturellement à parler des attaques nocturnes dont retentit souvent l'écho de la presse. J'ai fait, cette année, contrôler chacun des faits de cette nature parvenus à ma connaissance, soit par la voie administrative, soit par les faits divers des journaux. Neuf fois sur dix j'ai pu constater que ces prétendues attaques n'étaient que des rixes entre rôdeurs, dans lesquelles les plaignants étaient souvent les agresseurs. J'ai su aussi que certaines agressions étaient inventées par des individus embarrassés pour expliquer des pertes d'argent soit vis-à-vis de leurs femmes, soit près de leurs patrons, argent qu'ils avaient dépensé avec des femmes de débauche.

Je dois aussi dire quelques mots des fausses nouvelles. Le récit d'une agression nocturne, d'un meurtre ou de tout autre crime publié par un journal du soir est invariablement reproduit le lendemain, sans contrôle, par toute la presse du matin. Or, il arrive souvent que la nouvelle en question a simplement germé dans l'imagination d'un reporter à court de copie. Récemment les feuilles étaient remplies de récits navrants, par des rubriques à sensation : « *Attaques de tramways* ». — « *Les Étrangleurs.* » — « *Paris Coupe-Gorge* », etc. — Or, la plupart de ces récits lamentables étaient fantaisistes. Le 14 décembre courant un reporter nommé C..., âgé de 17 ans, qui courait les bureaux de journaux avec des nouvelles de cette nature, a été condamné pour ce fait à deux mois de prison.

Casanova voleur et volé [1]

Extrait des *Mémoires de Lorenzo d'Aponte*, poète vénitien. Paris. Pagnerre, 1860. Pages 200 et suivantes.

Mon intention était de retourner à Dresde ; mais, me souvenant qu'un de mes débiteurs de quelques

---

[1] Les *Mémoires de Casanova* ne sont que trop connus par les lecteurs qui sont peu capables d'en apprécier le côté curieux. Aux yeux des moins clairvoyants, ils sentent leur chevalier d'industrie. On devine que ce grand joueur et ce grand libertin devait corriger la fortune par des tours de sa façon. Nous retrouvons ici son aventure avec Mme D'Urfé

centaines de florins, Casanova, habitait à peu de distance de Vienne, je saisis cette occasion pour recouvrer une somme qui, vu la circonstance, m'était devenue nécessaire. J'en fus bien reçu, mais je ne fus pas longtemps à m'apercevoir que sa bourse n'était guère mieux garnie que la mienne ; et, pour lui éviter une humiliation, je ne lui réclamai point ce qu'il eût été dans l'impossibilité de me rendre. Après deux ou trois jours passés avec lui, je lui annonçai mon départ pour Dresde ; malheureusement pour moi, il s'offrit à m'accompagner jusqu'à Tœptlitz, à dix ou douze milles des domaines du comte de Waldstein, dont il était le secrétaire et l'intendant. Cette idée, dont je ne pus le dissuader, m'obligea à louer un autre cheval et un postillon. Celui-ci nous versa en pleine route, et nous perdîmes une demi-journée à réparer mon calessino. Malgré cette réparation, voiture et cheval reconnus hors d'état de poursuivre, je fus forcé de m'en défaire et de vendre pour soixante piastres ce qui m'en avait coûté plus de cent. De plus, Casanova, qui s'était fait le négociateur de cette désastreuse affaire, en me comptant mes soixante piastres, eut la prudence de retenir deux sequins qui devaient lui servir à effectuer son retour chez lui. Il ajouta que,

---

présenté sous son véritable jour par d'Aponte qui était un compatriote de Casanova et qui le connaissait. La fin de l'histoire, qui ne se trouve point dans les *Mémoires de Casanova*, achève de nous édifier sur le personnage que M. Armand Baschet a reconnu ensuite pour un espion aux gages de Venise.

ne pouvant pas plus me rendre ces deux sequins que les autres sommes qu'il me devait, il voulait me donner, en compensation, trois conseils plus profitables pour moi que tous les trésors du monde: « Si vous voulez faire fortune, me dit-il, n'allez pas à Paris, dirigez-vous plutôt sur Londres ; mais, dans cette ville, gardez-vous de mettre le pied au café Italien, et surtout ne signez jamais aucun papier. » Plût au ciel que j'eusse suivi ces deux derniers conseils, car une grande partie des pertes d'argent que j'ai faites à Londres, et les malheurs qui sont venus fondre sur moi n'ont été que la conséquence de ma fréquentation dans ce café et de signatures données inconsidérément et sans en prévoir les suites !

Après avoir pris congé de lui, ma femme, choquée des manières de ce vieillard extraordinaire, désira connaître quelques-unes des particularités de sa vie : je lui racontai ce que j'en savais, et ce texte défraya agréablement plusieurs heures de conversation. J'en retrace ici quelques épisodes, ceux du moins dont j'ai été le témoin oculaire.

Giacomo Casanova naquit à Venise. Après bien des vicissitudes, il y fut, sur l'ordre du tribunal de l'Inquisition, enfermé dans les cachots connus sous le nom de *Plombs*, sur la simple dénonciation d'une dame qui s'était plainte à l'un des membres de ce redoutable tribunal, son *cavaliere servente*, de ce qu'il faisait lire à son fils *Voltaire* et *Rousseau*. Après huit ou neuf ans, il fut assez heureux pour s'échapper de cette affreuse prison et s'évader des

États de Venise L'histoire de cette fuite a été imprimée sous le titre : « le *Nouveau Trenck.* »

Il parcourut diverses cités d'Europe, entre autres Paris. Au nombre des innombrables aventures dont il fut le héros, il en est une que je choisis comme devant servir à peindre plus particulièrement le personnage, aventure d'autant plus ignorée qu'il s'est bien donné de garde d'en faire mention dans ses Mémoires.

Les passions étaient vives chez lui, et ses vices nombreux. Pour satisfaire les unes et les autres, il lui fallait beaucoup d'argent. Lorsqu'il en était à court, tous les moyens lui semblaient bons pour s'en procurer. Un jour, plus au dépourvu encore que de coutume, il fut présenté à une vieille dame richissime qui passait pour aimer les beaux garçons. Mis au fait de cette faiblesse, Casanova commença à roucouler auprès d'elle et à l'entourer de mille petits soins, puis il en arriva à une déclaration. Mais la dame, voyant tous les jours dans son trop fidèle miroir les rides se multiplier sur son front, et craignant que les beaux yeux de sa cassette ne fussent le plus grand attrait de sa personne, résistait impitoyablement. Il vint alors à Casanova l'idée de lui confier comme un grand secret qu'il possédait l'art de rajeunir et de rendre à la femme la plus décrépite l'éclat de ses quinze ans. Il offrit de lui en donner la preuve irrécusable. La dame, émerveillée, accueillit la confidence avec une joie indicible, et voulut en faire l'expérience. Immédiatement, sans perdre une minute, Casanova se rendit

chez une courtisane, à qui il promit une somme
assez forte si la comédie qu'elle devait jouer réus-
sissait. Il la grima et la fagota de façon à la rendre
méconnaissable, puis la conduisit chez la dame, à
laquelle il avait, par précaution, recommandé d'é-
loigner ses gens. Il lui présenta son sujet, qui ne
démontrait pas moins de soixante-dix ans, et, mur-
murant quelques mots inintelligibles, il tira de sa
poche une fiole dont il lui fit boire le contenu ; à
son dire c'etait un philtre merveilleux qui devait
opérer la grande métamorphose ; il fit étendre la
prétendue vieille sur un sofa, la recouvrit d'un drap
noir qui lui laissait la faculté de se dépouiller de
son déguisement ; quelques minutes après, elle
sauta légèrement au milieu de la chambre, se mon-
trant, aux yeux ébahis de la dame, dans tout l'éclat
de sa beauté. La stupéfaction de cette dernière est
plus facile à comprendre qu'à exprimer. Elle em-
brassait, étreignait la jeune fille dans ses bras, l'ac-
cablait de questions auxquelles celle-ci répondait
avec finesse. Casanova, redoutant une plus ample
explication, coupa court à cet entretien en se
hâtant d'entraîner la jeune dame hors de la maison.
De retour chez la dame, il la trouva dans un
enthousiasme fébrile. Elle lui sauta au cou, et,
ouvrant devant lui une armoire, elle lui montra de
l'or et des diamants, l'assurant que ces trésors
étaient inséparables de sa main s'il parvenait à la
rajeunir elle-même. Casanova, qui avait tout disposé pour cette conclusion, se mit en devoir d'opérer le miracle, ce à quoi consentit l'imprudente. Il

lui fit boire jusqu'à la dernière goutte de la liqueur
qui, cette fois, n'était point un breuvage inoffensif,
mais à laquelle il avait mêlé une dose de laudanum ; il la fit étendre sur le même sofa et la couvrit du même drap. Sous l'action de ce narcotique,
elle ne tarda point à s'endormir profondément.
Alors, la laissant ronfler à son aise, il courut à l'ar
moire qu'il fractura, s'empara de la cassette qui i
contenait les bijoux, éteignit les lumières, et,
chargé d'or, courut retrouver son domestique,
espèce de don Basile, depuis longtemps à son service, à qui il avait donné l'ordre de l'attendre dans
la rue. Comme il avait pleine confiance en cet
homme, il lui remit cette cassette, et lui désigna
une hôtellerie où ils devaient se retrouver, à dix ou
douze milles de Paris.

On dit que les voleurs ont quelquefois des moments où leur parole leur semble sacrée, et qu'ils
se feraient scrupule d'y manquer. Cela doit être,
puisque Casanova qui n'avait pas reculé devant une
action aussi infâme envers une femme sans défiance.
se crut tenu de porter à la courtisane, sa complice,
les cinquante louis qu'il lui avait promis.

Pendant que tous deux se félicitaient de la crédu-
lité de leur victime, son maître Jacques s'enfuyait
à l'étranger avec le trésor. Les cinquante louis de
la courtisane étaient tout ce que Casanova avait
prélevé de cet argent. Il restait donc sans un sou.
Après avoir exploré vainement toutes les hôtelle-
ries de la ville et des environs et perdu l'espoir
de retrouver domestique et trésor, il maudit la

vieille femme, la courtisane et lui-même, si habile
à tromper les autres et assez maladroit pour s'être
laissé duper par un homme qu'il avait toujours con-
sidéré comme un niais.

Redoutant le séjour de Paris, il pensa à retourner à Venise. Il se fit précéder dans cette ville par
un écrit plein d'esprit qui lui fit une réputation,
l'*Anti-Amelot*, réfutation d'un livre composé par
un écrivain atrabilaire qui attaquait toutes les institutions de la Sérénissime République : cet écrit le
fit bien accueillir dans une patrie qu'il avait courageusement réhabilitée. En 1777, je fis sa connaissance chez Zaguri et chez Memmo, qui tous deux
recherchaient sa conversation toujours intéressante,
prenant chez cet homme ce qu'il y avait de bon en
fermant les yeux, en faveur de son génie, sur ce
que cette nature avait de pervers. Je les imitai, et
même aujourd'hui, après avoir cherché à me rendre
compte de cette nature, je ne saurais asseoir mon
jugement sur cet être bizarre, singulier mélange de
bonnes qualités et de vices.

Peu de temps avant les événements qui me forcèrent à abandonner Venise, une discussion puérile sur
la prosodie latine m'aliéna son amitié. Jamais Casanova ne convenait d'un tort. Je partis et pendant trois
ans, je n'entendis même pas prononcer son nom.

Une nuit, à Vienne, je rêvai que je l'apercevais sur
le Graben, qu'il me fixait avec attention, et qu'après
m'avoir reconnu il accourait me serrer dans ses
bras ; il me semblait en outre que Salieri se trouvait
en tiers avec nous. Je fis part de ce rêve à mon frère.

Salieri venait tous les matins me voir ; le jour même de ce rêve, il arriva à l'heure accoutumée, et nous allâmes nous promener dans le jardin public. Parvenus au Graben, j'aperçus, assis sur un banc, un vieillard qui me fixait d'un manière particulière. Pendant que, cherchant à recueillir mes souvenirs, j'en faisais autant, il se leva et accourut à moi avec les démonstrations les plus vives. C'était lui ! c'était Casanova, qui me nommait à haute voix et s'écriait dans ses transports : « Cher d'Aponte, quelle joie de vous retrouver ! »

Il séjourna à Vienne quelques années, durant lesquelles ni moi ni personne ne pourrions dire ce qu'il y fit et comment il y vécut. Je le voyais souvent ; ma maison et ma bourse lui étaient ouvertes.

Peu de temps après cette rencontre imprévue. me promenant sur ce même Graben avec lui, je le vois tout à coup froncer les sourcils, me quitter brusquement, puis, d'un pas précipité, s'élancer à la poursuite d'un homme qu'il saisit au collet en l'apostrophant de ces mots : « Je t'ai donc rejoint, brigand ! » La foule, attirée par cette agression étrange, allait toujours grossissant. D'abord interdit, je restai un moment impassible ; mais, après deux minutes de réflexion, je courus à lui, et, le prenant par le bras, je l'entraînai loin de la bagarre. C'est alors qu'il me fit la confidence que cet homme, qui se nommait Costa, était ce domestique qui s'était enfui avec sa cassette et son trésor. Ce Costa, que la débauche et de mauvaises connaissances avaient achevé de perdre, était présentement dans la plus grande misère. Valet de chambre d'un grand seigneur de Vienne et cumulant avec ces fonctions subalternes le métier de poëte, il était un de ceux qui m'avaient accablé de leurs diatribes pendant ma faveur sous Joseph II. Nous continuâmes notre promenade et nous le vîmes entrer dans un café, d'où bientôt sortit un garçon qui remit un billet à Casanova; ce billet était conçu en quatre vers dont voici le sens :

« Casanova, tu as volé, j'ai suivi ton exemple. Tu es mon maître, je ne suis que ton disciple. Point d'éclat ! c'est ce que tu as de mieux à faire. »

Ce peu de mots produisit un grand effet ; Casanova se prit à réfléchir ; puis, éclatant de rire, il se pencha à mon oreille en me disant : « Le maraud a, par ma foi, raison. » Se rapprochant alors du café, il fit signe à Costa, qui vint le rejoindre, et tous deux, côte à côte, se mirent à marcher en causant aussi tranquillement que si rien ne s'était passé. Quelques instants après ils se séparèrent en se serrant la main à diverses reprises, comme deux amis intimes. Lorsque Casanova revint à moi, il avait à l'un de ses doigts un camée que je n'y avais pas encore remarqué et qui, par une coïncidence bizarre, représentait un Mercure. Je suppose que ce camée est la seule épave qu'il aura pu recouvrer de cette ignoble escroquerie. Cette scène peint assez le caractère de l'homme pour me dispenser de tout commentaire.